Schwedt
Angermünde
Joachimsthal
Eberswalde
Biesenthal
Freienwalde
Wriezen
Oderbg.
Werneuchen
Strausbg.
Buckow
Müncheberg
Lebus
Küstrin
Fürstenwalde
Spree
Storkow
Beeskow
Friedland
Müllrose
Bärwalde
Gorgast
A. Tucheband
Seelow
Neu Lewin
Neu Trebbin
Kienitz
Genschmar
Golzow
Wollin
Rüdersdf.
Herzfelde
Hoppegtn.
Hasenfelde
Heinersdf.
Beerfelde
Hangelsbg.
Buchholz
Boossen
Jakobsdf.
Briesen
Pillgram
Biegen
Hohenwalde
Ketschendorf
Markgrafpieske
Rauensche Bge.
Scharmützel See
Reichenwalde
Prieros
Selchow
Wochow
Glienicke
Buckow
Ahrensdf.
Münchehofe
Blocks B.
Wend. Buchholz
Prahm
Tauche
Kossenblatt
Schneebg.
Dammendf.
Weichensdf.
Gr. Muckrow
Schlaben
Göhlen
Gr. Schwielung See
Schlepzig
Halbe
Gräbendorf
Kablow
Friedersdf.
Wolzig
Erkner
Neu Zittau
Spreenhgn.
Pinnow
Mürow
Glambeck
Friedrichswalde
Grimnitz
Golzow
Britz
Brodowin
Liepe
Steinfurth
Hegermühle
Trampe
Heckelberg
Freudenbg.
Wölsickendf.
Semmel B.
Steinbeck
Beiersdf.
Blumbg.
Wegendf.
Altlandsbg.
Neuenhagen
Tempelfde.
Grünthal
Zollin
Vietnitz
Gossow
Sellin
Mohrin
Zäckerick
Alt Friedland
Hardenbg.
Platkow
Trebnitz
Kuhnsfde.
Marxdf.
Dolgelin
Lietzen
Falkenhgn.
Arensdf.
Petershgn.
Schönfliess
Fünfeichen
Pfaffendf.
Görzig
Herzbg.
Gr. Rietz
Ragow
Merz
Mixdorf
Grunow
Rießen

THEODOR FONTANE

Die schönsten Wanderungen durch die Mark Brandenburg

THEODOR FONTANE

Die schönsten Wanderungen durch die Mark Brandenburg

Herausgegeben und mit einem Nachwort von Peter Bramböck

NYMPHENBURGER

Schutzumschlag: Wolfgang Heinzel
Schutzumschlagfoto: Jürgens Photo, Berlin
Satz: Schaber Satz- und Datentechnik, Wels
Druck und Binden: Graphischer Großbetrieb Pößneck
Printed in Germany
ISBN 3-485-00804-4

INHALT

Teil IV:

Spreeland

Vorwort

REISEN IN DER MARK

Ob du reisen sollst, so fragst du, reisen in der Mark? Die Antwort auf diese Frage ist nicht eben leicht. Und doch würde es gerade mir nicht anstehn, sie zu umgehen oder wohl gar ein »nein« zu sagen. So denn also »ja«. Aber »ja« unter Vorbedingungen. Laß mich Punkt für Punkt aufzählen, was ich für unerläßlich halte.

Wer in der Mark reisen will, der muß zunächst Liebe zu »Land und Leuten« mitbringen, mindestens keine Voreingenommenheit. Er muß den guten Willen haben, das Gute gut zu finden, anstatt es durch krittliche Vergleiche tot zu machen.

Der Reisende in der Mark muß sich ferner mit einer feineren Art von Natur- und Landschaftssinn ausgerüstet fühlen. Es gibt gröbliche Augen, die gleich einen Gletscher oder Meeressturm verlangen, um befriedigt zu sein. Diese mögen zu Hause bleiben. Es ist mit der märkischen Natur wie mit manchen Frauen. »Auch die häßlichste« – sagt das Sprichwort – »hat immer noch sieben Schönheiten.« Ganz so ist es mit dem »Lande zwischen Oder und Elbe«; wenige Punkte sind so arm, daß sie nicht auch ihre sieben Schönheiten hätten. Man muß sie nur zu finden verstehen. Wer das Auge dafür hat, der wag' es und reise.

Drittens. Wenn du reisen willst, mußt du die Geschichte dieses Landes kennen und lieben. Dies ist ganz unerläßlich. […] Wer, unvertraut mit den Großtaten unserer Geschichte, zwischen Linum und Hakenberg hinfährt, rechts das Luch, links ein paar Sandhügel, der wird sich die Schirmmütze übers Gesicht ziehen und in der Wagenecke zu nicken suchen; wer aber weiß, hier fiel Froben, hier wurde das Regiment Dalwigk in Stücke gehauen, dies ist das Schlachtfeld von Fehrbellin, der wird sich aufrichten im Wagen und Luch und Heide plötzlich wie in wunderbarer Beleuchtung sehen.

Viertens. Du mußt nicht allzusehr durch den Komfort der »großen Touren« verwöhnt und verweichlicht sein. Es wird einem selten das Schlimmste zugemutet, aber es kommt doch vor, und keine Lokalkenntnis, keine Reiseerfahrung reichen aus, dich im voraus wissen zu lassen, wo es vorkommen wird und wo nicht. Zustände von Armut und Verwahrlosung schieben sich in die Zustände modernen Kulturlebens ein, und während du eben noch im Lande Teltow das beste Lager fandest, findest du vielleicht im »Schenkenländchen« eine Lagerstätte, die alle Mängel und Schrecknisse, deren Bett und Linnen überhaupt fähig sind, in sich vereinigt. Regeln sind nicht zu geben, Sicherheitsmaßregeln nicht zu treffen. Wo es gut sein könnte, da triffst du es vielleicht schlecht, und wo du das Kümmerlichste erwartest, überraschen dich Luxus und Behaglichkeit. [...]
Hast du nun aber alle diese Punkte reichlich erwogen, hast du, wie die Engländer sagen, »deine Seele fertig gemacht«, und bist du zu dem Resultat gekommen: »ich kann es wagen«, nun denn, so wag' es getrost. Wag' es getrost, und du wirst es nicht bereuen. Eigentümliche Freuden und Genüsse werden dich begleiten. Du wirst Entdeckungen machen, denn überall, wohin du kommst, wirst du, vom Touristenstandpunkt aus, eintreten wie in »jungfräuliches Land«. Du wirst Klosterruinen begegnen, von deren Existenz höchstens die nächste Stadt eine leise Kenntnis hatte; du wirst inmitten alter Dorfkirchen, deren zerbröckelter Schindelturm nur auf Elend deutete, große Wandbilder oder in den treppenlosen Grüften reiche Kupfersärge mit Kruzifix und vergoldeten Wappenschildern finden; du wirst Schlachtfelder überschreiten, Wendenkirchhöfe, Heidengräber, von denen die Menschen nichts mehr wissen, und statt der Nachschlagebuchs- und Allerweltsgeschichten werden Sagen und Legenden und hier und da selbst die Bruchstücke verklungener Lieder zu dir sprechen. Das Beste aber, dem du begegnen wirst, das werden die Menschen sein, vorausgesetzt, daß du dich darauf verstehst, das rechte Wort für den »gemeinen Mann« zu finden. Verschmähe nicht den Strohsack neben dem Kutscher, laß dir erzählen von ihm, von seinem Haus und Hof, von seiner Stadt oder seinem Dorf, von sei-

ner Soldaten- oder seiner Wanderzeit, und sein Geplauder wird dich mit dem Zauber des Natürlichen und Lebendigen umspinnen. Du wirst, wenn du heimkehrst, nichts Auswendiggelerntes gehört haben wie auf den großen Touren, wo alles seine Taxe hat; der Mensch selber aber wird sich vor dir erschlossen haben. Und das bleibt doch immer das Beste.

Theodor Fontane,
aus dem Vorwort zur 2. Auflage der
»Grafschaft Ruppin«, 1864

Erst die Fremde lehrt uns, was wir an der Heimat besitzen.« Das habe ich an mir selber erfahren, und die ersten Anregungen zu diesen »Wanderungen durch die Mark« sind mir auf Streifereien in der Fremde gekommen. Die Anregungen wurden Wunsch, der Wunsch wurde Entschluß.

Es war in der schottischen Grafschaft Kinroß, deren schönster Punkt der Levensee ist. Mitten im See liegt eine Insel, und mitten auf der Insel, hinter Eschen und Schwarztannen halb versteckt, erhebt sich ein altes Douglasschloß, das in Lied und Sage viel genannte Lochleven-Castle. Es sind nur Trümmer noch, die Kapelle liegt als ein Steinhaufen auf dem Schloßhof, und statt der alten Einfassungsmauer zieht sich Weidengestrüpp um die Insel her; aber der Rundturm steht noch, in dem Queen Mary gefangen saß, die Pforte ist noch sichtbar, durch die Willy Douglas die Königin in das rettende Boot führte, und das Fenster wird noch gezeigt, über dessen Brüstung hinweg die alte Lady Douglas sich beugte, um mit weit vorgehaltener Fackel dem nachsetzenden Boote den Weg und womöglich die Spur der Flüchtigen zu zeigen.

Wir kamen von der Stadt Kinroß, die am Ufer des Levensees liegt, und ruderten der Insel zu. Unser Boot legte an derselben Stelle an, an der das Boot der Königin in jener Nacht gelegen hatte, wir schritten über den Hof hin, langsam, als suchten wir noch die Fußspuren in dem hochaufgeschossenen Grase, und lehnten uns dann über die Brüstung, an welcher die alte Lady

Douglas gestanden und die Jagd der beiden Boote, des flüchtigen und des nachsetzenden, verfolgt hatte. Dann umfuhren wir die Insel und lenkten unser Boot nach Kinroß zurück, aber das Auge mochte sich nicht trennen von der Insel, auf deren Trümmergrau die Nachmittagssonne und eine wehmütig-unnennbare Stille lag. Nun griffen die Ruder rasch ein, die Insel wurde ein Streifen, endlich schwand sie ganz, und nur als ein Gebilde der Einbildungskraft stand eine Zeitlang noch der Rundturm vor uns auf dem Wasser, bis plötzlich unsre Phantasie weiter in ihre Erinnerungen zurückgriff und ältere Bilder vor die Bilder dieser Stunde schob. Es waren Erinnerungen aus der Heimat, ein unvergessener Tag.

Auch eine Wasserfläche war es; aber nicht Weidengestrüpp faßte das Ufer ein, sondern ein Park und ein Laubholzwald nahmen den See in ihren Arm. Im Flachboot stießen wir ab, und so oft wir das Schilf am Ufer streiften, klang es, wie wenn eine Hand über knisternde Seide fährt. Zwei Schwestern saßen mir gegenüber. Die ältere streckte ihre Hand in das kühle, klare Wasser des Sees, und außer dem dumpfen Schlag des Ruders vernahm ich nichts als jenes leise Geräusch, womit die Wellchen zwischen den Fingern der weißen Hand hindurchplätscherten. Nun glitt das Boot durch Teichrosen hin, deren lange Stengel wir (so klar war das Wasser) aus dem Grunde des Sees aufsteigen sahen; dann lenkten wir das Boot bis an den Schilfgürtel und unter die weitüberhängenden Zweige des Parkes zurück. Endlich legten wir an, wo die Wassertreppe ans Ufer führt, und ein Schloß stieg auf mit Flügeln und Türmen, mit Hof und Treppe und mit einem Säulengange, der Balustraden und Marmorbilder trug. Dieser Hof und dieser Säulengang, die Zeugen wie vieler Lust, wie vielen Glanzes waren sie gewesen? Hier über diesen Hof hin hatte die Geige Grauns geklungen, wenn sie das Flötenspiel des prinzlichen Freundes begleitete; hier waren Le Gaillard und Le Constant, die ersten Ritter des Bayardordens, auf- und abgeschritten; hier waren, in buntem Spiel, in heiterer Ironie, fingierte Ambassaden aus aller Herren Länder erschienen, und von hier aus endlich waren die heiter Spielenden hinausgezogen und hatten sich be-

währt im Ernst des Kampfs und auf den Höhen des Lebens. Hinter dem Säulengange glitzerten die gelben Schloßwände in aller Helle des Tags, kein romantischer Farbenton mischte sich ein, aber Schloß und Turm, wohin das Auge fiel, alles trug den breiten historischen Stempel. Von der andern Seite des Sees her grüßte der Obelisk, der die Geschichte des Siebenjährigen Krieges im Lapidarstil trägt.

So war das Bild des Rheinsberger Schlosses, das, wie eine Fata Morgana, über den Levensee hinzog, und ehe noch unser Boot auf den Sand des Ufers lief, trat die Frage an mich heran: So schön dies Bild war, das der Levensee mit seiner Insel und seinem Douglasschloß vor dir entrollte, war jener Tag minder schön, als du im Flachboot über den Rheinsberger See fuhrst, die Schöpfungen und die Erinnerungen einer großen Zeit um dich her? Und ich antwortete: nein.

Die Jahre, die seit jenem Tag am Levensee vergangen sind, haben mich in die Heimat zurückgeführt, und die Entschlüsse von damals blieben unvergessen. Ich bin die Mark durchzogen und habe sie reicher gefunden, als ich zu hoffen gewagt hatte. Jeder Fußbreit Erde belebte sich und gab Gestalten heraus, und wenn meine Schilderungen unbefriedigt lassen, so werde ich der Entschuldigung entbehren müssen, daß es eine Armut war, die ich aufzuputzen oder zu vergolden hatte. Umgekehrt, ein Reichtum ist mir entgegengetreten, dem gegenüber ich das bestimmte Gefühl habe, seiner niemals auch nur annähernd Herr werden zu können; denn das immerhin Umfangreiche, das ich in nachstehendem biete, ist auf im ganzen genommen wenig Meilen eingesammelt worden: am Ruppiner See hin und vor den Toren Berlins. Und sorglos habe ich es gesammelt, nicht wie einer, der mit der Sichel zur Ernte geht, sondern wie ein Spaziergänger, der einzelne Ähren aus dem reichen Felde zieht.

Es ist ein Buntes, Mannigfaches, das ich zusammengestellt habe: Landschaftliches und Historisches, Sitten- und Charakterschilderung – und verschieden wie die Dinge, so verschieden ist auch die Behandlung, die sie gefunden. Aber wie abweichend in Form und Inhalt die einzelnen Kapitel von einander sein mögen, darin sind sie sich gleich, daß sie aus Liebe und Anhänglichkeit an die Heimat geboren wurden. Möchten sie auch in andren jene Empfindungen wecken, von denen ich am eignen Herzen erfahren habe, daß sie ein Glück, ein Trost und die Quelle echtester Freuden sind.

Theodor Fontane,
Vorwort zur 1. Auflage der »Grafschaft Ruppin«, 1861

Teil I

DIE GRAFSCHAFT RUPPIN

AM RUPPINER SEE

Wustrau

Der Ruppiner See, der fast die Form eines halben Mondes hat, scheidet sich seinen Ufern nach in zwei sehr verschiedene Hälften. Die nördliche Hälfte ist sandig und unfruchtbar und, die freundlich gelegenen Städte Alt- und Neu-Ruppin abgerechnet, ohne allen malerischen Reiz, die Südhälfte aber ist teils angebaut, teils bewaldet und seit alten Zeiten her von vier hübschen Dörfern eingefaßt. Das eine dieser Dörfer, Treskow, war bis vor kurzem ein altes Kämmereigut der Stadt Ruppin; die drei anderen: Gnewkow, Karwe und Wustrau sind Rittergüter. Das erstere tritt aus dem Schilf- und Waldufer am deutlichsten hervor und ist mit seinem Kirchturm und seinen Bauernhäusern eine besondere Zierde des Sees. Es gehörte seit Jahrhunderten der Familie von Woldeck; jetzt ist es in andere Hände übergegangen. Der letzte von Woldeck, der dies Erbe seiner Väter innehatte, war ein Lebemann und passionierter Tourist. Seine Exzentrizitäten hatten ihn in der Umgegend zu einer volkstümlichen Figur gemacht; er hieß kurzweg »der Seebaron«. Das Wort war gut gewählt. Er hatte mit den alten »Seekönigen« den Wanderzug und die Abenteuer gemein.

Karwe gehört den Knesebecks, Wustrau dagegen ist berühmt geworden als Wohnsitz des alten Zieten. Sein Sohn, der letzte Zieten aus der Linie Wustrau, starb hier 1854 in hohem Alter. Es gibt noch Zietens aus anderen Linien, und überall, wo nachstehend vom »letzten Zieten« gesprochen wird, geschieht es in dem Sinne von: der letzte Zieten von Wustrau.

Wustrau, wie viele märkische Besitzungen, bestand bis zur Mitte des vorigen Jahrhunderts aus vier Rittergütern, wovon zwei dem General von Dossow, eins den Zietens und eins den Rohrs gehörte.

Wann die Zietens in den teilweisen Besitz von Wustrau gelangten, ist nicht mehr sicher festzustellen. Ebensowenig kennt man das Stammgut der Familie. In der Mark Brandenburg befinden sich neun Ortschaften, die den Namen Zieten, wenn auch in abweichender Schreibart, führen. Als die Hohenzollern ins Land kamen, lagen die meisten Besitzungen dieser Familie bereits in der Grafschaft Ruppin. Hans von Zieten auf Wildberg, das damals ein fester und reicher Burgflecken war, war geschworener Rat beim letzten Grafen von Ruppin und begleitete diesen auf den Reichstag zu Worms. Die Wildberger Zieten besaßen Langen und Kränzlin; andere Zweige der Familie hatten Lögow und Buskow inne und einen Teil von Metzelthin. Die Wustrauer Zieten, scheint es, waren nicht reich; sie litten unter den Nachwehen des Dreißigjährigen Krieges und der Schwedenzeit. Der Vater Hans Joachims lebte denn auch in noch sehr beschränkten Verhältnissen. Erst Hans Joachim selbst verstand sich auf Pflug und Wirtschaft fast so gut wie auf Krieg und Säbel und machte 1766 durch Ankauf der anderen Anteile ganz Wustrau zu einem Zietenschen Besitztum. Es blieb bei seinem Sohne, dem letzten Zieten, bis 1854. Dieser ernannte in seinem Testamente einen Schwerin zum Erben. Daß dieser der nächste Verwandte war, wurde vielleicht noch von der Vorstellung überwogen, daß nur ein Schwerin würdig sei, an die Stelle eines Zieten zu treten. Albert Julius von Schwerin, der jetzige Besitzer von Wustrau, ward 1859 unter dem Namen von Zieten-Schwerin in den Grafenstand erhoben.

Wustrau liegt an der Südspitze des Sees. Der Boden ist fruchtbar, und wo die Fruchtbarkeit aufhört, beginnt das Wustrausche Luch, eine Torfgegend, die an Ergiebigkeit mit den Linumer Gräbereien wetteifert. Das eigentliche Dorf, saubere, von Wohlstand zeugende Bauernhäuser, liegt etwas zurückgezogen vom See; zwischen Dorf und See aber breitet sich der Park aus, dessen Baumgruppen von dem Dache des etwas hoch gelegenen Herrenhauses überragt werden. Dieses letztere gleicht auf ein Haar den adligen Wohnhäusern, wie sie während der zweiten Hälfte des vorigen Jahrhunderts in märkischen Städten und Dörfern gebaut wurden. Unser Pariser Platz zeigt zu beiden Seiten noch ein paar Musterstücke dieser Bauart. Erdgeschoß und Beletage, ein hohes

Dach, ein Blitzableiter, zehn Fenster Front, eine Rampe, das ganze gelb getüncht und ein Wappen oder Namenszug als einziges Ornament. So ist auch das alte Herrenhaus der Zieten, das freilich seinerseits eine reizende Lage voraus hat. Vorder- und Hinterfront geben gleich anziehende Bilder. Jene gestattet landeinwärts einen Blick auf Dorf, Kirche und Kirchhof, diese hat die Aussicht auf den See.

Wir kommen in einem Boot über den See gefahren, legen an einer Wasserbrücke an und springen ans Ufer. Ein kurzer Weg, an Parkgrün und blühenden Linden vorbei, führt uns an den Eingang des Hauses. Der Flur ist durch eine Glaswand in zwei Teile geteilt, von denen der eine, der mit Bildern und Stichen behängt ist (darunter der bekannte Kupferstich Chodowieckis: Zieten sitzend vor seinem König), als Empfangshalle dient. Der andere Teil ist Treppenhaus.

Wir steigen die eichene, altmodisch-bequeme Treppe hinauf und treten oben in eine nach vornhin gelegene Zimmerreihe ein. Es sind fünf Räume; in der Mitte ein großer, vier- oder fünffenstriger Saal, zu beiden Seiten je zwei kleinere Zimmer. Die kleineren Zimmer sind durchaus schmucklos, nur über den Türen befinden sich Ölbilder, Kopien nach niederländischen Meistern. Das ist alles. Das Zimmer rechts vom Saal ist das Sterbezimmer des letzten Wustrauer Zieten. Der historische »alte Zieten« starb in Berlin, und zwar in einem jetzt umgebauten, dem Friedrich-Wilhelms-Gymnasium schräg gegenüber liegenden Hause der Kochstraße.

Das Zimmer links vom Saal heißt das Königszimmer, seitdem Friedrich Wilhelm IV., etwa in der Mitte der vierziger Jahre, die Grafschaft Ruppin durchreiste und in Wustrau und Köpernitz (auf welch letzterem Gute damals noch die siebzigjährige Marquise La Roche Aymon lebte), einen längeren Besuch machte.

Der große Saal ist die eigentliche Sehenswürdigkeit des Hauses. Alles erinnert hier an den Helden, der diese Stätte berühmt gemacht hat. Eine Kolossalvase zeigt auf ihrer Rückseite die Abbildung des auf dem Wilhelmsplatze stehenden Zietendenkmals, an den Wänden entlang aber gruppieren sich Porträts und Skulpturen der allermannigfachsten Art. Unter diesen bemerken wir zunächst zwei Büsten des »alten Zieten« selbst. Sie stehen in Wandnischen auf hohen Postamenten von einfacher, aber gefälliger Form. Die eine dieser Büsten, ein Gipsmodell vom berühmten Bildhauer Tassaert, ist ein großes Wertstück, durchaus Porträt, das noch bei Lebzeiten des alten Zieten nach der Natur gefertigt wurde, die andere dagegen entstammt der neueren Zeit und erweist sich einfach als eine Marmorausführung des Tassaertschen Modells. Die Arbeit dieses alten Meisters ist ganz vortrefflich, vor allem von einer Lebenswahrheit, die den Schadowschen alten Zieten zu einer bloßen Tendenzstatue herabdrückt. Schadow hat nicht den Husarenvater als Porträt, sondern das Husarentum als solches dargestellt. Von dem Moment ab, wo man den wirklichen alten Zieten (den Tassaertschen) gesehen hat, wird einem das mit einem Male klar. Dies übergeschlagene Bein, diese Hand am Kinn, als ob mal wieder ein lustiger Husarenstreich ersonnen und ausgeführt werden solle, das alles ist ganz im Charakter des Husarentums, aber durchaus nicht im Charakter Zietens, der von Jugend auf etwas Ernstes, Nüchternes und durchaus Schlichtes hatte. Er hatte ein verwegenes Husarenherz, aber die Husarenmanieren waren ihm fremd. Es bedarf wohl keiner besonderen Hervorhebung, daß mit diesem allen kein Tadel gegen den Schadowschen Zieten ausgesprochen sein soll, der – nach der Seite des Geistvollen hin – ganz unzweifelhafte Vorzüge hat, dessen vielbetonte realistische Auffassung aber mehr scheinbar als wirklich ist.

Das Postament der Modellbüste zeigt sich bei näherer Betrachtung als ein Schrein von weiß-lackiertem Holz; ein Schlüsselchen öffnet die kaum bemerkbare Tür desselben. In diesem einfachen Schrein befindet sich der Säbel des alten Zieten, nicht jener türkische, den ihm Friedrich II. nach dem zweiten Schlesischen Kriege zum Geschenk machte, sondern ein gewöhnlicher preußischer Husarensäbel. Er zog ihn während des ganzen Siebenjährigen Krieges nur einmal, und dies eine Mal zu seiner persönlichen Verteidigung. Am Tage vor der Schlacht von Torgau, 2. November 1760, als er in Begleitung einer einzigen Ordonnanz auf Re-

kognoszierung ritt, sah er sich plötzlich von sechs österreichischen Husaren umstellt. Er hieb sich im buchstäblichen Sinne durch und steckte den blutigen Säbel ruhig wieder in die Scheide. Nie sprach er von dieser Affäre. Die Blutflecke, ein rotbrauner Rost, sind noch deutlich auf der Klinge sichtbar.
Kaum minder interessant als dieser im ganzen Kriege nur einmal gezogene Säbel sind die sechzehn lebensgroßen Bildnisse, die ringsum die Wände bedecken. Es sind die Porträts von sechzehn Offizieren des Zietenschen Regiments, alle 1749, 1750 und 1751 gemalt. Die Namen der Offiziere sind folgende: Rittmeister Langen, von Teiffel, von Somogy, Kalau vom Hofe, von Horn, von Seel, von Wieck, von Probst, von Jürgaß, von Bader; die Leutnants von Reitzenstein, von Heinecker, von Troschke, und die Kornetts von Schanowski, Petri und von Mahlen. Mit Ausnahme des letzteren starben sie alle im Felde; von Seel fiel als Oberst bei Hochkirch, von Heinecker bei Zorndorf, von Jürgaß bei Weiß-Kosteletz; von Wieck starb als Kommandant von Komorn in Ungarn; wie er dort hinkam – unbekannt. Im ersten Augenblick, wenn man in den Saal tritt und diese sechzehn Zietenschen Rotröcke mit ungeheuren Schnauzbärten auf sich herabblicken sieht, wird einem etwas unheimlich zu Mute. Sie sehen zum Teil aus, als seien sie mit Blut gemalt, und der Rittmeister Langen, der vergebens trachtet, seinen Hasenschartenmund durch einen zwei Finger breiten Schnurrbart zu verbergen, zeigt einem zwei weiße Vorderzähne, als wollte er einbeißen. Dazu die Tigerdecke – man möchte am liebsten umkehren. Hat man aber erst fünf Minuten ausgehalten, so wird einem in dieser Gesellschaft ganz wohl, und man überzeugt sich, daß eine Rubenssche Bärenhatz oder ähnlich traditionelle Saal- und Hallenbilder hier viel weniger am Platze sein würden. Die alten Schnurrwichse fangen an, einem menschlich näher zu treten, und man erkennt schließlich hinter all diesem Schreckensapparat die wohlbekannten märkisch-pommerschen Gesichter, die nur von Dienst wegen das Martialische bis fast zum Diabolischen gesteigert haben. Die Bilder, zumeist von einem unbekannten Maler namens Häbert herrührend, sind gut erhalten und mit Rücksicht auf die Zeit ihrer Entstehung nicht

schlecht gemalt. Das Schöne fehlt noch, aber das Charakteristische ist da.

Der große Saal, in dem diese Bilder neben so manchem anderem historischen Hausrat sich vorfinden, nimmt mit Recht unser Hauptinteresse in Anspruch, aber noch vieles bleibt unserer Aufmerksamkeit übrig. Das ganze Schloß gleicht eben einer Art Zietengalerie, und nur wenige Zimmer treffen wir an, von deren Wänden uns nicht, als Kupferstich oder Ölbild, als Büste oder Silhouette, das Bildnis des alten Helden grüßte. Alles in allem gerechnet, befinden sich wohl vierzig Zietenporträts in Schloß Wustrau. Viele von diesen Bildnissen (besonders die Stiche) sind allgemein gekannte Blätter; nicht so die Ölbilder, deren wir, ohne für Vollständigkeit bürgen zu wollen, zunächst acht zählen, sieben Porträts, und das achte ein Genrebild aus der Sammlung des Markgrafen Karl von Schwedt. Es stellt möglicherweise die Szene dar [...], wo der damalige Major von Zieten an den Oberstleutnant von Wurmb herantritt, um die Remontepferde, die ihm zukommen, für seine Schwadron zu fordern, eine Szene, die bekanntlich auf der Stelle zu einem wütenden Zweikampfe führte. Doch ist diese Auslegung nur eine mutmaßliche [...] Die sieben Porträts, mit Ausnahme eines einzigen, sind sämtlich Bilder des »alten Zieten« und deshalb, aller Abweichungen in Uniform und Haltung unerachtet, im einzelnen schwer zu charakterisieren. Nur das älteste Porträt, das bis ins Jahr 1726 zurückgeht und den »alten Zieten«, den wir uns ohne Runzeln und Husarenuniform kaum denken können, als einen jungen Offizier bei den von Wuthenowschen Dragonern darstellt, zeichnet sich schon dadurch vor allen anderen Bildnissen aus. Zieten, damals siebenundzwanzig Jahre alt, trägt, wie es scheint, einen Stahlküraß und über demselben eine graue Uniform (früher vielleicht weiß) mit schmalen blauen Aufschlägen. Ob das Bild echt ist, stehe dahin. Von Ähnlichkeit mit dem »alten Zieten« natürlich keine Spur.

Wir verlassen nun den Saal und das Haus, passieren die mehr dem Dorfe zu gelegene Hälfte des Parkes, überschreiten gleich danach die Dorfstraße und stehen jetzt auf einem geräumigen

Rasenfleck, in dessen Mitte sich die Dorfkirche erhebt. Der Chor liegt dem Herrenhause, der Turm dem Kirchhofe zu. Zwischen Turm und Begräbnisplatz steht eine mächtige alte Linde. Die Kirche selbst, in Kreuzform aufgeführt, ist ein Ideal von einer Dorfkirche: schlicht, einladend, hübsch gelegen. Im Sommer 1756, kurz bevor es in den Krieg ging, wurde der Turm vom Blitz getroffen. Das Innere der Kirche selbst unterscheidet sich von anderen Dorfkirchen nur durch eine ganz besondere Sauberkeit und durch die Geflissentlichkeit, womit man das patriotische Element gehegt und gepflegt hat. So findet man nicht nur die übliche Gedenktafel mit den Namen derer, die während der Befreiungskriege fielen, sondern zu der allgemeinen Tafel gesellen sich auch noch einzelne Täfelchen, um die Sonderverdienste dieses oder jenes zu bezeichnen. An anderer Stelle gruppieren sich Gewehr und Büchse, Lanze, Säbel, Trommel und Flügelhorn zu einer Trophäe. Zwei Denkmäler zieren die Kirche. Das eine (ohne künstlerische Bedeutung) zu Ehren der ersten Gemahlin Hans Joachims, einer geborenen von Jürgaß, errichtet, das andere zu Ehren des alten Zieten selbst. Dies letztere hat gleichen Anspruch auf Lob wie Tadel. Es gleicht in seinen Vorzügen und Schwächen allen anderen Arbeiten des rasch-fertigen, hyperproduktiven Bernhard Rode, nach dessen Skizze es von dem Bildhauer Meier ausgeführt wurde. Wem eine tüchtige Technik genügt, der wird Grund zur Anerkennung finden; wer eine selbständige Auffassung, ein Abweichen vom Alltäglichen fordert, wird sich nicht befriedigt fühlen. Ein Sarkophag und ein Reliefporträt, eine Minerva rechts und eine Urania links, das paßt so ziemlich immer; ein gedanklich-bequemes Operieren mit überkommenen Typen, worin unsere Bildhauer das Unglaublichste leisten. Wenn irgendein Leben, so hätte gerade das des alten Zieten die beste Gelegenheit geboten zu etwas Neuem und Eigentümlichem. Der Zieten aus dem Busch, der Mann der hundert Anekdoten, die samt und sonders im Volksmund leben, was soll er mit zwei Göttinnen (einige sagen, es seien symbolische Figuren der Tugend und Tapferkeit), die ihn bei Lebzeiten in die sicherste Verlegenheit gebracht hätten. Vortrefflich ist nur das Reliefporträt in weißem Marmor, das sich an dem dunkelfarbigen Aschenkruge des Denkmals befindet und außer einer im Schloß befindlichen Zieten-Silhouette sehr wahrscheinlich das einzige Bildnis ist, das uns den immer *en face* abgebildeten Kopf des Alten auch einmal in seinem Profile zeigt. Daß dieses Profil nicht schön ist, tut nichts zur Sache.

Alles in allem, das Marmordenkmal des alten Helden reicht an ihn selber nicht heran; es entspricht ihm nicht. Da lobe ich mir im Gegensatz dazu das schlichte Grab, unter dem er draußen in unmittelbarer Nähe der Kirche schläft. Der Raum reichte hin für vier Gräber, und hier ruhen denn auch die beiden Eltern des alten Zieten, seine zweite Gemahlin (eine geborene von Platen) und er selbst. Das Äußere der vier Gräber ist wenig von einander verschieden. Ein Unterbau von Backstein erhebt sich zwei Fuß hoch über dem Rasen, auf welchem Ziegelfundamente dann die Sandsteinplatte ruht. Noch nichts ist verfallen. Auch der gegenwärtige Besitzer empfindet, daß er eine historische Erbschaft angetreten hat, und eifert getreulich dem schönen Vorbilde des letzten Wustrauer Zieten nach, dessen ganzes Leben eigentlich nur ein Kultus seines berühmten Vaters war.

1786 starb Hans Joachim von Zieten. Achtundsechzig Jahre später folgte ihm sein Sohn Friedrich Christian Emil von Zieten, achtundachtzig Jahre alt, der letzte Zieten aus der Linie Wustrau. Wir treten jetzt an sein Grab. Es befindet sich unter der schon erwähnten schönen alten Linde, die zwischen der Kirche und dem leis ansteigenden Kirchhofe steht. Hinter sich die lange Gräberreihe der Bauern und Büdner, macht dies Grab den Eindruck, als habe der letzte Zieten noch im Tode den Platz behaupten wollen, der ihm gebührte, den Platz an der Front seiner Wustrauer. Ähnliche Gedanken beschäftigten ihn sicherlich, als er zehn oder zwölf Jahre vor seinem Tode dies Grab zu bauen begann. Ein Hünengrab. Der letzte Zieten, klein wie er war, verlangte doch Raum im Tode. Denn er baute das Grab nicht bloß für sich, sondern für das Geschlecht oder den Zweig des Geschlechts, das mit ihm schlafen ging. Mit Eifer entwarf er den Plan und leitete den Bau. Eine Gruft wurde gegraben und ausgemauert, und schließlich ein Riesenfeldstein, wie sich deren so viele auf der Wustrauer Feldmark vorfinden, auf das offene Grab gelegt. Am Fußende aber geschah die Ausmauerung nur halb, so daß hier, unter Einführung eines schräg laufenden Stollens, eine Art Kellerfenster gewonnen wurde, durch das der alte Herr in seine letzte Wohnung hineinblicken konnte. Mit Hilfe dieser Zuschrägung wurde denn auch später der Sarg versenkt. Als Friedrich Wilhelm IV. im Jahre 1844 den schon oben erwähnten Besuch in Wustrau machte, führte ihn der Graf auch an die Linde, um ihm daselbst das eben fertig gewordene Grab zu zeigen. Der König wies auf eine Stelle des Riesenfeldsteins und sagte: »Zieten, der Stein hat einen Fehler!«, worauf der alte Herr erwiderte: »Der drunter liegen wird, hat noch mehr.«

Diese Antwort ist so ziemlich das Beste, was vom letzten Wustrauer Zieten auf die Nachwelt gekommen ist. Einzelne andere Repliken und Urteile (z. B. über die Schadowsche Statue sowie über Bücher und Bilder, deren Held sein Vater war) sind unbedeutend, oft ungerecht und fast immer schief. Er sah alles zu einseitig, zu sehr von einem bloß Zietenschen Standpunkt aus, um gerecht sein zu können, selbst wenn ihm ein feinerer ästhetischer Sinn die Möglichkeit dazu gewährt hätte. Dieser ästhetische Sinn fehlte ihm aber völlig. Selber eine Kuriosität, brachte er es über die Kuriositätenkrämerei nie hinaus. Sein Witz und Humor verstiegen sich nur bis zur Lust an der Mystifikation. Den Altertumsforschern einen Streich zu spielen war ihm ein besonderer Genuß. Er ließ von eigens engagierten Steinmetzen große Feldsteine konkav ausarbeiten, um seine Wustrauer Feldmark mit Hilfe dieser Steine zu einem heidnischen Begräbnisplatz avancieren zu lassen. Am Seeufer hing er in einem niedlichen Glockenhäuschen eine irdene Glocke auf, der er zuvor einen Bronzeanstrich hatte geben lassen. Er wußte im voraus, daß die vorüberfahrenden Schiffer, in dem Glauben, es sei Glockengut, innerhalb acht Tagen den Versuch machen würden, die Glocke zu stehlen. Und siehe da, er hatte sich nicht verrechnet und fand nach drei Tagen schon die Scherben. Solche Überlistungen freuten ihn, und man kann zugeben, daß darin ein Äderchen von der

Herzader seines Vaters sichtbar war. Im übrigen aber war er unfähig, zu dem Ruhme seines Hauses auch nur ein Kleinstes hinzuzufügen; er fühlte sich nur als Verwalter dieses Ruhmes, ein Gefühl freilich, das ihm unter Umständen Bedeutung und selbst Würde lieh. Wo er für sich und seine eigenste Person eintrat, in den privaten Verhältnissen des alltäglichen Lebens, war er eine wenig erfreuliche Erscheinung: kleinlich, geizig, unschön in fast jeder Beziehung. Von dem Augenblick an aber, wo die Dinge einen Charakter annahmen, daß er seine Person von dem Namen Zieten nicht mehr trennen konnte, wurde er auf kurz oder lang ein wirklicher Zieten. Er war nicht adlig, aber gelegentlich aristokratisch. Dies Aristokratische, wenn geglüht in leidenschaftlicher Erregung, konnte momentan zu wahrem Adel werden, aber solche Momente weist sein Leben in nur spärlicher Anzahl auf. Sein bestes war die Liebe und Verehrung, mit der er ein halbes Jahrhundert lang die Schleppe seines Vaters trug. In diesem Dienste verstieg sich sein Herz bis zum Poetischen in Gefühl und Ausdruck, wofür nur ein Beispiel hier sprechen mag. Auf dem mit Rasen überdeckten Kirchenplatz, etwa hundert Schritte vom Grabe Hans Joachims entfernt, erhebt sich ein hoher, zugespitzter Feldstein mit einer in den Stein eingelegten Eisenplatte. Und auf eben dieser Eisenplatte stehen in Goldbuchstaben folgende Worte:

Im Jahre 1851 den 23. April stand an dieser Stelle das Blüchersche Husaren-Regiment, um den hier in Gott ruhenden Helden, den berühmten General der Cavallerie und Ahnherrn aller Husaren, Hans Joachim von Zieten, in Anerkennung seiner hohen Verdienste durch eine feierliche Parade zu ehren. Ruhe und Friede seiner Asche! Preis und Ehre seinem Namen! Er war und bleibt der Preußen Stolz.

»Ahnherr aller Husaren« – ein Poet hätte es nicht besser machen können.

Radensleben

Nicht unmittelbar am Ruppiner See, vielmehr eine halbe Meile landeinwärts, liegt Radensleben, seit über zweihundert Jahren ein Quastsches Gut.

[…] Alexander Ludolf von Quast erstand es bald nach Schluß des Dreißigjährigen Krieges und gründete neben der Garzer Linie die Linie Radensleben. Sie blüht bis diesen Tag. In einem Zimmer des Herrenhauses, auf dunkelrotem Hintergrunde, hängt streng und ernst das Bildnis Alexander Ludolfs.

Radensleben, das wir in wenig mehr als viertelstündiger Fahrt von Karwe aus erreichen, gilt als eines der schönsten Güter der Grafschaft, und zu seinen weiten Acker- und Wiesenflächen gesellen sich große Forstbestände, die sich zum Teil bis in die Rheinsberger Gegend hin ausdehnen. Aber was unser Interesse weckt, das ist ein anderes, ist die poetische, beinah absolute Stille, die ihren Zauberkreis um dies Stück Erde zieht.

Das Ruppiner Land ist überhaupt eins von den stillen in unserer Provinz, die Eisenbahn streift es kaum, und die großen Fahrstraßen laufen nur eben an seiner Grenze hin; aber die stillste Stelle dieses stillen Landes ist doch das Ostufer des schönen Sees, der den Mittelpunkt unserer Grafschaft bildet und von ihr den Namen tragt. Durchreisende gibt es hier nicht, und jeder, dem man begegnet, der ist hier zu Haus; kein anderer Verkehr als der der Dörfer untereinander, und es bleibt selbst fraglich, ob das Handwerksburschentum in anderen als in verschlagenen Exemplaren an dieser Stelle betroffen wird.

Noch einmal also, keine »Passanten«. Es legt hier nur an, wer landen will.

*

Wir sind unter diesen, fahren eben in die breite, mit prächtigen Bäumen besetzte Dorfstraße ein und halten vor dem alten Herrenhause, einem geräumigen, aber anspruchslosen Bau, dessen Fachwerkwände die schlichte Art des vorigen Jahrhunderts zeigen. Ein traulich-wohnlicher Zug ist um das Ganze her, und im selben Augenblick, wo wir eintreten, erkennen wir auch, daß das Haus nach gut märkischer Art tüchtiger ist, als es von außen her erschien, und daß seine Fachwerkwände nur eine Hülle sind, hinter der sich ein massiver älterer Bau verbirgt. Zugleich bemerken wir eine doppelarmige Treppe, die breit und mit niedrigen Stufen ansteigend nach rechts und links hin auf die oberen Korridore mündet.

Es ist warm, und so nehmen wir in der Vorhalle Platz, um die Wohltat von Luft und Licht und den vollen Blick in die Anlagen des Gartens zu haben. Eine künstlerische Hand hat hier unverkennbar die Linien gezogen, und die Frage tritt an uns heran: Wer war hier tätig? Wer schuf diese Durchsichten? Wer richtete diese Statuen auf? Wer gab ihnen die malerischste Stelle?

Und nun verlassen wir die Vorhalle wieder, um erst im Erdgeschoß und dann im oberen Stock eine lange Zimmerreihe zu passieren, und siehe da, im reichen Anblick aller hier angesammelten Schätze wird uns zugleich Antwort auf unsere Frage. Kunst, echte Kunst überall. Das gut Märkische schwindet, und der Zauber italischer Ferne steigt vor uns auf.

Erst eine Landschaft Blechens, hell, prächtig, fremdländisch. Der heiße Sonnenschein liegt auf dem schattenlosen Marktplatz, und blau dehnt sich das eingebuchtete Meer, an dessen Horizont ein Kuppelturm emporsteigt.

Wie schön! Und indem wir weiterschreiten, tun sich die goldenen Tore des Südens immer herrlicher vor uns auf. Alle Namen, die vor Perugino und Raphael geglänzt, die Schöpfer moderner Malerei, hier sprechen sie zu uns. Giotto und Giottino, Fiesole und Orcagna, Fra Bartolomeo und Pietro Spinello Aretino, die beiden Lippis, vor allem der mächtige Mantegna – alle, die groß waren, ehe die größeren kamen, sie sind hier um uns versammelt. Die Welt der Madonnen erschließt sich uns, und aus ihren Rahmen auf uns niederblickend, tun sie, was sie immer taten, und lächeln Freudigkeit und Hoffnung in unser Herz. Da ist eine

»Mutter Gottes anbetend vor dem Kinde«, ein Terracottarelief von Luca della Robbia, und da ist eine zweite (mit einem Stieglitz auf dem Händchen des Christkinds) in der lieblich naiven Art Filippino Lippis. Hier fällt das faltenreiche, lang herabwallende Kopftuch über die ernsten, hoheitkündenden Züge der »Himmelskönigin«, wie Fra Bartolomeo die Jungfrau gemalt, und hier breitet eine Madonna Giovannis da Milano ihren schwarzen, mit rot und Goldbrokat gefütterten Mantel um Päpste, Mönche und Heilige aus und erhebt sich mit ihnen, um ihre Schützlinge mit gen Himmel zu tragen. Selbst das große Bild in der Kirche »Annunziata« zu Florenz, das alljährlich dem anbetenden Volke nur einmal gezeigt wird – künstlerische Begeisterung hat nach flüchtigem Schauen die schönsten Köpfe desselben festzuhalten gewußt, und die hinweggelauschten Bildnisse Marias und des verkündenden Engels, sie haben jetzt eine Stätte hier, in dem stillen Herrenhause der stillen Grafschaft.

Manches Kunstwerk wohl, von dem die Welt nicht weiß, verbirgt sich in märkischen Dörfern. Grabdenkmälern von Rauch und Schadow, von Canova und Thorwaldsen bin ich begegnet, Bilder aller Länder und Schulen seit Papst Julius' Tagen hab ich gesehen – aber Bilder aus den Tagen der Kindheit und Keuschheit aller modernen Kunst, solche Bilder hat nur das Herrenhaus zu Radensleben. Kein anderes märkisches Dorf kennt Fiesole und Mantegna, am wenigsten hat es sie.

Da sind wir wieder in der Halle. Kühle weht, und wir blicken noch einmal hinunter in den Park, hinter dessen Bäumen die Abendröte verglüht. Seine feingezogenen Linien überraschen uns nicht länger mehr. Wo Madonna weilt, da weilt auch die Schönheit.

Neu-Ruppin

Ein Gang durch die Stadt. Die Klosterkirche

Ruppin hat eine schöne Lage – See, Gärten und der sogenannte »Wall« schließen es ein. Nach dem großen Feuer, das nur zwei Stückchen am Ost- und Westrande übrigließ (als wären von einem runden Brote die beiden Kanten übriggeblieben), wurde die Stadt in einer Art Residenzstil wieder aufgebaut. Lange, breite Straßen durchschneiden sie, nur unterbrochen durch stattliche Plätze, auf deren Areal unsere Vorvordern selbst wieder kleine Städte gebaut haben würden. Für eine reiche Residenz voll hoher Häuser und Paläste, voll Leben und Verkehr mag solche raumverschwendende Anlage die empfehlenswerteste sein, für eine kleine Provinzialstadt aber ist sie bedenklich. Sie gleicht einem auf Auswuchs gemachten großen Staatsrock, in den sich der Betreffende, weil er von Natur klein ist, nie hineinwachsen kann. Dadurch entsteht eine Öde und Leere, die zuletzt den Eindruck der Langeweile macht.

Die Billigkeit erheischt hinzuzufügen, daß wir es unglücklich trafen: das Gymnasium hatte Ferien und die Garnison Mobilmachung. So fehlten denn die roten Kragen und Aufschläge, die, wie die zinnoberfarbenen Jacken auf den Bildern eines berühmten Niederländers (Cuyp), in unserm farblosen Norden dazu berufen scheinen, der monotonen Landschaft Leben und Frische zu geben. Alles war still und leer, auf dem Schulplatze wurden Betten gesonnt, und es sah aus, als sollte die ganze Stadt aufgefordert werden, sich schlafen zu legen.

Aber nicht die Öde und Stille der Stadt haben uns zu beschäftigen, sondern ihre Sehenswürdigkeiten, klein und groß. Treten wir unsere Wanderung an. Vor dem malerisch im Schatten hoher Linden gelegenen Rathaus, in dessen Erdgeschoß sich auch die Hauptwache befindet, ruht auf leichter Lafette eine 1849er

Kriegstrophäe, während in Front des stattlichen Gymnasialgebäudes (auf das wir weiterhin in einem eignen Kapitel zurückkommen) die Bronzestatue König Friedrich Wilhelms II. aufragt, die die Stadt nach dem großen Feuer von 1787 ihrem Wiedererbauer errichtete. Das in etwas mehr denn Lebensgröße hergestellte Bildnis ist eine Arbeit Friedrich Tiecks, gedanklich wenig bedeutend, aber in Form und Haltung jenes künstlerische Maß bekundend, das, wo andere Vorzüge fehlen, selbst schon wieder als Vorzug gelten kann.

Mehr als dies Denkmal nimmt unsere Aufmerksamkeit die alte Klosterkirche in Anspruch, die sich an der Ostseite der Stadt in unmittelbarer Nähe des Sees erhebt und das einzige Gebäude von Bedeutung ist, das bei dem mehr erwähnten großen Brande verschont blieb. Diese Klosterkirche ist ein alter, in gotischem Stile aufgeführter Backsteinbau aus der Zeit um 1250 und gehörte dem unmittelbar daneben gelegenen Dominikanerkloster zu, von dem seit Restaurierung der Kirche auch die letzten Spuren verschwunden sind. Über diese Restaurierung selbst gibt eine die halbe Wand des Kirchenschiffs bedeckende Inschrift folgende Auskunft: »Dieses Gotteshaus wurde seit dem Jahre 1806 wiederholt durch feindliche Truppen entweiht und verfiel während des Krieges dergestalt, daß es über 30 Jahre nicht für den öffentlichen Gottesdienst benutzt werden konnte. Durch Königliche Gnadenwohlthat wurde dieses erhabene Denkmal ächt Deutscher Kunst und Frömmigkeit seiner eigentlichen Bestimmung zurückgegeben, indem es auf Befehl Sr. Majestät Friedrich Wilhelm's III. wiederhergestellt und in Gegenwart seines Nachfolgers, Sr. Majestät Friedrich Wilhelm's IV., feierlich eingeweiht wurde am 16. Mai 1841.«

Über dieser Inschrift befindet sich eine andere aus der zweiten Hälfte des sechzehnten Jahrhunderts, worin die Überweisung dieser Kirche seitens des Kurfürsten Joachims II. an die Stadt Ruppin ausgesprochen wird. Ähnliche Notizen im Lapidarstil gesellen sich hinzu und mindern in etwas den Eindruck äußerster Kahlheit und Öde, woran die sonst schöne Kirche bedenklich leidet. Dies Verfahren, durch Inschriften zu beleben und anzuregen, sollte überhaupt überall da nachgeahmt werden, wo man zur Restaurierung alter Baudenkmäler schreitet. Selbst Leuten von Fach sind solche Notizen gemeinhin willkommen, dem Laien aber geht erst aus ihnen die ganze Bedeutung auf. Und zu diesen Laien gehört vor allem die Gemeinde selbst. Ohne solche Hinweise weiß sie selten, welche Schätze sie besitzt. Ja, das Maß der Unkenntnis und Indifferenz ist so groß, daß es denen zu denken geben sollte, die nicht müde werden, von dem Wissen und der Erleuchtetheit unserer Zeit zu sprechen. Auffallen muß namentlich, wie absolut nichts unser Volk von der vorlutherischen Periode seiner Geschichte weiß. Man kennt weder die Dinge, noch die Worte dafür, und unter zwanzig Leuten auf dem Lande wird nicht einer wissen, was der »Krummstab« sei. In der Ruppiner Klosterkirche fragte ich die Küsterfrau, welche Mönche hier wohl gelebt hätten?, worauf ich die Antwort erhielt: »Ich jlobe, et sind kattolsche gewesen.«

Die Ruppiner Klosterkirche wird in der oben zitierten Inschrift ein »erhabenes Denkmal ächt Deutscher Kunst« genannt, was richtig und nicht richtig ist, je nachdem. Die Mittelmark, im Gegensatze zur Altmark und dem Magdeburgischen, ist im ganzen genommen so wenig hervorragend an Baudenkmälern aus der gotischen Zeit, daß keine besondere Schönheit nötig war, um mit unter den schönsten zu sein.

Das Innere der Kirche, trotz seiner Inschriften, ist immer noch gerade kahl genug geblieben, um sich der »Maus und Ratte« zu freuen, die der den Deckenanstrich ausführende Maler in gewissenhaftem Anschluß an eine halb legendäre Tradition an das Gewölbe gemalt hat. Die Tradition selbst aber ist folgende. Wenige Tage, nachdem die Kirche, 1564, dem lutherischen Gottesdienst übergeben worden war, schritten zwei befreundete Geistliche, von denen einer noch zum Kloster hielt, durch das Mittelschiff und disputierten über die Frage des Tages. »Eher wird eine Maus eine Ratte hier über die Wölbung jagen«, rief der Dominikaner, »als daß diese Kirche lutherisch bleibt.« Dem Lutheraner wurde jede Antwort hierauf erspart; er zeigte nur an die Decke, wo sich das Wunder eben vollzog.

Unser Sandboden hat nicht allzuviel von solchen Legenden gezeitigt, und so müssen wir das Wenige wert halten, was überhaupt da ist. [...]

Gustav Kühn

In der Mitte der Stadt [...] erhebt sich ein kleines, nur drei Fenster breites Häuschen, dem ein neu aufgesetztes Stockwerk nur wenig zu gesteigertem Ansehen verhilft. Auf dem schmalen Hofe des Häuschens aber drängen sich die Hintergebäude, und jeder Zollbreit Erde ist benutzt. Hier erinnert die Beschränktheit und zu gleicher Zeit die sorgliche Ausnutzung des Raumes an den Geschäftsbetrieb englischer Zeitungslokalitäten. Aber was sind die Londoner Blätter im Vergleich zu jenen kolorierten Blättern, die aus dieser kleinen Ruppiner Offizin hervorgehen? Was ist der Ruhm der Times gegen die zivilisatorische Aufgabe des Ruppiner Bilderbogens? Die Times, die sich mit Recht das »Weltblatt« nennt, gleicht immer nur dem anglikanischen Geistlichen, dem hochkirchlichen Bischof, der, an schmalen Küstenstrichen entlang, in den großen, reichbevölkerten Städten der andern Hemisphäre seine Wohnung aufschlägt und seines Amtes wartet, der Gustav Kühnsche Bilderbogen aber ist der Herrnhutsche Missionar, der überall hin vordringt, dessen Eifer mit der Gefahr wächst und der die eine Hälfte seines Lebens in den Rauchhütten der Grönländer, die andere Hälfte in den Schlammhütten der Fellahs verbringt. Chamisso erzählt in seiner »Reise um die Welt«, daß er, nach selbst gemachter Erfahrung, Kotzebue für den verbreitetsten Schriftsteller halten müsse, denn er sei demselben, und zwar einem Bande seiner Komödien, 1818 auf der Insel Tahiti begegnet. Aber noch einmal, was will eine solche Verbreitung sagen neben der Verbreitung jener Dreipfennigbogen, die mit der wohlbekannten Notiz: »Bei Gustav Kühn in Neu-Ruppin« über die Welt flattern. Gebiete, die Barth und Overweg, die Richardson und Livingstone erst aufgeschlossen – der Kühnsche Bilderbogen war ihnen vorausgeeilt und hatte längst vor ihnen dem Innersten von Afrika von einer Welt da draußen erzählt. Er flieht die Gegenden, drin der Kupferstich und das Ölbild vorwalten, aber wo die Glaskoralle und der Zahlpfennig ein staunendes Ah und die Begierde nach Besitz wecken, in den engeren und weiteren Bezirken des Königs von Dahomey – da ist er zu Haus. Den Maranon und den Orinoko aufwärts, wo die Kolibris wie Blüten und die Blüten wie Schmetterlinge sich schaukeln, dort, wo alles Glanz und Farbe ist, tritt er kühn und siegreich auf und stellt die Kolorierkunst seiner Schablone – die unbeeinflußt von den neuen Gesetzen der Farbenzusammenstellung ihre ehrwürdigen Traditionen wahrt – siegreich in die Zauber der Tropennatur hinein. Auf den Inseln der schottischen Westküste war es mir selbst vergönnt, diese Landsleute, diese Boten aus der engeren Heimat, zu begrüßen. Die Fingalshöhle, die Gestalt König Fingals selbst, die wie ein Nebelphantom auf der öden Klippe von Morven stand, war nicht mächtig genug gewesen, diese Sendboten abzuhalten, sie waren eingezogen in die Hütten der Macleans und Macdonalds.

Lange bevor die erste »Illustrierte Zeitung« in die Welt ging, illustrierte der Kühnsche Bilderbogen die Tagesgeschichte, und was die Hauptsache war, diese Illustration hinkte nicht langsam nach, sondern folgte den Ereignissen auf dem Fuße. Kaum, daß die Trancheen vor Antwerpen eröffnet waren, so flogen in den Druck- und Kolorierstuben zu Neu-Ruppin die Bomben und Granaten durch die Luft; kaum war Paskewitsch in Warschau eingezogen, so breitete sich das Schlachtfeld von Ostrolenka mit grünen Uniformen und polnischen Pelzmützen vor dem erstaunten Blick der Menge aus, und tief sind meinem Gedächtnisse die Dänen eingeprägt, die in zinnoberroten Röcken vor dem Danewerk lagen, während die preußischen Garden in Blau auf Schleswig und Schloß Gottorp losrückten. Dinge, die keines Menschen Auge gesehen, die Zeichner und Koloristen zu Neu-Ruppin haben Einblick in sie gehabt, und der »Birkenhead«, der in Flammen unterging, der »Präsident«, der zwischen Eisbergen zertrümmerte, das Auge der Ruppiner Kunst hat darüber gewacht. Andere, ähnliche Unternehmungen sind seitdem ins Dasein getreten, der Münchener Bilderbogen hat seine Welttour gemacht,

Winkelmann und Söhne haben durch Abbildungen von Stauffacher, Franz Moor und der Jungfrau von Orleans der dramatischen Kunst die Schleppe getragen, aber was immer ihre Erfolge gewesen sein mögen, sie haben sich schlechter auf den Geschmack des großen Publikums verstanden und haben die rechte Stunde mehr als einmal versäumt. Da liegt es. In jedem Augenblicke zu wissen, was oben aufschwimmt, was das eigentlichste Tagesinteresse bildet, das war unausgesetzt und durch viele Jahrzehnte hin Prinzip und Aufgabe der Ruppiner Offizin. Und diese Aufgabe ist glänzend gelöst worden, so glänzend, daß ich Personen mit sichtlichem Interesse vor diesen Bildern habe verweilen sehen, die vor der künstlerischen Leistung als solcher einen unaffektierten Schauder empfunden haben würden. Aber die Macht des Stoffs bewährte sich siegreich an ihnen, und sie zählten (wie ich selbst) mit leiser Befriedigung die Leichen der gefallenen Dänen, ohne sich in ihrem künstlerischen Gewissen irgendwie bedrückt zu fühlen.

Die Frage nach dem Recht dieser Bilder, »die den Geschmack mehr verwildern als bilden«, ist aufgeworfen und dabei hinzugesetzt worden, daß Leistungen der Art in künstlerisch gesegneteren Zeiten und bei feiner gearteten Völkern eine bare Unmöglichkeit sein würden. Vielleicht. Nach der künstlerischen Seite hin sind diese Dinge preiszugeben, aber sie haben eine andere, nicht minder wichtige Seite. Sie sind der dünne Faden, durch den weite Strecken unseres eigenen Landes, litauische Dörfer und masurische Hütten, mit der Welt draußen zusammenhängen. Die letzten Jahrzehnte mit ihrem rasch entwickelten Zeitungswesen, mit ihrer ins Unglaubliche gesteigerten Kommunikation haben darin freilich viel geändert, aber noch immer gibt es abgelegene Sumpf- und Heideplätze, die von Delhi und Khanpur, von Magenta und Solferino nichts wissen würden, wenn nicht der Kühnsche Bilderbogen die Vermittlung übernähme. Seine Uhr ist noch nicht abgelaufen [...]

»*Civibus aevi futuri*«

Unter den wenigstens durch Ausdehnung hervorragenden Gebäuden der Stadt nimmt das Gymnasium den ersten Rang ein. Es wurde nach dem Brande von 1787 auf dem Platzviereck errichtet, auf dem wenigstens drei Kölner Dome hätten stehen können, und empfing die Inschrift, die ich diesem Kapitel vorgesetzt habe: Civibus aevi futuri.

Die Ruppiner lateinische Schule zählt zu den ältesten der Mark, und 1865 konnte bereits das fünfhundertjährige Bestehen dieser *alma mater* gefeiert werden. Festgedichte von erheblicher Strophenanzahl erschienen, die das Wachsen der Schule von Jahrhundert zu Jahrhundert begleiteten und dem Ruppiner Bürger, insonderheit dem des Reformationszeitalters, das ehrende Zeugnis ausstellten, »daß er durch Beifall, Lob und reiche Spenden die herzudrängenden Jünger des Wissens tatenstark gemacht« und das Ansehen der Schule durch ganz Brandenburg hin begründet habe:

»Der Schule Ruf hallt durch die ganze Mark.«

So war es im sechzehnten Jahrhundert, und so war es auch im neunzehnten noch. Nur die Beschaffenheit des Rufs, »der immer noch durch die Marken hallte«, war inzwischen ein anderer geworden. Wohl war das Gymnasium eine Wissensquelle geblieben, aber was wenigstens in den Tagen meiner eigenen Jugend ihren besonderen Ruf begründete, war doch vorwiegend der Umstand, daß diese Ruppiner Wissensquelle zugleich eine besondere Trostesquelle geworden war. Hier hatte der »Wilde« sein Refugium, hier fühlte der an der bekannten Klippe Gescheiterte wieder Hoffnung und sah das Rettungsboot vom Lande stoßen. Mancher schon dem Untergehen Nahe, hier ist er durch liebevoll zugeworfene Schwimmgürtel sich selbst und dem Staat erhalten geblieben. Und »Gott sei Dank!«, so füge ich in meiner Vorliebe für alle diese Anstalten »von der milderen Observanz« hinzu. Sie sind meines Erachtens ein notwendiger Ausgleich für den andern Orts geübten Rigorismus. Denn ich bekämpfe den Satz und werde ihn bis zum letzten Lebenshauche bekämpfen, daß der

Normalabiturient oder der durch sieben Examina gegangene Patentpreuße die Blüte der Menschheit repräsentiere. Das Beste, was wir haben, ist ohne diese vorgängigen Proben geleistet worden. Und so seid mir denn gepriesen ihr Schlupflöcher, wo der Nicht-Mustermensch noch Chancen hat, sich glücklich durchwinden zu können!

Die bei Gelegenheit der Jubelfeier von 1865 erschienenen »Annalen« ermöglichen uns einen historischen Überblick über die Schule, den wir aber nicht allzuweit rückwärts ausdehnen. Vor etwa hundert Jahren erlangte sie während des Doppelrektorates von Lieberkühn und Stuve eine Art europäische Berühmtheit. Beide, die zu den Anhängern Basedows zählten, leisteten Bedeutendes in Erweckung eines frischen Geistes in der Jugend, und »die mit Vorliebe gepflegte Anthropologie erzeugte eine praktische Diätetik, die viele Schüler selbst in den Häusern ihrer anders denkenden Eltern dazu bestimmte, freiwillig allem Luxus und aller Verwöhnung, so beispielsweise dem Kaffee, dem Bier und Wein, zu entsagen. Sie tranken Wasser, schliefen und badeten kalt und gefielen sich in jeglicher Abhärtung des Körpers.«

Aber dies alles war nur Episode. Die Lieberkühn-Stuvesche Herrschaft währte nur wenige Jahre, von 1777–1786; ein Jahr darauf brannten Stadt und Schule nieder, und als 1791 unser jetziges »Civibus aevi futuri« aus der Asche erstand, rückten neue Prinzipes und neue Prinzipien in das Gymnasium ein.

Während des ersten Drittels dieses Jahrhunderts regierte Thormeyer, der Schulmonarch, wie er im Buche steht. Ich habe selbst noch bei meinem Eintritt ins Gymnasium ein Cornelius-Nepos-Kapitel unter seinen Augen oder richtiger unter seinen Nüstern übersetzt, und was Thackeray in seinem Vanity fair erzählt, »daß ihm von Zeit zu Zeit immer noch Mr. Birch in seinen Träumen erscheine«, das kann ich auch von meinen Beziehungen zum alten Thormeyer sagen. Er war eine Kolossalfigur mit Löwenkopf und Löwenstimme, lauter Schreckensattribute, die dadurch nicht an Macht verloren, daß man sich schaudernd erzählte, »er sei überhaupt nur von Stendal nach Ruppin versetzt worden, weil er sich an ersterem Ort an seinem Ephorus hart vergriffen

habe«. Das Wort »vergriffen« hatte für meine zwölfjährige Knabeneinbildungskraft etwas ganz besonders Schauerliches.
Ich muß bei diesem Manne noch einen Augenblick verweilen, weil sich mir einige »kunsthistorische Bemerkungen« dabei aufdrängen und weil an einer Erscheinung, wie die seinige, der außerordentliche Unterschied zwischen jetzt und damals zutage tritt. Wird alles Gewicht auf das Autoritative gelegt, so haben wir seitdem offenbare Rückschritte gemacht, soll aber andrerseits von gesundem Sinn, von Schönheit und Freiheit die Rede sein, von jener hohen Freiheit, die doch bei allem Lernen und Wissen immer die Hauptsache bleibt und ohne die die ganze Bekanntschaft mit Plato keine Viertelmetze Kirschen wert ist, so haben wir nicht nur Fortschritte gemacht, sondern existiert überhaupt gar keine Verbindung mehr zwischen damals und heute. Thormeyer galt als ein geistreicher Mann. Möglich, daß er es auf seine Weise war, aber diese Weise war derart, daß uns alles, was er sprach oder schrieb, nur wie Bombast oder ein hochgestelzter Gallimathias berührt. Ein paar Beispiele. »Was für positive und negative Beschlüsse ein Schuldirektor zu fassen hat«, schreibt er, »hängt nicht von ihm und *a priori* ab – da weder das Dasein Friedrichs des Großen noch dessen Siebenjähriger Krieg sich *a priori* beweisen läßt –, sondern es hängt von dem Besondersten der Zeit und des Ortes ab.« Dieser Satz, der sich durch einen mindestens kühn gewählten Vergleich auszeichnet – denn zwischen der Vorwegbeurteilung eines zwar erst kommenden, aber doch unter allen Umständen einem bereits existierenden Gesetz unterworfenen Falles und dem Vorwegbeweis eines noch erst in der Zukunft ruhenden Menschendaseins ist ein gewaltiger Unterschied – bietet all seiner Kühnheit unerachtet nur einen Vorgeschmack dessen, was Thormeyer zu leisten imstande war. Voller, gründlicher haben wir ihn in seinen Büchern, beispielsweis in seinem »Erbauungsbuch für studierende Jünglinge«. Darin befindet sich folgende Betrachtung über die Hände. »Die Hände sind an demjenigen Ort befestigt, wo sie alle ihre Geschäfte auf das geschickteste, beste und leichteste verrichten können. Denn hätten sie ihre Stellung hinten er-

halten, so könnten ihnen, bei der übrigen jetzigen Beschaffenheit des Leibes, die Augen nicht zustatten kommen, befände sich aber die eine Hand hinten und die andere vorn, so könnten sie einander nicht Hilfe leisten.«
So Thormeyer. Welche »Erbauung« muß dem dürstenden Jüngling aus diesem Erbauungsbuche geflossen sein! Zu dem Behufe versenkte man sich in Anthropologie und Psychologie, das waren die Früchte, die am Baume höherer Erkenntnis wuchsen. Entsprechend dem allen war der Grad sittlicher Freiheit und stolzer Unabhängigkeit im Leben des Mannes selbst. Ein Donnerer in den Klassen, erwies er sich als »devotest, ersterbend« jeder vorgesetzten Behörde gegenüber, diese mochte sein, was und wie sie wollte [...].

Am Wall

Um die Stadt her, zwischen dem Rheinsberger und dem Tempeltor, zieht sich der mehrgenannte »Wall«, ein Überrest mittelalterlicher Befestigungen, jetzt eine mit alten Eichen und jungem Nachwuchs dicht bestandene Promenade der Ruppiner.
Die Septembersonne tut ihr Bestes. Aber das Laub ist doch noch dicht genug, ihr den Zutritt zu wehren; ein Dämmer liegt auf den Steigen, und nur nach rechts hin, zwischen den Stämmen hindurch, blitzt es und flimmert es um einen ummauerten Park, dessen eine Seite bis an die Böschung des Walles tritt.
Es lockt uns aus dem Dunkel ins Helle, die Parkpforte steht weit auf, und an der sonnigsten Stelle Platz nehmend, saug' ich das Licht ein, um das Frösteln loszuwerden, das mich auf der schattigen Wallpromenade beschlichen.
Entzückend Bild! Aus dem Rasengrunde vor mir wachsen allerlei Hagebuttensträucher auf, kahl und windzerfahren. In diesem friedlichen Augenblick aber hängen die roten Früchte still am Gezweig, und zwischen den Ästen spannen sich Spinneweben aus und schillern in allen Farben des Regenbogens. Hinter dem Buschwerk eine Mauer und hinter der Mauer Gemüsegärten mit Dill und Dolden in langen Reihen, und dann Stoppelfelder weit,

weit, und am Horizont ein duftiges Blau und in dem Blau der schwarze Schindelturm einer Dorfkirche.

Der Blick schweift darüber hin, aber immer wieder kehrt er bis in die nächste Nähe zurück und weilt auf einem Rasenteppich, der sich in Falten legt, als wären hier Beete gewesen, Beete, die neuerdings der gleichmachende Rasen unter seine Hand genommen. Hier und da eine Zypresse, halb verwildert, halb eingegangen, und daneben ein Stein, der aus dem Grase eine Hand hoch aufragt. Und nicht der Zufall warf ihn hierher. Erst kaum erkennbar in dem Moose, das ihn umkleidet, erkenn' ich jetzt seine scharf behauene Kante. Die sagt, was es ist.

Und wäre noch ein Zweifel, die seitab gelegene zweite Hälfte des Parkes würde mir Gewißheit geben. Unter den Bäumen hin und nur halb in ihrem Blätterschatten geborgen, erheben sich die Wahrzeichen solcher Stätten: Urnen und Aschenkrüge, Gitter und Grüfte, zerbrochene Säulen und rostige Kreuze. Und an den Kreuzen nur zweierlei noch sichtbar: ein Schmetterling und die gesenkte Fackel. Halb erblindet beides. Aber die sich neigende Sonne goldet es wieder auf.

Ein Sonntag ist's, und über die Feldwege hin ziehen geputzte Menschen; die Kinder verlaufen sich in den Stoppelacker, um die letzten Blumen zu pflücken, und von rechts her, wo ein Gasthaus unter Linden steht, klingen heitere Klänge herüber. Musik! Und siehe da, die Kinder auf dem Acker hören mit Blumenpflücken auf und beginnen sich im Ringelreihen zu drehen. Die Sonne glüht noch einmal auf, Sommerfäden ziehen, und ein gelbes Platanenblatt fällt leis und langsam vor mich nieder.

Wie still, wie schön!

Du »Park am Wall«, welche beneidenswerte Stätte, darauf zu ruhen!

RHEINSBERG

Rheinsberg

Die Kahlenberge. Französische Kolonistendörfer. Einfahrt in Rheinsberg. Der Ratskeller. Unter den Linden. Das Möskefest

Rheinsberg von Berlin aus zu erreichen ist nicht leicht. Die Eisenbahn zieht sich auf sechs Meilen Entfernung daran vorüber, und nur eine geschickt zu benutzende Verbindung von Hauderer und Fahrpost führt schließlich an das ersehnte Ziel. Dies mag es erklären, warum ein Punkt ziemlich unbesucht bleibt, dessen Naturschönheiten nicht verächtlich und dessen historische Erinnerungen ersten Ranges sind.

Wir haben es besser, kommen von dem nur drei Meilen entfernten Ruppin und lassen uns durch die Sandwüste nicht beirren, die, zunächst wenigstens, hüglig und dünenartig vor uns liegt. Fragt man nach dem Namen dieser Hügelzüge, so vernimmt man immer wieder »die Kahlenberge«. Nur dann und wann wird ein Dorf sichtbar, dessen ärmliche Strohdächer von einem spitzigen Schindelturm überragt werden. Mitunter fehlt auch dieser. Einzelne dieser Ortschaften (z. B. Braunsberg) sind von französischen Kolonisten bewohnt, die berufen waren, ihre Loire-Heimat an dieser Stelle zu vergessen. Harte Aufgabe. Als wir eben genanntes Braunsberg passierten, lugten wir aus dem Wagen heraus, um »französische Köpfe zu studieren«, auf die wir gerechnet. Wie heißt der Schulze hier? fragten wir in halber Verlegenheit, weil wir nicht recht wußten, in welcher Sprache wir sprechen sollten. »Borchardt.« Und nun waren wir beruhigt. Auch die südlichen Rassegesichter sehen nicht anders aus als die deutsch-wendische Mischung, die sonst hier heimisch ist. Übrigens kommen in diesen Dörfern wirklich noch französische Namen vor, und »unser Niquet« z. B. ist ein Braunsberger.

Die Wege, die man passiert, sind im großen und ganzen so gut, wie Sandwege sein können. Nur an manchen Stellen, wo die Feldsteine wie eine Aussaat über den Weg gestreut liegen, schüttelt man bedenklich den Kopf in Erinnerung an eine bekannte Kabinettsorder, darin Friedrich der Große mit Rücksicht auf diesen Weg und im Ärger über 195 Thlr. 22 Gr. 8 Pf. zu zahlende Reparaturkosten ablehnend schrieb: »Die Reparation war nicht nöthig. Ich kenne den Weg und muß mir die Kriegs-Camer vohr ein großes Beest halten, um mir mit solches ungereimtes Zeug bei der Nahse kriegen zu wollen.« Der König hatte aber doch unrecht, »trotzdem er den Weg kannte«. Erst auf dem letzten Drittel wird es besser; im Trabe nähern wir uns einem hinter reichem Laubholz versteckten, immer noch rätselhaften Etwas und fahren endlich, zwischen Parkanlagen links und einer Sägemühle rechts, in die Stadt Rheinsberg hinein.

Hier halten wir vor einem reizend gelegenen Gasthofe, der noch dazu den Namen der »Ratskeller« führt, und da die Turmuhr eben erst zwölf schlägt und unser guter Appetit entschieden der Ansicht ist, daß das Rheinsberger Schloß all seines Zaubers unerachtet doch am Ende kein Zauberschloß sein werde, das jeden Augenblick verschwinden könne, so beschließen wir, vor unserem Besuch ein solennes Frühstück einzunehmen und gewissenhaft zu proben, ob der Ratskeller seinem Namen Ehre mache oder nicht. Er tut es. Zwar ist er überhaupt kein Keller, sondern ein Fachwerkhaus, aber eben deshalb, weil er sich jedem Vergleiche mit seinen Namensvettern in Lübeck und Bremen geschickt entzieht, zwingt er den Besucher, alte Reminiszenzen beiseite zu lassen und den »Rheinsberger Ratskeller« zu nehmen, wie er ist. Er bildet seine eigene Art, und eine Art, die nicht zu verachten ist. Wer nämlich um die Sommerszeit hier vorfährt, pflegt nicht unterm Dach des Hauses, sondern unter dem Dache prächtiger Kastanien abzusteigen, die den vor dem Hause gelegenen Platz, den sogenannten »Triangelplatz«, umstehen. Hier macht man sich's bequem und hat einen Kuppelbau zu Häupten, der alsbald die Gewölbe des besten Kellers vergessen macht. Wenigstens nach eigener Erfahrung zu schließen. Ein Tisch ward uns gedeckt, zwei Rheinsberger, an deren Kenntnis und Wohlgeneigtheit wir empfohlen waren, gesellten sich zu uns, und während die Vögel immer munterer musizierten und wir immer lauter und heiterer auf das Wohl der Stadt Rheinsberg anstießen, machte sich die Unterhaltung.

»Ja«, begann der eine, den wir den Morosen nennen wollen, »es tut not, daß man auf das Wohl Rheinsbergs anstößt. Aber es wird freilich nicht viel helfen, ebensowenig, wie irgend etwas geholfen hat, was bisher mit uns vorgenommen wurde. Wir liegen außerhalb des großen Verkehrs, und der kleine Verkehr kann nichts bessern, denn was unmittelbar um uns her existiert, ist womöglich noch ärmer als wir selbst. Durch ein unglaubliches Versehen leben hier zwei Maler und ein Kupferstecher. Der Boden ist Sandland, Torflager gibt es nicht, und die Fischzucht kann nicht blühen an einem Ort, dessen sämtliche Seen für vier Taler Preußisch verpachtet sind.«

Wer weiß, wo diese Bekümmernisse schließlich gelandet wären, wenn nicht eine große Festfahne, die von einigen Kindern an uns vorübergetragen wurde, den Klagestrom unterbrochen, uns selbst aber zu der Frage veranlaßt hätte: Was ist das? »Das ist die Fahne vom Möskefest, die man hat reparieren lassen«, erwiderte der andere, dessen gute Laune das Gegenstück zu der Morosität seines Nachbarn bildete. »Der sie trägt, ist Fähnrich Wilhelm Huth, und der ihm zur Rechten geht, heißt General Eduard Netzeband; sitzt seit Ostern in Quarta.« Diese Bemerkungen machten uns natürlich begierig, mehr zu hören, und so vernahmen wir denn, was es mit dem Möskefeste eigentlich sei. Da diese Feier der Stadt Rheinsberg eigentümlich ist, so darf ich wohl einen Augenblick dabei verweilen. Das Möskefest ist ein Kinderfest, das alljährlich am Sonntage vor Pfingsten gefeiert wird. Möske bedeutet »Waldmeister« (*asperula odorata*), und in alten Zeiten lief die Festlichkeit einfach darauf hinaus, daß die Stadtkinder frühmorgens in den Wald zogen, Waldmeister pflückten und damit heimkehrend den Altar und die Pfeiler der Kirche schmückten. Erst im Jahre 1757 nahm die Feier einen anderen Charakter an. Am 6. Mai war die Schlacht bei Prag geschlagen worden, und am 20. Mai traf die Nachricht davon in Rheinsberg ein. Es war Sonntag vor Pfingsten, also der Tag des Möskefestes. Die Siegesfreude, vielleicht auch der Umstand, daß der damals schon in Rheinsberg residierende Prinz Heinrich zu dem glücklichen Ausgange der Bataille sehr wesentlich beigetragen hatte, schuf auf einen Schlag die bis dahin rein kirchliche Feier in eine militärisch-patriotische Feier um. Und was damals Impromptu war, blieb. Das Möskefest ist ein Soldatenspiel geworden, das die Rheinsberger Jugend aufführt. Früh am Morgen schon ziehen vier Trommler durch die Straßen und schlagen die Reveille, die jungen Soldaten sammeln sich, und so geht's mit Musik vor das Haus des »Generals«. Hier dreimaliges Vivat, dem General und seinen Angehörigen ausgebracht, dann zieht alles, militärisch in Sektionen aufmarschiert, in den schönen Boberowwald hinaus, wo nun das Waldmeisterpflücken beginnt. Nachmittags kommen die jungen Mädchen und besuchen mit ihren Angehörigen die mittlerweile zu Turnen und Wettlauf übergegangenen Soldaten in ihrem Waldbiwak, Preise werden verteilt, Pfänderspiele gespielt, und spät am Abend erst erfolgt unter Trommelschlag und Liedersingen der allgemeine Rückmarsch in die Stadt. –

Unser Frühstück war abgetan, und wir schickten uns nunmehr an, dem Schlosse, dessen gelbe Rückwände schon überall durch das Baum- und Strauchwerk hindurchschimmerten, unsern Besuch zu machen […].

Das Schloß in Rheinsberg. Anblick vom See aus. Die Reihenfolge der Besitzer. Die Zimmer des Kronprinzen. Die Zimmer des Prinzen Heinrich

Die alte Glocke zu Rheinsberg, die in mehr charakteristischen als poetischen Alexandrinern die Inschrift trägt:

> Des Feuers starke Wut riß mich in Stücken nieder,
> Mit Gott durch Meyers Hand ruf ich doch Menschen wieder

schlägt eben vier und läßt uns die Vermutung aussprechen, daß selbst der Nachmittagsschlaf eines vierundachtzigjährigen Kastellans nunmehr zu Ende sein könne. Unser heiterer Freund antwortet mit einem ungläubigen »Wer weiß«, ist aber nichts destoweniger bereit, die Führung bis ins Schloß zu übernehmen und uns seinem »Gevatter« vorzustellen. Unterwegs warnt er uns in humoristischer Weise vor den Bildererklärungen und Namensunterstellungen des Alten. »Sehen Sie, meine Herren, er hat eine Liste, auf der die Namen sämtlicher Porträts verzeichnet stehen, aber er nimmt es nicht genau mit der Verteilung dieser Namen. Einige Porträts sind fortgenommen und in die Berliner Galerien gebracht worden, was unseren Gevatter aber wenig kümmert; er stellt ihnen, nach wie vor, Personen vor, die sich gar nicht mehr im Schlosse zu Rheinsberg befinden. Prinzeß Amalie namentlich, die schon bei Lebzeiten so viel Schweres tragen mußte, muß auch im Tode noch allerlei Unbill über sich ergehen lassen, und jedes Frauenporträt, das der Wissenschaft der Kunstkenner und Antiquare bisher gespottet hat, ist sicher, als ›Schwester Friedrichs des Großen‹ genannt zu werden. Sie werden sie in Hofkostüm, in Phantasiekostüm und in Maskenkostüm kennenlernen; besonders mache ich Sie auf ein Kniestück aufmerksam, wo sie in Federhut und schwarzem Muff erscheint. Die Kehrseite des Bildes wäre Wohltat gewesen.«
Unter solchem Geplauder haben wir die der Stadt zu gelegene Rückseite des Schlosses erreicht, passieren den Schloßhof, steigen in ein bereit liegendes Boot und fahren bis mitten auf den See hinauf. Nun erst machen wir kehrt und haben ein Bild von nicht gewöhnlicher Schönheit vor uns. Erst der glatte Wasserspiegel, an seinem Ufer einen Kranz von Schilf und Nymphäen, dahinter ansteigend ein frischer Gartenrasen und endlich das Schloß selbst, die Fernsicht schließend. Nach links hin dehnt sich der See, wohin wir blicken, ein Reichtum von Wasser und Wald, die Bäume nur manchmal gelichtet, um uns irgendein Denkmal auf den stillen Grasplätzen des Parks oder eine Marmorfigur oder einen »Tempel« zu zeigen.
Das Schloß war in alten Tagen ein gotischer Bau mit Turm und

Giebeldach. Erst zu Anfang des vorigen Jahrhunderts trat ein Schloßbau in französischem Geschmack an die Stelle der alten Gotik und nahm dreißig Jahre später unter Knobelsdorffs Leitung im wesentlichen die Formen an, die er noch jetzt zeigt. Eine Beschreibung des Schlosses versuche ich nur in allgemeinsten Zügen. Es besteht aus einem Mittelstück (*corps de logis*) und zwei durch eine Kolonnade verbundenen Seitenflügeln. In Front der See. Mehr eine Eigentümlichkeit als eine Schönheit bilden ein paar abgestumpfte Rundtürme, die sich an die Giebel der Seitenflügel anlehnen und deren einem es vorbehalten war, zu besonderer Berühmtheit zu gelangen.

Langsam nähern wir uns wieder dem Ufer, befestigen den Kahn am Wassersteg und schreiten nun plaudernd unsern Weg zurück. Unter der Kolonnade machen wir halt und rekapitulieren die Geschichte des Orts. Es ist nötig, sie gegenwärtig zu haben.

Die Herrschaft Rheinsberg war ein altes Besitztum der Bredows. Seit 1618 sind die Hauptdaten folgende:

Jobst von Bredow verkauft Rheinsberg an Kuno von Lochow, Domherrn zu Magdeburg. 1618.

Der Große Kurfürst nimmt, nach dem Erlöschen dieser Familie von Lochow, Rheinsberg in Besitz und schenkt es dem General du Hamel. 1685.

General du Hamel verkauft es sofort an den Hofrat de Beville.

Die Bevilles besitzen es, Vater und Sohn, bis 1734. Vom Sohne, dem Oberstleutnant Heinrich von Beville, kaufte es

König Friedrich Wilhelm I. und schenkte es an den Kronprinzen Friedrich 1734.

Der Kronprinz (Friedrich der Große), obschon nur bis 1740 dort, behält es als Eigentum bis 1744.

Im Jahre 1744 erhält es Prinz Heinrich von seinem Bruder als Geschenk, übersiedelt aber erst 1753 nach Rheinsberg.*

* Im Widerspruch hiermit steht allerdings, daß Prinz Heinrich im Jahre 1745 seine Mutter, die verwitwete Königin Sophie Dorothea, hier in Rheinsberg empfing. Pöllnitz gibt davon eine sehr eingehende Beschreibung. Vielleicht aber hatte sich der Prinz eigens und auf kurze Zeit nur nach Rheinsberg begeben, um seine Mutter daselbst empfangen zu können.

Prinz Heinrich von 1753 bis 1802 († 3. August).
Prinz Ferdinand von 1802 bis 1813 († 2. Mai).
Prinz August von 1813 bis 1843 († 19. Juli).
Seit 1843 ist es wieder Königlicher Besitz. –

Wir nähern uns jetzt von der Kolonnade her dem linken Flügel des Schlosses, treten auf einen großen Flur und ziehen leise mit der Hand des Bittstellers an der Klingel des Kastellans. Er schläft wirklich noch, aber seine Frau nimmt unverdrossen das große Schlüsselbund von der Wand und schreitet treppauf vor uns her.

Wollte ich dem Leser zumuten, uns auf diesem Gange zu folgen, so würde ich ihn nur verwirren; ich begnüge mich deshalb damit (ohne Rücksicht auf die Reihenfolge, darin wir die Zimmer sahen), in nachstehendem erst von den Zimmern des Kronprinzen Friedrich und danach von denen des Prinzen Heinrich zu sprechen.

Zunächst also die Zimmer des Kronprinzen, des nachmaligen »großen Königs«. Sie befinden sich in beiden Flügeln, wenn man, wie billig, den großen Konzertsaal mit hinzurechnet, den Konzertsaal, in welchem unter Leitung Grauns und unter Mitwirkung des Kronprinzen die klassischen Kompositionen jener Epoche zur Aufführung kamen. Dieser Konzertsaal befindet sich (immer von der Seefront aus) im linken Flügel des Schlosses, von dem aus seine hohen Fenster einerseits auf den Schloßhof, andrerseits auf das »Kavalierhaus« und einen vorgeschobenen Teil der Stadt herniederblicken. Er ist etwa vierzig Fuß lang, fast ebenso breit und vortrefflich erhalten. Die Wände sind von Stuck und die Fensterpfeiler mit Spiegeln und Goldrahmen reich verziert; eine Hauptsehenswürdigkeit aber ist das große Deckengemälde von Pesne, das dieser, nach einem den Ovidschen Metamorphosen entlehnten Vorwurf, im Jahre 1739 hier ausführte. Der Grundgedanke ist: »die aufgehende Sonne vertreibt die Schatten der Finsternis« oder wie einige es ausgelegt haben, »der junge Leuchteprinz vertreibt den König Griesegram.« Die Technik ist vortrefflich, und wie immer man auch über pausbackige Genien und halbbekleidete Göttinnen denken mag, in dem Ganzen lebt und webt eine künstlerische Potenz, gegen die es nicht gut möglich ist, sich zu verschließen. Schinkel soll unter dem Einfluß dieses Deckengemäldes die große Komposition entworfen haben, die sich jetzt *al fresco* in der Säulenhalle des Berliner Alten Museums befindet. Was übrigens den Konzertsaal selbst angeht, so fand innerhalb desselben, im Sommer 1848, ein etwas in rot getauchtes Ruppin-Rheinsbergisches Gesangfest statt, das eigentümlich gestört wurde. Man war eben auf der »Höhe der Situation«, als sich plötzlich eine halbe Stuckwand loslöste und mitten in den entsetzten Sängerkreis hineinfiel. Alles stob auseinander. Das Mauerwerk des alten Schlosses hatte sich aus seinen friderizianischen Erinnerungen heraus empört.

Dieser linke Flügel enthält außer dem Konzertsaal noch zehn oder zwölf kleinere Räume, von denen einige die Zimmer der Prinzeß Amalie heißen, während der Rest sich ohne jeden Namen begnügen muß. Diese »Namenlosen« sind die einzigen Räume des Schlosses, die noch eine praktische Verwendung finden. In ihnen logieren die Hausministerialbeamten, die hier gelegentlich eintreffen, um nach dem Rechten zu sehen. Es macht einen ganz eigentümlichen Eindruck, wenn man nach Passierung einer langen Reihe von Zimmern, die nur immer die Vorstellung in uns wachriefen, »hier muß der oder der gestorben sein«, plötzlich in ein paar Räume tritt, die liebe Rückerinnerungen an die Tage eigenen Chambregarnielebens in uns wecken. Die kleinen Bettstellen von Birkenmaserholz, die roten Steppdecken von allersimpelstem Kattun, die Waschtoiletten mit dem Klappdeckel und die beinah faltenlosen Zitzgardinen, als habe das Zeug nicht ganz gereicht, alles hat den schlichtbürgerlichsten Charakter von der Welt, und das eitle Herz freut sich der Wahrnehmung, daß man in Schlössern schläft wie anderswo.

Doch vergessen wir über diesem stillen Behagen nicht unsere eigentliche Aufgabe, und wenden wir uns lieber jenem kleinen Arbeitszimmer zu, das, mit noch größerem Recht als der Konzertsaal, den Namen des großen Königs führt.

Dies Arbeitszimmer liegt im rechten Flügel des Schlosses, und zwar in dem kleinen Rundturm, der den Flügel nach vorn hin abschließt. Wir passieren abermals eine lange Zimmerreihe, bis wir endlich in ein kleines und halbdunkles Vorgemach treten, das sein Licht nur durch eine Glastür empfängt. Dies halbdunkle Vorgemach enthielt die kleine Bibliothek, die Friedrich der Große bald nach seiner Thronbesteigung nach Potsdam schaffen ließ, das davor liegende Zimmer aber, von dem uns nur noch die Glastür trennt, ist das Arbeitszimmer selbst. Nur sehr klein (höchstens zwölf Fuß im Quadrat) hat es nach drei Seiten hin eine entzückende Aussicht über Wald und See. Vor einhundertundvierzig Jahren muß es auch in seiner Ausstattung einen durchaus heiteren und angenehmen Eindruck gemacht haben. Es ist ein Achteck, das mit drei Seiten in der Mauer steckt, während fünf Seiten frei und losgelöst nach vorn hin liegen. Das Ganze setzt sich abwechselnd aus Wand- und Glasflächen zusammen: vier Paneelwände, drei Nischenfenster und eine Glastür. Die Fensternischen sind sehr tief und boten deshalb Raum zur Aufstellung von Polsterbänken, die sich an beiden Seiten entlangziehen. An den Paneelwänden stehen altmodische Lehnstühle mit versilberten Beinen und schlechten, dunklen Kattunüberzügen. Über den Lehnstühlen aber, in ziemlicher Höhe, sind Konsolen mit den Büsten Ciceros, Voltaires, Diderots und Rousseaus angebracht. In die Holzbekleidung ist vielfach Spiegelglas eingelassen, während sich zu Häupten der Eingangstür allerlei Zeichen des Freimaurerordens befinden und abermals ein Pesnesches Deckengemälde den Plafond bedeckt. Dasselbe zeigt die Ruhe beim Studieren; ein Genius überreicht der sitzenden Minerva ein Buch, auf dessen Blättern man die Namen Horaz und Voltaire liest. Das Bild hat verhältnismäßig gelitten und kann überhaupt mit der glänzenden Schöpfung desselben Meisters im Konzertsaale nicht verglichen werden. In der Mitte des Zimmers steht auf vergoldeten Rokokofüßen und etwa von der Größe moderner Damenschreibtische der Arbeitstisch des Prinzen. Seine Schreibplatte liegt schräg und kann aufgeklappt werden. Sie war ehedem mit rotem Samt überzogen, hat aber nicht nur die Farbe, sondern auch den ganzen Samtstoff längst verloren. Der Samt wird bekanntlich auf eine Unterschicht von festem Zeug aufgetragen. Diese Unterschicht war 1853, als ich Rheinsberg zum ersten

Male besuchte, noch ziemlich intakt vorhanden. Seitdem aber haben sich die Dinge sehr zum Schlimmeren verändert. Nicht die Hälfte mehr existiert von diesem Unterzeug, und man kann deutlich sehen, wie die Federmesser, je nach der Charakteranlage der Besucher, mal größere, mal kleinere Karos herausgeschnitten haben. Ich liebe nicht die Kastellane, die einen durch ihren Diensteifer um die Möglichkeit eines ruhigen Genusses bringen, aber ebensowenig mag ich jenen das Wort reden, die voll mißverstandener Nachsicht ein Auge da zudrücken, wo sie es aufmachen sollten.

Wir nehmen zögernd Abschied von diesem interessanten Zimmer, um uns nun den Zimmern des Prinzen Heinrich zuzuwenden. Sie liegen im ersten Stock des Korps des Logis und bilden eine ununterbrochene Reihenfolge. Den Anfang machen die sogenannten Prinz-Ferdinands-Zimmer, d. h. diejenigen, die Prinz Ferdinand zu bewohnen pflegte, wenn er bei seinem älteren Bruder, dem Prinzen Heinrich, zum Besuche war. Vielleicht auch residierte der erstgenannte Prinz in der Zeit von 1802 bis 1813 wenigstens zeitweilig hier und bewohnte dann diese Räume.

Hinter diesen sogenannten Prinz-Ferdinands-Zimmern folgt der Konzertsaal (nicht zu verwechseln mit dem kronprinzlichen im linken Flügel), alsdann der sehr gut erhaltene Muschelsaal und endlich das Bibliothekzimmer. Neben diesem befindet sich das Schlaf- und Sterbezimmer des Prinzen Heinrich. Es ist ein großes, ziemlich dunkles Gemach, durch ein paar Säulen in zwei Hälften geteilt. In der dunkleren Hälfte, halb durch die Säulen verdeckt, steht das Sterbebett, ein stattlicher, mit schweren Seidenvorhängen reich ausgestatteter Bau. Derartige Staatsbetten, namentlich wenn alt geworden, machen in der Regel einen ängstlichen Eindruck und erfüllen uns mit Dank, nicht in ihnen schlafen zu müssen. Anders hier, weil sich nichts von Verschlossenheit zeigt, vielmehr alles frisch und farbig und voll beweglich lebensvoller Falten. – Um dieses Schlaf- und Sterbezimmer her gruppieren sich einige kleinere, die nur durch ihre Schildereien interessieren, meist Bilder in chinesischer Tusche von der Hand des Prinzen Heinrich selbst. Im großen und ganzen aber herrscht

Mangel an guten Bildern, und nur einige wenige hat man dieser Stelle gelassen. Unter diesen sind zwei Bildnisse des jungen Grafen Bogislaw von Tauentzien und ein Porträt der ersten Königin Sophie Charlotte bei weitem die besten.

Auch die Zimmer im Erdgeschoß sind nicht ohne Interesse. Bilder, Büsten, Ausschmückungsgegenstände, die sich teils noch aus der Zeit des Prinzen Heinrich her in diesen Zimmern befinden oder aber verschönerungshalber seitdem ihren Weg aus dem oberen Stock ins untere genommen haben, fesseln hier den Beschauer. In einem dieser Räume befinden sich beispielsweise die Büsten des Marquis de la Roche-Aymon und seiner Gemahlin, daneben eine Büste des französischen Schauspielers Blainville. Der Marquis [...] war nach Tauentziens Abgang Adjutant des Prinzen und nebenher eine Art *General en Chef* des prinzlichen Heeres, d. h. jener im Solde des Prinzen stehenden Leibhusarenschwadron, die in Rheinsberg ihre Garnison und im Schlosse den Dienst hatte. Der Schauspieler Blainville, ein besonderer Liebling des Prinzen, gab sich selbst den Tod, als es der Kabale seiner Genossen gelungen war, ihm momentan die Gunst seines Herrn zu entziehen. Der Prinz soll diesen Verlust nie verwunden haben.

Ein größerer Saal neben jenem büstengeschmückten Zimmer macht den Eindruck einer gewissen Wohnlichkeit, vielleicht weil er ein paar Spezialitäten enthält, die uns, wie ein Vogelbauer oder ein Tisch voll Nippsachen, die wohltuende Nähe von Menschen auch dann noch empfinden lassen, wenn diese lange vom Schauplatze abgetreten sind. Zu diesen Spezialitäten zähle ich hier ein würfelförmiges Postament von dem Umfang eines großen Tabakskastens, das auf einem halb versteckten Ecktisch steht. Dieser Kasten muß bei bestimmter Gelegenheit als Untersatz für eine kostbare Blume gedient haben und von dem einen oder anderen seiner Verehrer dem Prinzen überreicht worden sein. Noch jetzt umschließt der Kasten einen Blumentopf, aber die Blumen selbst sind von Papier. Alle vier Wände des Kastens enthalten reizende Aquarellbildchen, zwei davon Schlachtenbilder *en miniature*, von denen das eine die Inschrift trägt: »Condé aux lignes de Fribourg«, das andere: »Henri à la bataille de Prague«. Die Verbindlichkeit ist sehr fein und die Parallele gut gezogen. »Condé aux lignes de Fribourg« ist vielleicht eine Kopie, wenigstens entsinne ich mich dunkel, im Louvre oder in den Sälen von Versailles etwas Verwandtes gesehen zu haben. Auf dem Frontbilde: »Henri à la bataille de Prague« erhebt der Prinz eben den Degen, und den Kopf nach rechts hin zurückgewandt, um durch Wort und Blick die Nachfolgenden anzufeuern, führt er eine Grenadierkompanie zum Sturm.

Prinz Heinrich. Der Rheinsberger Park. Herr von Reitzenstein und der verschluckte Diamant. Der Freundschaftstempel. Das Theater im Grünen. Das Grabmal des Prinzen

Außer den im vorigen Kapitel beschriebenen Zimmern des Kronprinzen und des Prinzen Heinrich enthält das Rheinsberger Schloß nichts, was der Erwähnung wert wäre. Wenn man wieder ins Freie tritt, um, über den Schloßhof hin, dem Park und dem See zuzuschreiten, so kann man die Frage nicht abwehren, wie kommt es, daß dieser kluge, geistvolle Prinz Heinrich, dieser Feldherr *sans peur et sans reproche*, dies von den nobelsten Empfindungen inspirierte Menschenherz, so wenig populär geworden ist. Man gehe in eine Dorfschule und mache die Probe. Jedes Taglöhnerkind wird den Zieten, den Seydlitz, den »Schwerin mit der Fahne« kennen, aber der Herr Lehrer selbst wird nur stotternd zu sagen wissen, wer denn eigentlich Prinz Heinrich gewesen sei. Selbst in Rheinsberg, das der Prinz ein halbes Jahrhundert lang bewohnt hat, ist er verhältnismäßig ein Fremder. Natürlich, man kennt ihn, aber man weiß wenig von ihm. Einige von den Alten entsinnen sich seiner, erzählen dies und das, aber die lebende Generation lernt Geschichte wie wir, d. h. liest lange Kapitel vom Kronprinzen Friedrich und seinem Rheinsberger Aufenthalt, und hat sich daran gewöhnt, den Konzertsaal und das Studierzimmer als die alleinigen Sehenswürdigkeiten des Schlosses anzusehen. Die Zimmer des Prinzen Heinrich, Prinz

Heinrich selbst, alles ist bloße Zugabe, Material für die Rumpelkammer. Das harte Los, das dem Prinzen bei Lebzeiten fiel, das Geschick, »durch ein helleres Licht verdunkelt zu werden«, verfolgt ihn auch im Tode noch. An derselben Stelle, wo er durch fast zwei Menschenalter hin gelebt und geherrscht, geschaffen und gestiftet hat, ist er ein halb Vergessener, bloß weil der Stern seines Bruders vor ihm ebendaselbst geleuchtet. Und ein Teil dieses Mißgeschicks wird auch bleiben. Aber es ist andererseits nicht unwahrscheinlich, daß die nächsten fünfzig Jahre schon Verdienst und Klang des Namens mehr in Harmonie bringen werden. Um es mit einem Worte zu sagen: Dem Prinzen hat der Dichter bis zu dieser Stunde gefehlt. Von dem Augenblick an, wo Lied, Erzählung, Schauspiel ihn unter ihre Gestalten aufnehmen werden, werden sich auch die Prinz-Heinrich-Zimmer im Rheinsberger Schlosse neu zu beleben anfangen, und die Kastellane der Zukunft werden zu berichten wissen, was in dieser und jener Fensternische geschah, wer den Blumenkasten übergab und unter welchem Kastanienbaum der Prinz seinen Tee trank und mit einem freudigen »oh, soyez le bien venu« sich erhob, wenn Prinz Louis am Schloßtor hielt und lachend aus dem Sattel sprang.

Historische Gestalten teilen nicht selten das Schicksal alter Statuen. Einzelne stehen durch ein Jahrtausend hin immer leuchtend und immer bewundert auf dem Postament ihres Ruhmes; andere werden verschüttet oder in den Fluß geworfen. Aber endlich kommt der Moment ihrer Wiedererstehung, und nun erst – neben den glücklicheren neuaufgerichtet – erwächst der Nachwelt die Möglichkeit des Vergleichs.

Es muß zugegeben werden [...], daß etwas prononziert Französisches in Sitte, Gewöhnung, Ausdruck sowie das geringe Maß jener kurbrandenburgischen Derbheit, die wir an Friedrich dem Großen, all seiner Voltaire-Schwärmerei zum Trotz, so deutlich erkennen und so sehr bewundern, der Volkstümlichkeit des Prinzen Heinrich immer hindernd im Wege stehen wird; es fehlt aber auch noch viel bis zu jenem bescheideneren Teile von Popularität, worauf er unbedingten Anspruch hat. Seine Repliken waren nicht im Stile des älteren Tauentzien, als dieser, unter Androhung, »daß man das Kind im Mutterleibe nicht schonen werde«, aufgefordert wurde, Breslau zu übergeben; aber wenn er in seinen Antworten auch nicht dem Richard Löwenherz glich, der mit seinem Schwert ein zolldickes Eisen zerhieb, so glich er doch dem Saladin, der mit seiner Halbmondklinge das in die Luft geworfene Seidentuch im Niederfallen durchschnitt. Nur selten war er derb, rauh nie.

*

Wir sind nun in den Park getreten. Er umzieht in weitem Halbkreise die linke Hälfte des Sees und geht am jenseitigen Ufer unmittelbar in die schönen Laubholzpartien des Boberowwaldes über. Der Park ist eine glückliche Mischung von französischem und englischem Geschmack, zum Teil planvoll und absichtlich dadurch, daß man die Le Notreschen Anlagen durch Partien im entgegengesetzten Geschmack erweiterte, zum Teil aber planlos und unabsichtlich dadurch, daß sich das zwang- und kunstvoll Gemachte wieder in die Natur hineinwuchs. Die ursprüngliche Anlage soll das Werk eines Herrn von Reitzenstein gewesen sein, der schließlich (wie das zu geschehen pflegt) in verleumderischer Weise beschuldigt wurde, die Kriegsabwesenheit des Prinzen zu seinem Vorteil benutzt und unredlich gewirtschaftet zu haben. Als er von dieser gegen ihn umgehenden Verleumdung und beinahe gleichzeitig auch von der nahe bevorstehenden Rückkehr des Prinzen hörte, gab er sich in den Tod, »indem er einen Diamanten verschluckte«. So das Volk. Es liegt auf der Hand, daß hier der nach dem Abenteuerlichen haschende Sinn desselben eine komische Substituierung geschaffen hat. Ein verschluckter Diamant ist um nichts schädlicher als ein verschluckter Pflaumenkern, und so glaube ich denn bis auf weiteres annehmen zu dürfen, daß sich von R. (wenn überhaupt) einfach durch Blausäure, durch *Essence d'Amandes* getötet hat, aus welch letzterem Worte, lediglich nach dem Gleichklang, ein Diamant geworden ist.

Man passiert, abwechselnd dicht am See hin und mal wieder sich von ihm entfernend, die herkömmlichen Schaustücke solcher

Parkanlage: Säulentempel, künstliche Ruinen, bemooste Steinbänke, Statuen (darunter einige von großer Schönheit), und gelangt endlich bis an den sogenannten Freundschaftstempel, der bereits am jenseitigen Ufer des Sees, im Boberowwalde gelegen ist. In diesem Freundschaftstempel pflegte der Prinz zu speisen, wenn das Wetter eine Fahrt über den See zuließ. Es war ein kleiner Kuppelbau, auf dessen Hauptkuppel noch ein Kuppelchen saß; über dem Eingang aber ein Frontispiz. Frontispiz und Kuppeln existieren nicht mehr; sie drohten mit Einsturz und wurden abgetragen. Aber das Innere des »Tempels« ist noch wohlerhalten und besteht aus einem einzigen achteckigen Zimmer, um das sich, wie die Schale um die Mandel, ein etwas größerer achteckiger Außenbau legt. Genau so, wie man eine kleine Schachtel in eine größere stellt und beide mit einem gemeinschaftlichen Deckel überdeckt. In dem achteckigen Einsatz befinden sich vier türbreite Einschnitte (die Türen selber fehlen), und mit Hilfe dieser Einschnitte wird es möglich, die sechzehn Inschriften zu lesen, die seinerzeit der Innenwand des achteckigen Außenbaues, und zwar sehr wahrscheinlich vom Prinzen selber, gegeben wurden. Sie sind abwechselnd zwei und vier Zeilen lang und beziehen sich auf das Glück der Freundschaft. Ich zitiere zwei derselben:

> Qui vit sans amité, ne sauroit être heureux,
> Quand' il auroit pour lui la fortune et les Dieux

oder

> Pourquoi l'amour est-il donc le poison
> Et l'amitié le charme de la vie?
> Cest que l'amour est le fils de la folie
> Et l'amitié fille de la raison.

So sind sie alle. Kleine Niedlichkeiten ohne tiefere Bedeutung, und doch an dieser Stelle ebenso ansprechend, wie sie als Grab- und Kircheninschriften uns widerstrebend sind.

Jetzt feiert die junge Welt ihr Möskefest hier, bei welcher Gelegenheit sicherlich alle philosophischen Betrachtungen über das

Glück der Freundschaft unterbleiben und die sich »anbahnenden Verhältnisse« durchaus zugunsten des ewig im Schwunge bleibenden »fils de la folie« entschieden werden. Ein Möskefest an dieser Stelle bedeutet eine nicht üble Kritik und Ironie.

*

Vom Freundschaftstempel aus schreiten wir in den eigentlichen Park zurück, machen dem wohlerhaltenen »Theater im Grünen«, das lebendige Hecken statt der Kulissen hat, unseren Besuch und gelangen danach in allerhand schmale Gänge, deren Windungen uns schließlich bis an das Grabmal des Prinzen Heinrich führen. Es besteht aus einer Pyramide von Backstein, um die sich ein schlichtes Eisengitter zieht. Der Prinz, in seinem Testamente, hatte die völlige Vermauerung dieser Pyramide angeordnet; man ging aber von dieser Anordnung ab und ließ einen Eingang offen. Im Jahre 1853 sah ich noch deutlich den großen Zinksarg stehen, auf dem ein rostiger Helm lag. Seitdem ist ein brutaler Versuch gemacht worden, eben diesen Sarg, in dem man Schätze vermutete, zu berauben, was nun, nachträglich noch, zur Erfüllung der Testamentsanordnung, will also sagen zur Vermauerung der Pyramide, geführt hat [...].

Der große Obelisk in Rheinsberg

Vielleicht die größte Sehenswürdigkeit Rheinsbergs ist der Obelisk, der sich, gegenüber dem Schlosse, am jenseitigen Seeufer auf einem zwischen dem Park und dem Boberowwalde gelegenen Hügel erhebt. Er wurde zu Anfang der neunziger Jahre vom Prinzen Heinrich »dem Andenken seines Bruders August Wilhelm« errichtet und trägt an seiner Vorderfront das vortrefflich ausgeführte Reliefporträt eben dieses Prinzen und darunter die Worte:

A l'eternelle memoire d'Auguste Guillaume
Prince de Prusse, second fils du roi
Frédéric Guillaume.

Aber nicht dem Prinzen allein ist das Monument errichtet, vielmehr den preußischen Helden des Siebenjährigen Krieges überhaupt, allen jenen, die, wie eine zweite Inschrift ausspricht, »durch ihre Tapferkeit und Einsicht verdient haben, daß man sich ihrer auf immer erinnere«.

Da nun solcher preußischer Helden in jener Ruhmeszeit unzweifelhaft sehr viele waren, so lag es dem Prinzen ob, unter den vielen eine Wahl zu treffen. Diese Wahl geschah, und achtundzwanzig wurden schließlich der Ehre teilhaftig, ihre Namen auf dem Rheinsberger Obelisken genannt zu sehen. Jeder Name steht in einem Medaillon und ist von einer kurzen, in französischer Sprache abgefaßten Charakteristik begleitet. [...]

Zernikow

In der Nähe von Boberowwald und Huwenowsee liegt noch ein anderer Güterkomplex, der durch den Aufenthalt des Kronprinzen Friedrich in Rheinsberg zu historischem Ansehen gelangt ist – ich meine die sogenannten Fredersdorffschen Güter, die Friedrich der Große, beinah unmittelbar nach seiner Thronbesteigung, seinem Kammerdiener Fredersdorff zum Geschenk machte. Ursprünglich bestand die Schenkung nicht aus jenen vier Besitzungen, die man jetzt wohl als »Fredersdorffsche Güter« zu bezeichnen pflegt; es war vielmehr ein einziges Gut nur, Zernikow, das der Kronprinz, am 17. März 1737 von Leutnant Claude Benjamin le Chenevix de Beville käuflich an sich bringend, nach dreijährigem Besitz unterm 26. Juni 1740 seinem Kammerdiener urkundlich vermachte. Erst nach zehn Jahren begann Fredersdorff selber sein Besitztum durch Ankauf zu erweitern: 1750 erwarb er Kelkendorf, 1753 Dagow und 1755 Burow. Dagow ist seitdem wieder aus der Reihe der Güter ausgeschieden, Schulzenhof aber dafür angekauft worden, so daß der Besitzstand nach wie vor aus vier Gütern besteht. [...]
Fredersdorff war achtzehn Jahre lang, von 1740–1758, im Besitz von Zernikow, an welche Tatsache wir die Frage knüpfen, ob er dem Dorf und seinen Bewohnern ein Segen war oder nicht? Die Beantwortung der Frage fällt durchaus zu seinen Gunsten aus. Wie er trotz Ehrgeiz und einem unverkennbaren Verlangen nach Ansehn und Reichtum doch überwiegend eine liebenswürdige und gutgeartete Natur gewesen zu sein scheint, so erwies er sich auch als Gutsherr mild, nachsichtig, hilfebereit. Seine Bauern und Tagelöhner hatten gute Zeit. Und wie den damaligen Bewohnern, so war er dem Dorfe selbst ein Glück. Die meisten Neuerungen, soweit sie nicht bloß der Verschönerung dienen, lassen sich auf ihn zurückführen. Er fand eine vernachlässigte Sandscholle vor und hinterließ ein wohlkultiviertes Gut, dem er teils durch Anla-

gen aller Art, teils durch Ankauf von Wiesen und Wald das gegeben hatte, dessen es zumeist benötigt war. Die Tätigkeit, die er entwickelte, war groß. Kolonisten und Handwerker wurden herangezogen, und Weberei und Strohflechterei von fleißigen Händen betrieben. Zu gleicher Zeit und mit Vorliebe nahm er sich des Seidenbaues an. Gärten und Wege wurden mit Maulbeerbäumen bepflanzt (schon 1747 standen deren achttausend), und das Jahr darauf hatte er zum ersten Male einen Reinertrag aus der gehaspelten Seide. Kaum daß er ein Stück guten Lehmboden auf seiner Feldmark gefunden, entstand auch schon eine Ziegelei, so daß er 1746, und zwar aus selbstgebrannten Steinen, das noch jetzt existierende Wohnhaus erbauen konnte. Noch im selben Jahre führte er, ebenso wie in Spandau und Köpenick, große Brauereigebäude auf, in denen das so beliebt gewordene und nach ihm genannte »Fredersdorffer Bier« gebraut wurde. In allem erwies er sich als der gelehrige Schüler seines königlichen Herrn, und an der ganzen Art und Weise, wie er die Dinge in Angriff nahm, ließ sich erkennen, daß er den organisatorischen Plänen des Königs mit Verständnis zu folgen und sie als Vorbild zu verwerten verstand. Er mochte es dabei, besonders was die Mittel zur Ausführung anging, leichter haben als mancher andere, da ein König, der ihm schreiben konnte: »Wenn ein Mittel in der Welt wäre, Dir in 2 Minuten zu helfen, so wollte ich es kaufen, es möchte auch so theuer sein, wie es immer wolle«, sehr wahrscheinlich auch bereit war, durch Geschenke und Vorschüsse aller Art zu helfen. Es scheint indessen, daß diese Hilfen immer nur innerhalb beschränkter Grenzen blieben und daß die Meliorationen erst von 1750 ab einen größeren Maßstab annahmen, wo sich Fredersdorff mit Karoline Marie Elisabeth Daum, der reichen Erbtochter des schon 1743 verstorbenen Bankiers Daum, vermählt hatte. Wenigstens beginnen von da ab erst jene Güterkäufe, deren ich schon oben erwähnt habe. Fredersdorff lebte mit seiner jungen Frau in einer sehr glücklichen, aber kinderlosen Ehe. Daß er andauernd in Zernikow gewesen sei, ist nicht anzunehmen, doch scheint es, daß er von 1750 ab (also nach seiner Vermählung) wenigstens so oft wie möglich auf seinem Gute war und namentlich die Sommermonate gern daselbst verbrachte. Ob er seine alchimistischen Künste und Goldmacheversuche auch in ländlicher Zurückgezogenheit geübt hatte, ist nicht zu ermitteln gewesen, übrigens nicht wahrscheinlich. Er starb zu Potsdam in demselben Jahre (1758), das seinem königlichen Herrn so viele schwere Verluste brachte, und seine Leiche wurde nach Zernikow übergeführt.

Michael Gabriel Fredersdorff war am 12. Januar 1758 gestorben. 1760 vermählte sich seine Witwe zum zweiten Male mit dem aus Pommern stammenden Geheimen Stiftsrat zu Quedlinburg Hans Freiherrn von Labes, der, ursprünglich bürgerlich, erst später vom Kaiser in den Adelsstand erhoben worden war.

Auch Freiherr von Labes tat viel zur Verschönerung des Gutes, eine Lindenallee wurde gepflanzt, ein englischer Park angelegt und der frühere Fasanengarten in einen Tiergarten mit Fischteichen, Wasserleitungen und Pavillons umgeschaffen. Er scheint andauernder als Fredersdorff in Zernikow gelebt zu haben und verschied daselbst am 27. Juli 1776. Frau von Labes aber, nachdem sie durch milde Stiftungen, besonders durch Erbauung eines Hospitals, segensreich gewirkt hatte, starb erst am 10. März 1810, achtzig Jahre alt, mehr denn fünfzig Jahre nach dem Tode ihres ersten Gatten. Aus ihrer zweiten Ehe waren ihr zwei Kinder geboren worden, ein Sohn und eine Tochter. Der Sohn, Geheimer Legationsrat von Labes, vermählte sich mit einer Komtesse Görtz-Schlitz, wurde selbst in den Grafenstand erhoben und nahm, nach der Burg Schlitz, die er sich im Mecklenburgischen erbaut hatte, den Namen Graf Schlitz an.

Dieser Graf Schlitz starb 1831. Er hinterließ nur eine Tochter, die sich 1822 dem Grafen Bassewitz vermählte, welcher letztere seitdem den Namen Graf Bassewitz-Schlitz führte. Das einzige Kind dieser Ehe, eine Tochter, wurde nur elf Jahre alt; von den Eltern starb die Mutter 1855, der Vater, Graf Bassewitz-Schlitz, im Juli 1861. Beide wurden auf Hohen-Demzin, einem in der Nähe von Burg Schlitz gelegenen Familiengute, beigesetzt. Schon 1855, also nach dem Tode der Gräfin, waren die Fredersdorffschen Güter, da keine direkte Nachkommenschaft da war, auf die weibliche

Linie, d. h. also auf die Nachkommenschaft der Tochter der Frau von Labes, übergegangen.
Diese Tochter war seit 1777 an den Freiherrn Joachim Erdmann von Arnim vermählt, starb aber schon 1781 infolge ihrer zweiten Entbindung, nachdem sie dem später so berühmt gewordenen Achim von Arnim das Leben gegeben hatte. Sie hinterließ zwei Söhne: Karl Otto Ludwig von Arnim, geb. am 1. August 1779, und Karl Friedrich Joachim Ludwig von Arnim (Achim von Arnim), geb. am 26. Januar 1781.
Von diesen beiden Brüdern starb der jüngere schon am 21. Januar 1831, der ältere (gemeinhin Pitt-Arnim geheißen) ererbte die Fredersdorffschen Güter nach dem, wie vorstehend schon hervorgehoben, im Jahre 1855 erfolgten Tode der Gräfin Bassewitz-Schlitz. Er ist sechs Jahre lang im Besitz der Güter geblieben, bis zu seinem am 9. Februar 1861 erfolgten Tode. Da er kinderlos verstarb, so waren seine Neffen und Nichten, die Kinder Achims von Arnim und der Bettina Brentano, die nächsten Erben. Diese Kinder, drei Söhne und drei Töchter, sind jetzt die Besitzer von Zernikow.

Zernikow besitzt neben einer sehenswerten Kirche, in der sich, ebenso wie im Herrenhause, die Porträts von Fredersdorff, dem von Labesschen Ehepaar und von deren Tochter, der 1781 verstorbenen Frau von Arnim, befinden, auch ein mit Geschmack und Munifizenz hergestelltes Grabgewölbe, das Frau von Labes bald nach dem Tode ihres zweiten Gemahls errichten ließ. Es trägt an seiner Front die Inschrift: »Fredersdorff'sches Erbbegräbniß, errichtet von dessen hinterlassener Wittwe, gebornen Caroline Marie Elisabeth Daum, nachmals verehelichten v. Labes. Anno 1777«. Darunter in goldenen Buchstaben folgende verschlungene Namenszüge: MGF (Michael Gabriel Fredersdorff) und CMED (Caroline Marie Elisabeth Daum). Sofort nach der Vollendung dieses Grabgewölbes nahm Frau von Labes in dasselbe die sterblichen Überreste ihrer Ehegatten Fredersdorff und von Labes auf, welche sich bisher in einer Gruft unter der Kirche zu Zernikow befunden hatten.

Der mit Leder überzogene und mit vergoldeten Füßen und Handhaben versehene Sarg Fredersdorffs, auf dem sich noch die Patrontasche befindet, die derselbe während seines Militärdienstes im Schwerinschen Regiment getragen hat, steht an der rechten Seitenwand, der Sarg des Freiherrn von Labes unmittelbar dahinter.

Vier Jahre später gesellte sich zu diesen beiden Särgen ein dritter. Noch nicht zwanzig Jahre alt, war die mehrgenannte Freifrau Amalie Karoline von Arnim, einzige Tochter der verwitweten Frau von Labes, im Januar oder Februar 1781 zu Berlin gestorben und wurde von dort nach Zernikow übergeführt. Ihr Sarg, in dessen Deckel ein kleines Fenster befindlich ist, steht an der Hinterwand des Gewölbes, und noch jetzt liegen auf demselben Kränze und Gedichte, welche letzteren von der Hand der Mutter geschrieben sind. Am 10. März 1810 entschlief Frau von Labes selber und nahm, ihrem letzten Willen gemäß, nach Freud und Leid dieser Welt, ihren letzten Ruheplatz an der Seite derer, die ihr das Teuerste gewesen waren. Auch auf dem Deckel ihres überaus prachtvollen Sarges ist ein kleines Fenster angebracht, durch das man die entseelte Hülle der alten Freifrau erblickt. Auf allen vier Särgen befinden sich die Familienwappen, auf drei derselben auch Name, Geburts- und Todestag.

Über fünfzig Jahre vergingen, ehe ein neuer Ankömmling vor der Kirche hielt und Raum in der Familiengruft beanspruchte. Alles, was den Namen Graf Schlitz angenommen hatte, hatte sich auch im Tode noch von Zernikow, dem ursprünglichen Familiengut, geschieden und dem Graf Schlitzschen Mausoleum auf Hohen-Demzin den Vorzug gegeben. Nicht so der älteste Sohn der Tochter der Frau von Labes. Am 16. Februar 1861 öffneten sich die schweren Gittertüren des Fredersdorffschen Erbbegräbnisses noch einmal, und der Sarg des Oberstschenk Karl Otto Ludwigs von Arnim wurde neben Mutter und Großmutter beigesetzt. Seine Inschrift lautet:

Dubius non impius vixi,
Incertus morior, non perturbatus;

Humanum est nescire et errare.
Ens entium miserere mei.

In Zweifeln hab' ich gelebt, nicht unfromm,
In Ungewißheit sterb' ich, nicht in Bangen;
Nichtwissen und irren ist Menschenlos.
Wesen der Wesen erbarme dich mein.

Sein jüngerer Bruder, Achim von Arnim, ist auf dem Familiengut Wiepersdorf bei Dahme begraben. Auch Bettina (gest. 1859 zu Berlin) ruht daselbst.

DIE RUPPINER SCHWEIZ

Die Menzer Forst und der grosse Stechlin

In der Nordostecke der Grafschaft liegt die Menzer Forst, 24 000 Morgen groß (in ihr der sagenumwobene »Große Stechlin«), und in dieser verlorenen Grafschaftsecke lebt die Ruppiner Schweiz noch einmal wieder auf. Hier waltet ein ganz eigenartiges Leben: der Pflug ruht und ebenso der Spaten, der den Torf gräbt; nur das Fischernetz und die Angel sind an dieser Stelle zu Haus und die Büchse, die tagaus tagein durch den Wald knallt. Hundert Jahre haben hier wenig oder nichts geändert, alles blieb, wie es die Tage des großen Königs sahen, und nur eines wechselte: der Schmuggler fehlt, der hier sonst ins Mecklenburgische hinüber sein Wesen trieb und seinen Krieg führte. Denn die Menzer Forst setzt sich noch jenseits der Grenze fort, und ein von abgefallenem Laube halb überdeckter Graben ist alles, was die Territorien scheidet.

Um die Mitte des vorigen Jahrhunderts ward in der Kriegs- und Domänenkammer die Frage rege: Was machen wir mit diesem Forst? Hochstämmig ragten die Kiefern auf; aber der Ertrag, den diese herrlichen Holz- und Wildbestände gaben, war so gering, daß er kaum die Kosten der Unterhaltung und Verwaltung deckte. Hirsch und Wildschwein in Fülle; doch auf Meilen in der Runde kein Haus und keine Küche, dem mit dem einen oder anderen gedient gewesen wäre. »Was tun mit diesem Forst?« so hieß es wieder. Kohlenmeiler und Teeröfen wurden angelegt, aber Teer und Kohle hatten keinen Preis. Die nächste nachhaltige Hilfe schien endlich die Herrichtung von Glashütten bieten zu sollen, und in der Tat, es entstanden ihrer verschiedene zu Dagow, Globsow und Stechlin; ein Feuerschein lag bei Nacht und eine Rauchsäule bei Tag über dem Walde; vergeblich; auch der Glashüttenbetrieb vermochte nichts, und der Wald bracht es nur spärlich auf seine Kosten.

Da zuletzt erging Anfrage von der Kammer her an die Menzer Oberförsterei: Wie lange die Forst aushalten werde, wenn Berlin aus ihm zu brennen und zu heizen anfange?, worauf die Oberförsterei mit Stolz antwortete: »Die Menzer Forst hält alles aus.« Das war ein schönes Wort, aber doch schöner, als sich mit der Wirklichkeit vertrug. Und das sollte bald erkannt werden. Die betreffende Forstinspektion wurde beim Wort genommen, und siehe da, ehe dreißig Jahre um waren, war die ganze Menzer Forst durch die Berliner Schornsteine geflogen. Was Teeröfen und Glashütten in alle Ewigkeit hinein nicht vermocht hätten, das hatte die Konsumtionskraft einer großen Stadt in weniger als einem Menschenalter geleistet. Ja, Hilfe war gekommen, die Menzer Forst hatte rentiert; aber freilich die Hilfe war gekommen nach Art einer Sturzwelle, die, während sie das aufgefahrene Schiff wieder flott macht, es zugleich auch zerschellt. Abermals mußte Wandel geschafft werden, diesmal nach der entgegengesetzten Seite hin, und das berühmte, wenn auch unverbürgte Wort, das König Friedrich einst in delikatester Situation an Schmettau richtete, dasselbe Wort richtete jetzt die Königliche Verwaltung der Forsten und Domänen an den Oberförster von Groß-Menz: »Hör' Er auf.« Und man hörte auf. Der Hauptstadt wurde durch dieses »Halt« übrigens nichts entzogen, denn die Linumer Torfperiode war inzwischen angebrochen, die Menzer Forst aber stieg auf der *tabula rasa* ihres alten Grund und Bodens neu empor: Eichen, Birken, Kiehnen in buntem Gemisch, und die Bestände, wie sie jetzt sich repräsentieren, sind das Kind jener Schonzeit und Stillstandsepoche, die dem dreißig Jahre lang geführten »guerre à outrance« auf dem Fuße folgte.

Er zählt jetzt gerade hundert Jahre, dieser prächtige Wald, der ein Leben für sich führt, ein halbes Dutzend Wasserbecken mit grünem Arm umschließt und über altes und neues, über Teeröfen und Forsthäuser, über Glashütten und Fabriken nach wie vor seine Herrschaft übt. In ihn hinein wolle mich jetzt der Leser begleiten.

*

Es ist noch Platz auf dem Pürschwagen (vorne der Kutscher und der Herr), und ein Kissen und eine Decke harren des neuen Gastes. Die Zeit für die Decke wird kommen, die Zeit für das Kissen aber ist schon da, denn über Stubben und Wurzeln fort geht es bereits weglos und holterdiepolter in den Wald hinein. Die jungen Zweige fegen uns die Augen aus; jetzt Moorgrund, jetzt raschelndes Laub; jetzt über den Graben und jetzt über niedergestürzte Bäume hin, deren schon angefaultes Holz unter dem Drucke der Räder zerbricht und in Moderstaub aufwirbelt. Entzückendes Steeple chase; das Gefühl der Fährlichkeit geht in der Wonne des Hindernisnehmens unter.

So still der Wald, und doch erzählt er auf Schritt und Tritt, freilich mehr Ernstes als Heiteres. Wo der Pascher ein Jahrhundert lang zu Hause war, wo Förster und Wildschütz ihre nicht endende Fehde führen, wo der Sturm die Bäume bricht und die tiefen Waldseen, die sich von uralter Zeit her einen Hang nach Menschenopfern bewahrt haben, ihre Polypenarme phantastisch ausstrecken, da sind immer »Geschichten« zu Haus. Tabellen wären hier anzufertigen mit drei Rubriken nur: erschlagen, erschossen, ertrunken.

Eben haben wir eine Stelle passiert, die solche »Geschichte« hat und noch von neuestem Datum dazu. Hier, wo das Unterholz sich durch die Waldrinne zieht, gleich links neben der Weißbuche, da lag er, da fanden sie ihn, den Kopf nach der Tiefe zu, den einen Fuß im Gestrüpp verwickelt und neben ihm die Büchse. Der grüne Aufschlag des einen Ärmels war rot, und man sah deutlich, er war mit der Rechten nach der Brust gefahren. Wessen Kugel hatte ihn getroffen? Einen Augenblick schien es, als sei man dem Geheimnis auf der Spur: in Herz oder Lunge des Toten hatte man das Kugelpflaster gefunden und an eben diesem Pflaster acht scharfmarkierte, schwarze Strichelchen, die es dem Kundigen verrieten, daß die Kugel aus einer Büchse mit acht Rillen gekommen war. Und solche Büchsen gab es am Rande der Menzer Forst hin nicht allzu viele. So wies man denn mit Fingern auf den und den. Aber die Sache kam zu früh in Kurs, und als an den verdächtigsten Stellen gesucht wurde, waren die achtrilligen

Büchsen verschwunden. Ein großes Begräbnis gab es, groß wie die Teilnahme, aber das Geheimnis seines Todes hat der Tote mit ins Grab genommen.

So ging das Geplauder, als plötzlich, zwischen den Stämmen hin, eine weite Wasserfläche sichtbar wurde, darauf hell und blendend fast die späte Nachmittagssonne flimmerte. »Das ist der Stechlin«, hieß es. Und im nächsten Augenblicke sprangen wir ab und schritten auf ihn zu.

Da lag er vor uns, der buchtenreiche See, geheimnisvoll, einem Stummen gleich, den es zu sprechen drängt. Aber die ungelöste Zunge weigert ihm den Dienst, und was er sagen will, bleibt ungesagt.

Und nun setzten wir uns an den Rand eines Vorsprunges und horchten auf die Stille. Die blieb, wie sie war: kein Boot, kein Vogel; auch kein Gewölk. Nur Grün und Blau und Sonne.

»Wie still er da liegt, der Stechlin«, hob unser Führer und Gastfreund an, »aber die Leute hier herum wissen von ihm zu erzählen. Er ist einer von den Vornehmen, die große Beziehungen unterhalten. Als das Lissaboner Erdbeben war, waren hier Strudel und Trichter, und stäubende Wasserhosen tanzten zwischen den Ufern hin. Er geht 400 Fuß tief, und an mehr als einer Stelle findet das Senkblei keinen Grund. Und Launen hat er, und man muß ihn ausstudieren wie eine Frau. Dies kann er leiden und jenes nicht, und mitunter liegt das, was ihm schmeichelt, und das, was ihn ärgert, keine Handbreit auseinander. Die Fischer, selbstverständlich, kennen ihn am besten. Hier dürfen sie das Netz ziehen, und an seiner Oberfläche bleibt alles klar und heiter, aber zehn Schritte weiter will er es nicht haben, aus bloßem Eigensinn, und sein Antlitz runzelt und verdunkelt sich, und ein Murren klingt herauf. Dann ist es Zeit, ihn zu meiden und das Ufer aufzusuchen. Ist aber ein Waghals im Boot, der es ertrotzen will, so gibt es ein Unglück, und der Hahn steigt herauf, rot und zornig, der Hahn, der unten auf dem Grunde des Stechlin sitzt, und schlägt den See mit seinen Flügeln, bis er schäumt und wogt, und greift das Boot an und kreischt und kräht, daß es die ganze Menzer Forst durchhallt von Dagow bis Roofen und bis Alt-Globsow hin.«

Die Sonne war mittlerweile tiefer hinabgestiegen und berührte schon die Wipfel des Waldes. Uns eine Mahnung zur Eile. Der Erdwall, auf dem wir gesessen und geplaudert hatten, lag nach Norden hin, aber ehe zehn Minuten um waren, hatten wir die große Biegung gemacht und fuhren wieder an der entgegengesetzten südlichen Seite.

Das Revier, das uns hier aufnahm, war das Revier der Glashütten, die wie Squatteransiedlungen am Waldsaume lagen. Hütte neben Hütte; sonst nichts sichtbar als der Rauch, der über die Dächer zog. Nur bei der Globsower Glashütte, die (hart an einer Buchtung des Großen Stechlin gelegen) einen weitverzweigten Handel treibt mit Retorten und Glaskolben, nur hier herrschte Leben, am meisten in der schattigen Allee, die, von den Wohn- und Arbeitshütten her, zur Ladestelle hinunterführte. Hier spielten Kinder Krieg und fochten ihre Fehde mit Kastanien aus, die zahlreich in halbaufgeplatzten Schalen unter den Bäumen lagen. Die einen retirierten eben auf den See zu und suchten Deckung hinter den großen Salzsäureballons, die hier dichtgereiht am Ufer des Stechlin hin standen, aber der Feind gab seinen Angriff nicht auf, und die Kastanien fielen hageldicht auf die gläserne Mauer nieder. […]

AUF DEM PLATEAU

Lindow

Lindow ist so reizend wie sein Name. Zwischen drei Seen wächst es auf, und alte Linden nehmen es unter ihren Schatten. Seine Vorgeschichte versagt; alles Archivalische ward ein Raub der Flammen, und nur mit hoher Wahrscheinlichkeit ist anzunehmen, daß das Kloster eher da war als die Stadt.

Kloster Lindow wurde gegen Ende des zwölften oder Anfang des dreizehnten Jahrhunderts von dem Grafen Gebhardt von Ruppin und Lindow als ein Prämonstratenser-Nonnenkloster gegründet und empfing zu Ehren des Stammhauses der Familie (Lindow im Anhaltischen) seinen Namen.

Die Stadt entstand aus Ansiedelungen; Handwerker und Ackersleute kamen, die den Schutz des Klosters suchten. Und diese Beziehungen blieben durch alle Jahrhunderte hin und überdauerten den Bestand des Klosters bis in unsere Tage hinein. 1754 wurde dem lutherischen Rektor sein Gehalt ansehnlich erhöhet, »weil er, zu seinen geringen Einkünften, nur einen freien Tisch auf dem Klosterhofe habe«, und noch 1748 schenkte die Konventualin Anna Juliane von der Kettenburg 100 Taler an die Stadt mit dem Bedingnis, »daß von den Zinsen dieser Summe das Schulgeld für arme Kinder bezahlt werde«. Welchen beiden Notizen wir, außer dem Fortbestande guter Beziehungen zwischen dem Kloster und dem städtischen Gemeinwesen, auch gleichzeitig entnehmen können, daß man finanziell in Stadt Lindow nicht auf Rosen gebettet war.

Auch im Kloster war man es, aller Guttaten unerachtet, nicht mehr, seit im Jahre 1542 die Säkularisation und die Umwandlung der Klostergüter in kurfürstliche Domänen begonnen hatten. Zwanzig Jahre vorher, beim Erlöschen des gräflichen Hauses Ruppin, hatte das Kloster auf seiner Höhe gestanden. Es war damals eines der reichsten Stifte in der Mark und besaß außer der Stadt Lindow achtzehn Dörfer, zwanzig wüst liegende Feldmarken, neun Wassermühlen und alle die Seen, die teils innerhalb des Großen Menzer Forstes, teils am Rande desselben gelegen sind, darunter auch den Großen Stechlin. Die Gesamtbodenfläche, die damals dem Jungfrauenkloster zugehörte, darf man auf vier Quadratmeilen schätzen, reichte mithin, wie Bratring spöttisch schreibt, »vollkommen aus, um fünfunddreißig Nonnen, einer Äbtissin und einem Propst ein einigermaßen gemächliches Leben zu sichern«. Man kann dies zugeben, aber es den Bevorzugten auch neidlos gönnen, und zwar um so lieber und leichter, als ihr Glück, von jenem Kulminationspunkt an gerechnet, nur noch von kürzester Dauer war. Es ging galoppierend zu Ende. Wohl war am heiligen Dreikönigstage 1530 den Lindowschen Nonnen ihr Besitz zu »ewigem Eigentum« aufs neu bestätigt worden, aber eh noch die Mitte des Jahrhunderts heran war, war die Säkularisation bereits ausgesprochen und das »ewige Eigentum verflogen«. Aus dem Kloster Lindow wurde nunmehr ein »Fräuleinstift zu Lindow«, und an die Stelle der Äbtissin und ihrer fünfunddreißig Nonnen trat eine Domina mit vier Fräuleins; das Gesamteinkommen aber sank allmählich auf tausend Taler und das Grundeigentum von vier Quadratmeilen auf – hundert Morgen.

Unter den Dominas, soweit ihre Namen überhaupt noch auf uns gekommen sind, finden wir fast ausschließlich Adelsnamen aus Ruppin und Havelland: Elisabeth von Zieten 1557, Anna von Gühlen 1625, Katharina von Döberitz 1685, Anna Hedwig von Fratz 1709, Maria Elisabeth von Quast 1736, Ilse Margarethe von Rochow und Anna Elisabeth von Bredow, letztere beide ohne Zahlenangabe.

Unser Weg führt uns von Alt-Ruppin auf Lindow zu. Die nur durch ihre Lage reizende Stadt kann uns durch ihre Straßen und Plätze nicht fesseln, aber jenseits derselben, wo sich die Schmalung zwischen dem Gudelack- und dem Wutzsee wieder zu weiten beginnt, werden wir, nach rechts hin, eines Konglomerates von Häusern und Ruinen ansichtig, um welches sich eine niedrige Steinumwallung: die Einfriedigung von Kloster Lindow, zieht. Wir lassen halten, überklettern die gerad an dieser Stelle weder Tür noch Pforte zeigende Mauer und befinden uns auf einer von prächtigen alten Bäumen überragten Parkwiese, die, den verschiedensten Bestimmungen dienend, alle ihre Verschiedenheiten wieder in eine höhere Einheit zusammenfaßt.

Die schönsten Teile dieser Parkwiese sind die, wo begraben wird. Von dem richtigen Gefühl ausgehend, daß Leben und Tod Geschwister sind, die sich nicht ängstlich meiden sollen, hat man hier die Spiel- und Begräbnisplätze dicht nebeneinander gelegt, und dieselben Blumen blühen über beide hin. Aber der Tod, so gemütlich er mit dem Leben zu leben weiß, hat doch innerhalb seiner eignen Gebiete nicht ganz auf Scheidungen und Standesunterschiede verzichtet, die nun, so scheint es, Zeugnis ablegen sollen, daß wir uns hier auf dem Grund und Boden eines adligen Fräuleinstiftes befinden. Im Leben »leben und leben lassen«, aber im Tode – Rangordnung! So begegnet man denn Steinen und Grabkreuzen an drei verschiedenen Punkten des Parkes, und während die Dienstleute samt den Beamten an einer, die Gäste des Klosters an einer andern Stelle ruhn, ist den Stiftsdamen eine dritte Stelle vorbehalten geblieben. In zwei Reihen, zu beiden Seiten einer alten Rüsterallee, liegen sie hier in hochaufgemauerten Gräbern, von denen übrigens keines über den Anfang des vorigen Jahrhunderts zurückreicht. In deutlichen Buchstaben sprach nur noch das Grab der letztverstorbenen Domina zu mir, stattlicher aber war ein älterer Stein, unter dem (wenn ich das Wappen richtig erkannt) eine von Pannewitz ihren letzten Schlummer schlief.

Auf dieses Epitaphium, das einen guten Überblick versprach, stieg ich hinauf und übersah nun, ein paar Zweige zurückbiegend, die ganze Klosteranlage: nach links hin der von Lindengängen eingefaßte See, zwischen uns und ihm ein buntes Durcheinander von Blumen- und Gemüsegärten, und mitten hinein gestellt in diese das villenartige Haus der Domina, dichtgrenzend mit einem in Trümmern liegenden Langbau, der sehr wahrscheinlich einst das Refektorium des alten Klosters ausmachte. Jetzt ist es Wirtschaftshof, Eis- und Vorratskeller der drei, vier

Damen, die hier ihre Tage leben und beschließen, und jeder Zauber wäre dieser Verfallstätte längst abgestreift, wenn nicht die hohen, stehengebliebenen Giebelwände wären, mit ihren gotischen Nischen und Fenstern und ihrem Storchennest darauf.

Eine Viertelstunde lang hielt ich Umschau von dem Pannewitz-Grabstein aus; dann, auf einem Schlängelpfade den See gewinnend, schritt ich langsam einen Ufer- und Lindengang hinunter, bis ich mich unerwartet und plötzlich fast inmitten einer völlig veränderten Szenerie sah. Beete mit eingemusterten Blumen lagen wie Teppiche vor mir ausgebreitet, aus dem Mittelrondell stiegen Büsche von *Ricinus* und *Canna indica* auf, Wein und Pfirsich lachten am Spalier, und abwechselnd liefen Lauben von Geißblatt und Pfeifenkraut an der einen Seite des Gartens hin, während an der anderen ein Drahtzaun, leicht wie ein ausgespanntes Fischernetz, die Anlage schloß. War dies noch Klostergrund? Nein. Aus mittelalterlichen Überbleibseln heraus war ich in eine modern-bürgerliche Welt eingetreten, und ein reicher, in Anlagen und Gartenkunst erprobter »Proprietaire« stickte hier mit eigener Hand diese Blumenmuster in den Rasenteppich und gefiel sich darin, in richtiger Benutzung des Erworbenen, auch dem »was wohltut und gefällig ist« zu dienen.

Ein Reichtum, der zur Pflege des Schönen führt, erfreut immer wieder mein Herz und tat es auch hier. Aber beinah wohltuender noch berührte mich die Wahrnehmung, daß das Fehlen einer Grenz- und Scheidelinie zwischen Klostergrund und Gartenanlage wenigstens an dieser Stelle kein bloßer Zufall war. Diese Scheidelinie fehlte, weil der Trennungsstrich auch in den Herzen nicht vorhanden ist und der Besitzer des Gartens Frieden und Freundschaft hält mit den Klosterfrauen von drüben.

Gransee

Von Lindow kommend, fahren wir jetzt Gransee, der östlichsten Stadt der Grafschaft, zu. Von ihren früheren Tagen erzählt uns ein Baudenkmal, das sich bereits tausend Schritte vor der Stadt erhebt:

die »Warte« bei Gransee

Sie steht auf dem höchsten Punkte der Umgebung, dem »Warte-Berg«. Junge Fichten und dichtes Kusselwerk, drin der Sandhase sein Lager hat, bedeckten ihn an seinen Abhängen, und nur der abgeplattete Gipfel ist kahl. Hier erhebt sich die »Warte«, von fern her einem modernen Fabrikschornsteine nicht unähnlich, bis man im Näherkommen den bedeutenderen Durchmesser erkennt. Es ist ein etwa 50 Fuß hoher Rundturm, aus Feldstein und acht senkrechtstehenden Bausteinrippen derartig aufgeführt, daß bei der Aufmauerung immer erst die Rippen um einige Fuß erhöht wurden, ehe man wieder mit Feldstein zu füllen begann. Wie alt der Turm ist, stehe dahin. Ich möchte ihn frühstens in den Anfang des fünfzehnten Jahrhunderts setzen.

Der gleichen Ansicht scheint nun freilich W. Alexis nicht gewesen zu sein, als er eben diesen Warteturm in seinem berühmten Romane »Der falsche Waldemar« zum Schauplatz eines Hergangs aus dem Jahre 1348 machte. Diesen Hergang selbst erzählt er annähernd wie folgt.

Gransee hatte selbstverständlich seine Fehden mit dem benachbarten Adel, und zur Waldemar-Zeit waren es vorzugsweise die Winterfeldts und die Quaste, mit denen es sich bekriegte. Tile Quast wird eigens genannt, ebenso Tacke de Wons und Hans Lüddecke vom roten Haus. Im Jahre 1348 handelte sich es von seiten dieser Drei um nicht mehr und nicht weniger als einen Überfall der Stadt; solcher war aber nur möglich, wenn es vorher glückte, den auf der

Warte stationierten Stadtwächter, Mathis mit Namen, einzuschläfern. Dies zu bewerkstelligen, kam man überein, daß ein als Kärrner verkleideter Knecht, der ein Stückfaß Wein auf seinem Karren habe, die vorüberführende Straße passieren und am Fuß der Warte halten solle, wie wenn es sich um Ausbesserung eines Schadens an Rad oder Achse handle. Und so geschah es auch. Der Karren hielt. Mathis, der sich langweilen mochte, wie noch heute die Schildwachen tun, ging ohne Besinnen in die Falle, stieg die Wendeltreppe hinunter und bot sich an, bei dem anscheinend verunglückten Wagen mitzuhelfen. Dabei fanden beide, daß der Wein für die Granseer viel zu stark sei. Sie spundeten also auf, tranken ein Erhebliches und füllten mit Wasser nach. Dies geschah aber erst ganz zuletzt, und Mathis fiel gleich danach in tiefen Schlaf.

Als er andren Tags bei schon hochstehender Sonne wach ward und Umschau hielt, sah er den ganzen zwischen seinem Turm und der Stadt liegenden Plan von Bewaffneten überdeckt; in der Tat, der Überfall hatte bereits stattgefunden. Er war aber doch insoweit mißglückt, als die Eingedrungenen wieder hinausgedrängt und einige von ihnen sogar zu Gefangenen gemacht worden waren. Unter diesen Hans Lüddecke vom roten Haus.

Die Ratmannen ließen nun keine Zeit vergehen, über diesen (Hans Lüddecke) zu Gericht zu sitzen, aber nicht bloß über ihn, sondern auch über ihren eignen Turmwart, dessen Unzuverlässigkeit alle Not und Gefahr verschuldet hatte. Man sprach Tod »von Rechtswegen«, einigte sich aber schließlich dahin, daß beide nach der »Warte« gebracht und ihnen zugestanden werden solle, hoch oben auf der Plattform miteinander zu kämpfen. Wer Sieger bleibe, der solle frei sein, wer aber hinabgeworfen würde, der habe seine Strafe nach »Gottes Willen«.

Und hiernach wurde verfahren. Hans Lüddecke und Wächter Mathis kamen in den Turm, und die halbe Bürgerschaft zog mit hinaus, um Zeuge eines Ringkampfes und eines Gottesurteiles zu sein. Aber wer beschreibt ihr Staunen, als sie bald danach die Verurteilten friedfertig auf der Platte des Turmes erscheinen und, statt miteinander zu kämpfen, sich zu einem aus Mathis' Vorratskammer herbeigeschafften Nachtmahle niedersetzen sahen. Diese gute Laune freute selbst die Granseer, und um so mehr, als sie sich unschwer das Ende davon berechnen konnten. In der Tat, als der fünfte Tag heraufzog, sah es schlimm aus in den Vorräten und noch schlimmer in den Herzen der beiden Gefangenen. Aber auch hier wieder hieß es, »als die Not am größten, war die Hilfe am nächsten«, und ehe noch die Sonne in Mittag stand, blitzte es am Waldrande hin von Rittern und Reisigen, und ein nach Hunderten zählender bewaffneter Zug wandte sich an der Warte vorüber der Stadt zu. Der aber, der erschien, war Waldemar. Vor ihn jetzt kam der Streit, und Hans Lüddecke, Urfehde schwörend, erhielt Leben und Freiheit zurück. Mathis dagegen verschwand in dem ihm zukommenden Dunkel.

So die Geschichte von der »Warte« bei Gransee, eine bloße Fiktion, die sich jedoch zur Historie bereits zu verdichten anfängt und nach »abermals fünfhundert Jahren« andern Historien einigermaßen ebenbürtig sein wird. Und nicht zu unserem Nachteil. Denn auch die dichterische Tat belebt die Schauplätze der von ihr, der Dichtung, geborenen Ereignisse und reiht sie mehr oder minder in die wirklichen »historischen Stätten« ein. Die »Warte« bei Gransee ist in diesem Augenblicke schon eine andre, als sie vor fünfzig Jahren war, und selbst das trigonometrische Dreigestell, das sich neuerdings auf jener Plattform eingebürgert hat, »auf der Hans Lüddecke und Türmer Mathis miteinander kämpfen sollten«, hat ihr nichts Erhebliches von ihrem romantischen Schimmer zu nehmen gewußt.

Wir aber kehren nunmehr auf unsre Lindower Straße zurück, um in raschem Trabe der Stadt zuzufahren, an deren Eingang uns freilich ein neuer Aufenthalt erwartet. Zwei Tore nebeneinander! Warum zwei Tore? Diese Frage hält uns fest.

Das Waldemar-Tor

Warum zwei Tore? F. Knuths Geschichte von »Gransee« berichtet darüber: »Alle Städte, die dem falschen Waldemar ihre Tore geöffnet und dadurch sich zu ihm bekannt hatten, wurden, als

der bayersche Markgraf wieder herrschte, dahin bestraft, daß sie die Tore zumauern mußten, durch die der falsche Waldemar eingezogen war. Diese zugemauerten Tore hießen denn auch im Volksmunde ›Waldemar-Tore‹. Hart neben ihnen waren inzwischen neue, reichgegliederte, mit Türmen und Zinnen geschmückte gotische Tore gebaut worden, die nun, jahrhundertelang, den Verkehr vermittelten, bis das neuerblühende Leben der Städte den verhältnismäßig schmalen Eingang der gotischen Portale störend zu empfinden anfing. Da entsann man sich der zugemauerten Tore, nahm den fünfhundertjährigen Bann von ihnen, brach die Steine aus dem alten Rundbogen wieder heraus und schuf so dem Leben und Verkehr eine doppelte Straße.«
W. Schwartz in seinen »Sagen und alten Geschichten der Mark Brandenburg« erzählt es anders. Nach ihm würden die sogenannten Waldemar-Tore als »Wenden-Tore« anzusehen sein, durch die man deutscherseits die als unrein betrachtete wendische Bevölkerung vertrieben und die Tore dann vermauert habe. Hiermit stimmt auch überein, daß noch, bis ins vorige Jahrhundert hinein, in allen Dörfern, wo Wenden und Deutsche zusammenwohnten, nur die letzteren sich der eigentlichen Kirchentüren bedienen durften, während die Wenden gezwungen waren, durch eine kleine, für sie besonders angelegte Seitentür in die Kirche einzutreten.*
In Gransee wurde 1818 schon das Waldemar-Tor – ein Name, den ich beibehalte – wieder geöffnet und begann seinem Nach-

* Mir persönlich will es, all diesen Auslegungen gegenüber, doch um vieles wahrscheinlicher erscheinen, daß die neuen Tore lediglich gebaut wurden, um etwas Beßres, Schöneres, auch der Befestigung Dienenderes, an die Stelle des Alten zu setzen. Ganz in derselben Weise, wie man die Wölbungen der alten romanischen Kirchen abbrach und die Rundbögen durch den allgemeinwerdenden Spitzbogen ersetzte, ganz so machte man es mit den Torbauten. Ihre Modernisierung wurde Sache fortschrittlicher städtischer Repräsentation und des Wunsches, »nicht zurückzubleiben«. – (Im übrigen finden sich solche »zugemauerten Tore«, die stets gradlinig auf die Hauptstraße stehen, vielfach in unsrer Mark, so beispielsweise in Kyritz, Wittstock und Wusterhausen, ferner in Soldin, Friedeberg, Mohrin, Berlinchen, Königsberg, Landsberg a. W. und endlich in Bernau, Fürstenwalde und Mittenwalde.)

folger und Nachbar Konkurrenz zu machen, eine Tatsache, die der kleinen Gemeinde der »Falschen-Waldemar-Schwärmer« als vielleicht von symbolischer Bedeutung erscheinen wird.
Wir unsrerseits aber, indem wir den Jakob Rehbock (trotzdem er in der Fürstengruft zu Dessau ruht) für das nehmen, was er war, meiden mit Geflissentlichkeit den Waldemarbogen und bewerkstelligen unsre Einfahrt durch das stattliche Portal des »Ruppiner Tores«, das, wenn auch zurückstehend neben dem berühmten Ünglinger-Tor in Stendal, nichtsdestoweniger der Teilnahme wert war, die Friedrich Wilhelm IV. ihm angedeihen ließ, als er in den vierziger Jahren an Superintendent Kirchner schrieb: »An diesem Thore wird kein Stein gerührt, ohne daß ich zuvor Kenntnis davon erhalte.«
Das Tor liegt hinter uns, und unser Wagen lärmt jetzt die Hauptstraße hinauf, an deren linker Seite die beiden Plätze der Stadt und auf ihnen die beiden vorzüglichsten Sehenswürdigkeiten derselben: die Marienkirche und das Luisendenkmal, gelegen sind. Ehe wir diese jedoch aufsuchen, benutzen wir zuvor eine kurze Rast in Klagemanns Hotel, um mit Hilfe des Wirtes einen guten Trunk und mit Hilfe seiner Gäste die Geschichte von Gransee »frisch vom Fasse« zu schöpfen.
Die Geschichte geht weit zurück in der Zeiten Lauf, aber erst um 1262 finden wir einen Brief, in dem Markgraf Johann den Granseern das »Recht seiner alten Stadt Brandenburg« verleiht. Es fehlt nicht absolut an Diplomen und Pergamenten aus dieser und der folgenden Zeit, das meiste jedoch ist verlorengegangen, und die Geschichte der Stadt – in ihren Hauptzügen der aller übrigen Grafschaftsstädte nah verwandt – erzählt sich rasch.
Es ist das alte Lied: erst großes allgemeines Dunkel, nur hier und da durch ein Streiflicht erhellt; dann Kirchen- und Klösterbau; dann Säkularisierung; dann Schweden und die Pest; dann ein Dutzend Feuersbrünste mit Hinrichtung dieses oder jenes Brandstifters; dann Beglückung der Stadt durch ein paar Garnison- oder Invalidenkompanien und in der Regel damit zusammenfallend: Benutzung alter Klostermauern zu Schul-, Kasernen- und Gefängniszwecken. In dieser Aufzählung ist nicht nur

die Geschichte der Stadt, sondern zugleich auch die Charakteristik der einzelnen Jahrhunderte gegeben, wobei sich's trifft, daß das siebzehnte immer als das traurigste, das achtzehnte immer als das prosaischste auftritt.

Die große Zeit Gransees war wohl (wie für so viele Städte unsrer Mark) das sechzehnte Jahrhundert, die Joachimische Zeit. Damals gedieh alles, und das Kleinbürgertum wuchs fast über sich hinaus. Eine 18 Fuß hohe Mauer, mit fünfunddreißig Wachttürmen besetzt, umzirkte die Stadt, aus deren Mitte die schon genannte Marienkirche aufstieg und über Mauer und Wachttürme hinweg weit ins Ruppinsche und Uckermärkische hineinsah. Es war eine feste Stadt, vielleicht die festeste der Grafschaft. Gräben und Wälle blieben bis in den Anfang des vorigen Jahrhunderts, wo sie applaniert und zu Anlagen umgeschaffen wurden, so daß damals, wohl der Zahl der Häuser entsprechend, dreihunderteinundzwanzig Gärten die stehengebliebene Stadtmauer umgaben. Ob diese Zahl dieselbe geblieben ist, vermag ich nicht anzugeben, aber auch jetzt noch erschließt einem ein Rundgang um Gransee, besonders um seine Nordhälfte, die ganze landschaftliche Lieblichkeit einer kleinen märkischen Stadt. Nach der einen Seite hin, in breiter Fläche, Wasser, Wald und Wiese, nach der andern aber, im Schatten alten Mauerwerks, eine stattliche Reihe von Blumenbeeten, und eingeschoben in diese jener von weißen und schwarzen Kreuzen überragte Garten, der beflissen ist, uns mit Fliederduft und Vogelsang über die Bitterkeit des Scheidens hinwegzutäuschen.

Aber dieser »Gang um die Stadt« war bestimmt, erst gegen Abend und bei niedergehender Sonne zu mir zu sprechen. Noch war heißer Mittag, und wo hätte ich zu dieser Stunde besser Schutz gefunden als in der dämmerkühlen Kirche der Stadt.

Die Marienkirche,

deren Pfeiler bis in den Anfang des dreizehnten Jahrhunderts zurückdatieren, ist ein ursprünglich romanischer Bau, mit Gewölben aus der gotischen Epoche. Was diese Kirche, die von keiner in der Grafschaft übertroffen wird, auch schon äußerlich auszeichnet, ist die reiche Verwendung des vierblättrigen Kleeblatts. Allerdings begegnet man diesem Ornament innerhalb der Backsteingotik unserer Mark an den verschiedensten Stellen, aber nirgends in gleicher Überschwänglichkeit wie hier. Nicht nur band- und bortenartig tritt es uns an Fries und Strebepfeilern entgegen, sondern die betreffenden Bänder und Borten verbreiten sich auch zu ganzen Flächen, so daß tapetenartige Wirkungen erzielt werden, ähnlich denen an modernen Berliner Bauten, wo man mit Stein, als ob es sich um eine Tapisseriearbeit handle, Muster und Figuren herzustellen beginnt.

Die Marienkirche hat zwei Türme, die des Vorzugs genießen, beide fertig zu sein, und sich nur dadurch unterscheiden, daß die Spitze des einen völlig massiv, die des andern als eine bloße Holzkonstruktion in die Höhe steigt. Als Grund für diese Verschiedenheit wird diplomatische Rücksicht angegeben, und zwar Rücksicht auf die rivalisierenden Mächte der Maurer- und Zimmermeister. Was dem einen recht war, war dem andern billig.

In dem nach rechts hin gelegenen steinernen Turme befinden sich die »vier Glocken mit dem harmonischen Geläut«. Bei dem Brande von 1711 stürzten die damals vorhandenen in das Schiff der Kirche nieder, und der Glockengießer Johann Jacobi zu Berlin goß aus dem zusammengeschmolzenen Gut die jetzigen vier. […]

Das Innere der Kirche bietet weniger, als man erwarten sollte, weil das mehrerwähnte Feuer von 1711 den ganzen Inhalt ausbrannte. Manches wurde aber doch gerettet. Etwas davon zeigt der Altar. Dieser selbst ist ein Rokokobau (1739) von den üblichen Formen; als Bild aber ist in die von korinthischen Säulen eingefaßte Wand eine bunte mittelalterliche Holzskulptur eingelassen, so daß der Schrein jetzt eine wunderliche Stilvermählung aus dem fünfzehnten und achtzehnten Jahrhundert zeigt.

Ein anderes Überbleibsel aus mittelalterlicher Zeit ist eine Reliquienbüchse, die, durch ein glückliches Ungefähr, erst gerettet und dann aufgefunden wurde. Sie befand sich in einem aus Steinen aufgeführten Altar einer Seitenkapelle, der, weil massiv, dem

Feuer widerstand. Auf diesem Altar nahm Anfang der fünfziger Jahre Superintendent Kirchner eine eingelegte Steinplatte wahr, die hohl klang, wenn man darauf klopfte. Dies bestimmte den Superintendenten, die Platte herausnehmen zu lassen. Was er vermutet hatte, bestätigte sich. Unter dem Sandstein war eine Öffnung, von der aus, röhrenartig, ein Kanal auslief, darin weitere Nachforschungen die vorerwähnte Reliquienbüchse entdeckten. Sie hat die Form einer gedrückten Kugel, ist faustgroß, von Lindenholz und zeigt eine mittelgroße Öffnung, die mittelst eines einfachen Deckels geschlossen wird. In dieser Büchse befanden sich, außer einem Stückchen Mumie, drei Splitter vom Kreuze Christi in ein Stückchen Seidenzeug gewickelt, zugleich auch eine Urkunde mit dem Sekretsiegel des Bischofs von Havelberg. [...]

Das Luisendenkmal

Eh ich das Denkmal selbst beschreibe, geb' ich die Situation.
Am 19. Juli 1810 neun Uhr früh war die Königin zu Hohen-Zieritz gestorben. Die Leiche verblieb daselbst noch sechs Tage. Am 24. wurde sie in Silberstoff gekleidet und in einem schwarz drapierten Zimmer in Parade ausgestellt. Am 25., in glühender Sonnenhitze, begann die Überführung; Gransee sollte an diesem Tage noch erreicht werden. So war der Zug:

Oberstallmeister von Jagow und Schloßhauptmann von Buch;
herzoglich mecklenburgisches Forstpersonal;
Detachement mecklenburgischer Kavallerie;
mecklenburgischer Hofstaat samt den Strelitzischen Ministern;
der Herzog Karl von Mecklenburg (jüngster Bruder der Königin) und der Oberhofmeister Baron von Schilden;
der auf Federn ruhende, an den inneren Seiten mit Polstern versehene Leichenwagen;
die Oberhofmeisterin Gräfin von Voß;
zwei preußische Kammerherren;
die Kammerfrauen der Königin;
Detachement mecklenburgischer Kavallerie.

An der preußischen Grenze, bei Fischerwall, dort, wo jetzt am Rande des Waldes ein einfacher Denkstein steht, wurde der Trauerzug von der Leibeskadron des Regiments Garde du Corps, von dem Landrat des Ruppiner Kreises, späterem Grafen von Zieten, und einer Deputation der Ritterschaft erwartet. In allen Ortschaften, welche von dem Zuge berührt wurden, wie auch in allen denen, welche bis auf eine Meile von der Landstraße entfernt lagen, wurde mit allen Glocken geläutet. So schritt man auf Gransee zu. Hier war bereits vorher, von Berlin aus, ein gotisch verziertes, mit schwarzem Tuch bekleidetes Langzelt eingetroffen, das man mit Hilfe von Vorhängen in drei Abteilungen geteilt hatte. In der vordersten standen die Wachtposten der Garde du Corps, in der zweiten der Leichenwagen; in der dritten befanden sich die Personen des Hofes.

An der Stadtgrenze von Gransee, bei der sogenannten Baumbrücke, wurde der Zug von den städtischen Behörden empfangen und auf jenen oblongen Platz geleitet, der jetzt den Namen »Luisenplatz« führt. Die Stelle, wo der Leichenwagen inmitten des Zeltes stand, ist bis heute durch ein paar eiserne Fackelhalter (hart links neben der Straße) markiert. Am 26. Juli früh setzte sich der Kondukt, auf Oranienburg zu, wieder in Bewegung; am 27. traf er in Berlin ein.

Zur Erinnerung an die Nacht vom 25. auf den 26. wurde, seitens der Stadt Gransee wie des Ruppiner Kreises, das »Luisendenkmal« errichtet. Es ist von Eisen; einzelnes vergoldet. Schinkel entwarf die Zeichnung; die Berliner Königliche Eisengießerei führte sie aus.

Dies Denkmal nun, dessen Beschreibung wir uns in nachstehendem zuwenden, besteht aus einem Fundament und einem sockelartigen Aufbau von Stein, auf dem ein Sarg ruht. Über diesem Sarg, in Form eines Tabernakels, erhebt sich ein säulengetragener Baldachin. Die Verhältnisse des Ganzen sind: 23 Fuß Höhe bei 13 Fuß Länge und 6 Fuß Breite. Der Sarg, in Form einer Langkiste mit zugeschrägtem Deckel, hat seine natürliche Größe; zu Häupten ruht eine vergoldete Krone; an den vier Ecken wachsen vier Lotosblumen empor. Die Inschriften am Kopf- und Fußende lauten wie folgt: »Dem Andenken der Königin Luise Auguste Wilhelmine Amalie von Preußen.« – »Geb. den 10. März 1776, gest. den 19. Julius 1810. Nachts den 25. Julius stand ihre Leiche hier.« Die Inschriften zu beiden Seiten des Sockels sind folgende. Links: »An dieser Stelle sahen wir jauchzend ihr entgegen, wenn sie, die herrliche, in milder Hoheit Glanz mit Engelfreudigkeit vorüberzog.« Rechts: »An dieser Stelle hier, ach, flossen unsre Thränen, als wir dem stummen Zuge betäubt entgegen sahen; o Jammer, sie ist hin.«

Die weiteren Inschriften, die der Gesamtbau trägt, befinden sich teils am Fundament, teils an der Innenseite jener großen Eisenplatten, die das Schrägdach des Baldachins bilden. Am Fundament steht: »Von den Bewohnern der Stadt Gransee, der Grafschaft Ruppin und der Priegnitz.« Die großen Eisenplatten enthalten nur ein Namensverzeichnis, und zwar die Namen derjenigen, die sich um die Errichtung dieses Denkmals besonders verdient gemacht haben. Es sind: Joh. Friedrich Klagemann, Bürgermeister; Karl Heinrich Borstell, Kämmerer; Karl Wilhelm Metzenthin, E. Gottfried Koch, Joh. Andreas Werdermann, Johann Jakob Scheel, Ratsmänner; Johann Jakob Gentz, Vorsteher der Stadtverordneten; Friedrich Christian Ludwig Emil von Zieten auf Wustrau, Landrat; Karl Friedrich Schinkel, Baumeister.

Am 19. Oktober 1811 wurde das Monument im Beisein des damals zehnjährigen Prinzen Karl von Preußen enthüllt. So oft der König später, bei Gelegenheit seiner Besuchsreisen nach Neu-Strelitz, Gransee passierte, ließ er den Wagen an dieser Stelle halten. Am Abend des 19. Juli 1860, also am fünfzigjährigen Todestage der Vollendeten, wurde bei Fackelschein und unter dem Geläut aller Glocken eine liturgische Andacht an eben diesem Denkmal abgehalten. Nicht nur Stadtbewohner, auch Angehörige des Kreises waren in großer Zahl erschienen.

Und wie Gransee durch dieses Denkmal sich selber ehrte, so glänzt auch sein Name seitdem in jenem poetischen Schimmer, den alles empfängt, was früher oder später in irgendeine Beziehung zu der leuchtend-liebenswürdigen Erscheinung dieser Königin trat. Die moderne Historie weist kein ähnliches Beispiel von Reinheit, Glanz und schuldlosem Dulden auf, und wir müssen bis in die Tage des früheren Mittelalters zurückgehen, um Erscheinungen von gleicher Lieblichkeit (und dann immer nur innerhalb der Kirche) zu begegnen. Königin Luise dagegen stand inmitten des Lebens, ohne daß das Leben einen Schatten auf sie geworfen hätte. Wohl hat sich die Verleumdung auch an ihr versucht, aber der böse Hauch vermochte den Spiegel nicht auf die Dauer zu trüben. Mehr als von der Verleumdung ihrer Feinde hat sie von der Phrasenhaftigkeit ihrer Verherrlicher zu leiden gehabt. Sie starb nicht am »Unglück ihres Vaterlandes«, das sie freilich bitter genug empfand. Übertreibungen, die dem einzelnen seine Gefühlswege vorschreiben wollen, reizen nur zum Widerspruch.

Das Luisendenkmal zu Gransee hält das rechte Maß: Es spricht nur für sich und die Stadt und ist rein persönlich in dem Ausdruck seiner Trauer. Und deshalb rührt es.

Teil II

DAS ODERLAND

DAS ODERBRUCH UND SEINE UMGEBUNG

Freienwalde

*Von Falkenberg nach Freienwalde. Die Stadt.
Der Ruinenberg. Monte Caprino*

Freienwalde – hübsches Wort für hübschen Ort. Seine Rechtschreibung schwankt; aber ob wir Freienwalde schreiben (von »frei im Wald«) oder Freyenwalde (von Freya im Wald), in den Marken gibt es wenig Namen von besserm Klang.

Viele Wege führen hin; dies hat es mit berühmteren Plätzen gemein. Wir wählen heute nicht die kürzeste Strecke quer über das Plateau des Barnim, sondern die üblichste, über Neustadt-Eberswalde, die trotz des Umweges am raschesten zum Ziele führt. Bis Neustadt Eisenbahn, von da aus Post. Der Neustädter Postillon, einer von den alten, mit zwei Tressen auf dem Arm, bläst zum Sammeln, und während links die weiße Wolke des dampfenden Zuges am Horizont verschwindet, biegt unser Postwagen rechts in die Chaussee ein, die uns auf der ersten Hälfte des Weges abwechselnd über Tal und Hügel, dann aber vom schönen Falkenberg aus, am Fuße des Barnimplateaus hin, dem Zielpunkt unserer Reise entgegenführt.

Wie oft bin ich dieses Wegs gekommen. Um Pfingsten, wenn die Bäume weiß waren von Blüten, und um Weihnachten, wenn sie weiß waren von Schnee; heut aber machen wir den Weg zur Pflaumenzeit und freuen uns des Segens, der lachend und einladend zugleich an den gestützten Zweigen hängt. Es ist um die vierte Stunde, der Himmel klar, und die niedersteigende Sonne kleidet die herbstliche Landschaft in doppelt schöne Farben. Der Wagen, in dem wir fahren, hindert uns nicht, uns des schönen Bildes zu freuen; es ist keine übliche Postchaise mit Ledergeruch und kleinen Fenstern, es ist einer von den großen Sommerwagen, ein offenes Gefährt mit zwanzig Plätzen und einem »Himmel« darüber, der auf vier Stangen ruht. Dieser »Himmel« – die Urform des Baldachins, der Wagen selbst aber dem alten Geschlecht der Kremser nah verwandt, an deren Stelle mehr und mehr das Kind der Neuzeit, »der Omnibus«, zu treten droht.

In leichtem Trabe geht es auf der Chaussee wie auf einer Tenne hin, links Wiesen, Wasser, weidendes Vieh und schwarze Torfpyramiden, rechts die steilen, aber sich buchtenden Hügelwände, deren natürlichen Windungen die Freienwalder Straße folgt. Aber nicht viele befinden sich auf unserem Wagen, denen der Sinn für Landschaft aufgegangen; Erwachsene haben ihn selten, Kinder beinah nie, und die Besatzung unseres Wagens besteht aus lauter Kindern. Sie wenden sich denn auch immer begehrlicher dem näher liegenden Reiz des Bildes, den blauen Pflaumen zu. In vollen Büscheln hängen sie da, eine verbotene Frucht, aber desto verlockender. »Die schönen Pflaumen«, klingt es von Zeit zu Zeit, und sooft unser Kremser den Bäumen nahe kommt, fahren etliche kleine Hände zum Wagen hinaus und suchen die nächsten Zweige zu haschen. Aber umsonst. Die Bewunderung fängt schon an in Mißstimmung umzuschlagen. Da endlich beschleicht ein menschliches Rühren das Herz des Postillons, und auf jede Gefahr, selbst auf die der Pfändung oder Anzeige hin links einbiegend, fährt er jetzt mit dem wachsleinenen Baldachin mitten in die Zweige des nächsten Baumes hinein. Ein Meistercoup. Wie aus einem Füllhorn fällt es von Front und Seite her in den offenen Wagen; alles greift zu; der kleinste aber, ein Blondkopf, der vorne sitzt und die Leine mit halten durfte, als führ' er selber, deklamiert jetzt auf den schmunzelnden Postillon ein: »Das ist der Daum, der schüttelt die Pflaum«, und an Landhäusern und Wassermühlen, an Gärten und Fischernetzen vorüber geht es unter endloser Wiederholung des Kinderreims, in den der ganze Chorus einfällt, in das hübsche, aber holprige Freienwalde hinein.

Freienwalde ist eine Bergstadt, aber nicht minder ist es ein Badeort, eine Fremdenstadt. Wir haben erst eine einzige Straße passiert, und schon haben wir fünf Hotels und eine Hofapotheke gezählt; noch sind wir nicht ausgestiegen, und schon rasseln andere Postwagen von rechts und links heran; das Blasen der Postillone nimmt kein Ende; Herren in grünen Reiseröcken und Tiroler Spitzhüten wiegen sich auf ihren Stöcken und umstehen das Posthaus, bloß in der vagen Hoffnung, ein bekanntes oder gar ein hübsches Gesicht zu sehen; Hausknechte erheben ihre Stimme zu Ehren der »Drei Kronen« oder der »Stadt Berlin«, und die ersten Anfänge des Ciceronentums, rätselhafte Gestalten in Flauschröcken und Strohmützen, stellen sich schüchtern dem Neuankommenden vor und erbieten sich, ihm die Schönheiten der Stadt zu zeigen. Nur der fliegende Buchhändler fehlt noch, der die »Schönheiten Freienwaldes«, besungen und lithographiert, mit beredter Zunge anzupreisen verstände.

Freienwalde ist ein Badeort, eine Fremdenstadt, und trägt es auf Schritt und Tritt zur Schau; was ihm aber ein ganz eigentümliches Gepräge gibt, das ist das, daß alle Bade- und Brunnengäste, alle Fremden, die sich hier zusammenfinden, eigentlich keine Fremden, sondern märkische Nachbarn, Fremde aus nächster Nähe sind. Dadurch ist der Charakter des Bades vorgeschrieben. Es ist ein märkisches Bad und zeigt als solches in allem jene Leichtbegnüglichkeit, die noch immer einen Grundzug unseres märkischen Wesens bildet. Und zwar mehr noch, einzelne Residenz-Ausnahmen zugegeben, als wir selber wissen. Freienwalde ist kein Roulette- und Equipagenbad, kein Bad des Rollstuhls und des galonierten Bedienten, am wenigsten ein Bad der fünfmal gewechselten Toilette. Der breite Stempel, den die echten und unechten Engländer seit fünfzig Jahren allen europäischen Badeörtern aufzudrücken wußten, hier fehlt er noch, hier ist der komplizierte »Breakfast-Tisch« noch ein kaum geahntes Geheimnis, hier wird noch gefrühstückt, hier sucht noch kein grüner und schwarzer Tee die alte Herrschaft des Morgenkaffees zu untergraben, hier herrscht noch die vaterländische Semmel und weiß nichts von Buttertoast und Muffin, des Luftbrotes (aërated bread) und anderer Neuerungen von jenseit des Kanals ganz zu geschweigen.

Und einfach wie die Frühstücksfrage, so löst sich auch die Frage des Kostüms. Der Schal, der früher eine Mantille, oder die Mantille, die früher ein Schal war, der Hut mit der neuen »Rüsche«, der Handschuh, der dreimal durch die Brönnerprobe ging – hier haben sie noch Hausrecht, und das zwölf Jahr gediente Leihbibliothekenbuch, hier ruht es noch frei und offen auf dem Antimakassar-Stuhl, mit der ganzen Unbefangenheit eines guten Gewissens. Nichts von Hyperkultur, wenig von Komfort. Während überall sonst ein gewisser Kosmopolitismus die Eigenart jener Städte, die das zweifelhafte Glück haben, »Badeörter« zu sein, abzuschwächen oder ganz zu verwischen wußte, ist Freienwalde eine märkische Stadt geblieben. Kein Wunder. Nicht der Welttourist, nur die Mark selber kehrt hier zum Besuch bei sich ein.

Freienwalde, wie wir sehen, ist eine Bergstadt; kleine Bergstädte aber sind selten die Stätten einer glänzenden Architektur. Die Häuser, überall ein »bestes Plätzchen« suchend, schaffen mehr Gassen und Winkel als eigentliche Straßen, und das Beste, was wir von Freienwalde zu sagen wissen, ist, daß es von dem bedenklich-pittoresken Vorrechte derartiger Bergstädte keinen allzustarken Gebrauch macht. Die Budengasse, der seidene Beutel, der Köter- oder Rosmarinweg sind freilich Lokalitäten, die dem Klange ihres Namens so ziemlich gleichkommen, aber der Marktplatz mit seiner kahlen Geräumigkeit macht vieles wieder gut. Mehr als gut. Weite hier und Enge dort hätten sich gegenseitig aushelfen können.

Die Schönheit der eigentlichen Stadt ist mäßig, ihr Reiz liegt draußen auf den Bergen. Diesen Bergen verdankt es alles, was es ist: Von dort aus kommen seine Quellen, und von dort aus gehen die Fernsichten ins Land hinein. Wer nicht kommt, um hier die Eisenquelle zu trinken, der kommt doch, um einen Blick in die »märkische Schweiz« zu tun. Und diesen Freienwalder Bergen, den Hütern, Wächtern und zum Teil Ernährern der Stadt, schreiten wir jetzt zu.

Zunächst der Ruinenberg. Er erhebt sich unmittelbar im Rücken der Stadt und hat mit dem bekannten Potsdamer »Brauhausberge« das eine gemein, daß er, wie dieser, die älteste Aussichtsfirma und nach Ansicht vieler auch noch immer die bestfundierte repräsentiert. Er ist am leichtesten zu ersteigen. Das ist eins, was ihn empfiehlt. Bequeme Terrassen bilden den Weg, so daß man die Höhe plaudernd erreicht, als erstiege man die Treppen eines Renaissanceschlosses. Der Blick vom Ruinenberg aus hat nur in Front eine Bedeutung, wo man zunächst auf die malerisch in der Tiefe liegende Stadt, dann über die Türme und Dächer hinweg in die duftige Frische der Bruchlandschaft herniederblickt. Wie ein Bottich liegt diese da, durchströmt von drei Wasserarmen: der faulen, alten und neuen Oder, und eingedämmt von Bergen hüben und drüben, die, wie ebenso viele Dauben, die grüne Tiefe umstehen. Meilenweit nur Wiesen; keine Fruchtfelder, keine Dörfer, nichts als Heuschober dicht und zahllos, die, immer kleiner und grauer werdend, am Horizonte endlich zu einer weidenden Herde zusammenzuschrumpfen scheinen. Nur Wiesen, nur grüne Fläche; dazwischen einige Kropfweiden; mal auch ein Kahn, der über diesen oder jenen Arm der Oder hingleitet, dann und wann ein mit Heu beladenes Fuhrwerk oder ein Ziegeldach, dessen helles Rot wie ein Lichtpunkt auf dem Bilde steht. Der Anblick ist schön in seiner Art, und wessen Auge krank geworden in Licht und Staub und all dem Blendwerk großer Städte, der wird hier Genesung feiern und dies Grün begrüßen, wie ein Durstiger einen Quell begrüßt. Aber der Anblick, so erlabend er ist, erleidet doch Einbuße durch seine Monotonie. Erst weiter südwärts, nach Frankfurt zu, verändert das Bruch seinen Charakter, erweitert ihn und schafft ein Bild voll Schönheit und Fruchtbarkeit, wie es die Mark in dieser Vereinigung nicht zum zweiten Male besitzt.

Der Ruinenberg blickt weit ins Bruch hinein. Wodurch er sich indessen von den Nachbarbergen am wesentlichsten unterscheidet, das ist der schon erwähnte Blick auf das ihm zu Füßen liegende Freienwalde. Außerdem hat er seine historischen Traditionen, Erinnerungen, denen wir es nicht zum Bösen anrechnen wollen, daß sie sich in sagenhafte Vorzeit verlieren. Es hat dies folgenden Zusammenhang. Bei Nachgrabungen, die im Spätherbst 1820 hier angestellt wurden, stieß man, etwa vier Fuß tief unter der Erde, auf Fundamente, die nach sorglicher Ausmessung eine Länge von 136 Fuß ergaben. Es war just die Zeit, wo man hierlandes, über das »wendische Interregnum« hinaus, alles auf

Langobarden und Semnonentum zurückzuführen trachtete. Und das Badekomitee, wie alle Badekomitees, stand natürlich auf der Höhe seiner Zeit. Die Folge davon war, daß seitens desselben das 136 Fuß lange Fundament ohne weiteres als die Seitenwand eines Freyatempels festgestellt und zwei Fliegen mit einer Klappe schlagend jeder Streit über »Freienwalde« oder »Freyenwalde« ein für allemal zugunsten der letzteren Version entschieden wurde. Das Fundament selbst aber, alsbald ans Licht geschafft, erfuhr eine doppelte Verwendung. Die eine Hälfte ward als Mauerbruchstück aufgerichtet und erhielt eine Tafel mit der Geschichte der Auffindung des Freyatempels, während die andere Hälfte, ebenfalls nach Sitte der Zeit, als künstlicher »Ruinenturm« in eine neue Phase des Daseins trat. Inschrift: »Wie schön ist Gottes Erde.«

Unser nächster Besuch gilt dem Ziegenberg, früher »Zickenberg«, der sich jedoch an seiner einfachen Erhebung ins Hochdeutsche nicht genügen ließ und in einen »Monte Caprino« verwandelt wurde. Von seiner Höhe blickt man ebenfalls in die Bruchlandschaft hinein, aber die Stadt im Vordergrunde fehlt. Dies mag uns Veranlassung geben, die sich um Freienwalde herumgruppierenden Bergpartien auf ihre Formation hin ein wenig näher anzusehen. Ihre Eigentümlichkeit besteht nämlich darin, daß sie, wiewohl frei und offen daliegend, doch zugleich einen sehr exklusiven Charakter haben und untereinander, wenigstens landschaftlich, in gar keiner oder sehr geringer Verbindung stehen. Wir beschreiben diese hufeisenförmigen Täler vielleicht am besten, wenn wir sie als ebenso viele Amphitheater bezeichnen. Da alle diese Amphitheater am Bruche entlang liegen und nach vorn hin geöffnet sind, so ist der Blick auf das Bruch das allen Gemeinsame; alles das aber, was sie von rechts und links her mit ihren Flanken umspannen, ist ihre jedesmalige Spezialität und kann nur von den verschiedenen Plätzen des eignen, nicht aber von den Plätzen des angrenzenden Amphitheaters aus gesehen werden.

Wenn wir den Ruinenberg die »älteste Firma« nannten, so ist der Monte Caprino die jüngste. Professor Valentini, manchem unsrer

Leser aus alten Berliner Tagen her bekannt, hat dem Städtchen, in das er sich zurückzog, diesen Berg erobert und die höchste Kuppe desselben in die Liste der Freienwalder Schönheiten eingereiht. Wofür ihm zu danken ist. Ob wir ihm auch für das Häuschen zu danken haben, das unter dem Namen »Valentinis Ruh« sich an höchster Stelle des Berges erhebt und, mit blau und roten Gläsern ausstaffiert, den Besucher auffordert, die Wiesenlandschaft abwechslungshalber auch mal blau und rot auf sich wirken zu lassen, ist ungewiß. Als desto gewisser aber wird es gelten können, daß die doppelspaltige, fünf Fuß hohe Inschrift des Häuschens auf den Professor allerpersönlichst zurückgeführt werden muß. Wer hier gestanden und diesen Versen gegenüber nach Verständnis gerungen, denkt mit Wehmut an den Ruinenberg und den kurzgefaßten Höltyschen Nachklang zurück.

Wenige freilich werden angesichts dieser lachenden Landschaft Lust bezeugen, unsern alten Professor auf die Monte Caprinohöhe seines mißverstandenen Pantheismus zu begleiten, wenige werden ihn lesen, und sie tun recht daran. Aber eine Aufgabe, deren sich der freie Wandersmann entschlagen kann, wird zur unabweislichen Pflicht für den *ex officio* Reisenden, der lesen *muß* und der in nachstehendem aphoristisch enthüllt, was er an Ort und Stelle gewissenhaft verzeichnet hat. Das Ganze ist ein ins Religiöse hinüberklingender Naturhymnus, in dem Logik und Grammatik, wie der Lahme und Blinde, einen wunderlichen Wettlauf anstellen. »Gott ist die Seele seiner Schöpfung, in der Er sich gleichsam wie in ein herrliches Gewand hüllt.« Dieser Dativ überrascht. Aber Valentini bringt alles wieder ins Gleichgewicht. »Wie ein freundlicher Talisman erhält uns die Religion über die Wellen im Schiffbruch des Lebens.« So vollzieht er in seinem eignen Hymnus einen Akt der Gerechtigkeit und zahlt schließlich dem Akkusativ die Schuld zurück, die er anfangs bei ihm eingegangen.

Denken wir milde darüber, hat er doch selber seitdem die letzte Schuld gezahlt. Auf »Valentinis Ruh« rasten jetzt andere; er selber aber ist, am Fuße des Hügels, längst eingegangen zu dauernder Ruh.

Das Schloß

Freienwalde hatte von alters her ein »Schloß«, erst ein Uchtenhagensches, dann ein kurfürstliches, zuletzt ein königliches.
Das Schloß, das die Uchtenhagens innehatten und in das sie wahrscheinlich einzogen, nachdem ihre Burg auf dem Schloßberge [...] zerstört worden war, lag unmittelbar hinter der Freienwalder Kirche und blickte auf die Oder hinaus, die damals bis dicht an die Stadt herantrat. Eine Abbildung in Philipp von der Hagens »Beschreibung der Stadt Freienwalde« stellt höchstwahrscheinlich dies alte Uchtenhagensche Schloß dar. Woher er dies Bild genommen, darüber gibt er nicht Aufschluß. Es ist ein einfaches, beinah fensterloses Gebäude mit einem gotischen Erkerturm als einzigem Schmuck.
Das kurfürstliche Schloß, in unscheinbaren Resten noch erhalten, erhob sich an derselben Stelle, wo vorher, durch zwei Jahrhunderte hin, das eben beschriebene Stadtschloß der alten Uchtenhagen gestanden hatte. Der Große Kurfürst ließ es 1687 zu »künftigem bequemem Aufenthalte daselbst« erbauen. Näheres über diesen Bau aber: wann er beendigt wurde, wer daselbst residierte, hab' ich nicht in Erfahrung bringen können. Die Nachrichten, die man am Orte selber einzieht, widersprechen einander, und ein Befragen der reichen »Freienwalder Literatur« fördert uns, das Günstigste zu sagen, um nicht viel. Nur so viel scheint gewiß, daß der ursprünglich als Jagd- oder Sommerschloß intendierte Bau weder vom Großen Kurfürsten noch von seinem Nachfolger König Friedrich I. bewohnt, vielmehr sehr bald nach seiner Fertigstellung als königliches Amts-, später dann als städtisches Schul- und Rathaus benutzt worden ist.
Das königliche Schloß Freienwalde liegt nicht innerhalb der Stadt, sondern unmittelbar vor derselben, auf dem Wege zum Brunnen hinaus, fast am Fuße des ehemaligen Apothekerberges.*

---

* Dieser Berg heißt der »Schloßgartenberg« und ist nicht mit dem »Schloßberg« zu verwechseln, der, halben Weges zwischen Freienwalde und Falkenberg gelegen, die Ruinen der alten Uchtenhagen-Burg auf seiner Kuppe trägt.

»Die Gemahlin Friedrich Wilhelms II.«, so versichert Dr. Heidecker in seiner Beschreibung der Stadt Freienwalde, »fand die Lage dieses Berges so reizend, daß sie von 1790 an alljährlich mehrere Wochen während der Badezeit in Freienwalde zubrachte und das Haus des Oberförsters Wiprecht, das zu diesem Zweck erweitert und eingerichtet worden war, bewohnte. Sie ließ zugleich neben der Oberförsterwohnung eine geschmackvolle Sommerwohnung bauen, die aus einem Saale, vier Kabinetts und einer Küche bestand, – dem jetzigen Pavillon.«

Dieser Pavillon genügte bis 1795, und erst als zwei Jahre später, nach dem inzwischen erfolgten Tode des Königs, die nunmehr verwitwete Königin ihren Lieblingssitz Freienwalde zu ihrem Witwensitze erhob, entstand das gegenwärtige »königliche Schloß«. Wahrscheinlich um 1800.

Die Frage drängt sich auf, wie verflossen ihr hier die Tage ihrer Witwenzeit? Still, und deshalb nicht eingetragen in die Blätter der Geschichte. Aber einzelnes lebt doch in schriftlicher oder mündlicher Überlieferung fort, das uns einigermaßen in den Stand setzt, uns ein Bild dieser stillen Tage zu entwerfen. Die königliche Frau, ausharrend in ihrer Liebe für die Stadt, der sie seit Jahren ihre besondere Gunst geschenkt hatte, fuhr mit regem Eifer fort, sich die Verschönerung Freienwaldes angelegen sein zu lassen und besonders die Landschaft durch Zugänglichmachung ihrer schönsten Punkte zu erschließen.* Überall entstanden Partien und Promenaden, Eremitagen und Tempel. Abhänge wurden bepflanzt, dichte Waldpartien gelichtet und gerodet. Sie

---

* Zu einem solchen »Erschließen« war auch in Freienwalde, wie überall im Lande, noch vollauf Gelegenheit gegeben. Denn der Sinn für die »schöne Landschaft« ist wie die Landschaftsmalerei von sehr modernem Datum. Namentlich in der Mark. Die eigentliche märkische Bevölkerung hat noch jetzt diesen Sinn beinah gar nicht, wovon sich jeder überzeugen kann, der an hübschgelegenen Orten einer Vergnügungspartie märkischer Stadt- und Dorfbewohner beiwohnt. Sie sind ganz bei ihrem Vergnügen, aber gar nicht bei der »Landschaft«, der sie in der Regel den Rücken zukehren. Der Berliner »Sommerwohner« ist nicht deshalb so bescheiden in seinen Ansprüchen, weil ihm die märkische Natur nichts bietet, sondern weil es ihm schließlich gar nicht darauf ankommt, ob die Sache so oder so ist.

kaufte den »Poetenberg«, bepflanzte ihn mit Kastanien, mit Pappeln und Akazien, und errichtete, wie uns überliefert wird, ein Haus im japanischen Geschmack, das den Namen »Otahaiti« erhielt. Man nahm es damals nicht so genau.

Wir könnten noch von vielen Verschönerungen dieser Art erzählen, deren Verdienstlichkeit es wenig Abbruch tut, daß das Maß ihrer Schönheit oft ein höchst bescheidenes oder zweifelhaftes war, wir ziehen es jedoch vor, uns nunmehr jenen Besuchs- und Familientagen von Schloß Freienwalde zuzuwenden, wo die »Kinder« von Berlin herüberkamen: der König, die Königin und mit ihnen die drei ältesten Enkel: Fritz, Charlotte und Wilhelm. Vieles im Schloß erinnert noch an jene Tage stillen Glücks, und besonders ist es »Kronprinz Fritz«, dessen Spuren sich verfolgen lassen. Es scheint fast, daß er oft längere Zeit bei der Großmutter zum Besuche war; er drechselte, spielte und kletterte im Park umher, und allerhand Anekdoten kursieren noch von alten, viel verfolgten Hofdamen, die, besonders an Winterabenden, auf dem Heimweg vom Schloß durch schattenhaftes Hin- und Herhuschen, durch Geraschel in den Zweigen und später am Abend durch Kratzen an der Haustür oder durch leises gespenstisches Klingeln in ihrer Einsamkeit erschreckt wurden. Das interessanteste Überbleibsel aus jener Zeit aber ist ein Leierkasten, der damals dem Kronprinzen zum Geschenk gemacht wurde und dessen Hauptstück die Papageno-Arie war: »Ein Mädchen oder Weibchen / Wünscht Papageno sich.«

1805 starb die Königinwitwe, und das Schloß zu Freienwalde stand auf lange hin leer. Erst in den dreißiger Jahren hören wir wieder von bestimmten Besuchern. Prinzeß Luise Radziwill brachte hier die Sommermonate von 1836 zu; sie sehnte sich nach Stille, nach Ruhe, und sie fand sie hier.

Seit jener Zeit vergingen wohl nur wenige Sommer, wo das Schloß am Schloßgartenberg nicht auf längere oder kürzere Wochen seine Besucher gehabt hätte; aber eine Residenz, der Sitz eines Hofhalts, ist es seit den Tagen der Königinwitwe nicht wieder gewesen.

Wir treten nun an das Schloß selbst heran. Es hat mehr den Charakter eines stattlichen, geschmackvoll aufgeführten Privathauses als den eines Schlosses. Unter Laub und Blumen gelegen, aus denen überall unterbrochen die gelben Wände hervorleuchten, macht das Ganze einen durchaus heitern Eindruck, und doch heißt es auch von diesen Mauern: »Sie haben Leides viel gesehn.« Stilles Leid, aber um so tiefer vielleicht, je stiller es getragen wurde.

Von dem Innern des Schlosses gilt dasselbe, was von seiner äußern Erscheinung gilt: geräumige Zimmer sind da, aber weder breite Treppen noch lange Korridore, weder Hallen noch Säle. Ein Bau für eine Königinwitwe, die sich selber leben will, nicht für eine Königin, die anderen leben muß. Ausschmückung und Herrichtung erweisen sich als die üblichen; nur statt des etwas nüchternen Stils der Außenseite begegnen wir einzelnen Anklängen an die viel verurteilte und doch so behagliche Rokokozeit. Chinesische Zimmer und Paradiesvogelzimmer wechseln untereinander ab, dazwischen Rosenstrauchtapeten und buntbedruckte Kattune. In den Zimmern zerstreut stehen alte Erinnerungsstücke, oft mehr absonderlich als schön und mehr bemerkenswert um der Personen willen, denen sie zugehörten, als um ihrer selbst willen. An solchen eigentümlichen Wertstücken sind die Schlösser der Hohenzollern reich, und wie in manchem andern, so gibt sich auch hierin eine Eigentümlichkeit ihres Hauses zu erkennen. Sie haben nämlich nicht das Bedürfnis, sich ausschließlich mit hoher, besternter Kunst zu umgeben, sondern gestatten mit Bereitwilligkeit, ja mit Vorliebe fast, auch dem Niedriggeborenen in der Kunst, dem mit schüchterner Hand geschehenen Versuche, den Zutritt in ihr Haus. Wer die Zimmer kennt, die Friedrich Wilhelm III. zu bewohnen pflegte, wird diese Bemerkung am ehesten verstehen. Es spricht sich beides in dieser Erscheinung aus – ein Mangel und ein Vorzug. Die Hohenzollern waren nicht immer ästhetisch-feinfühlig, aber sie waren jederzeit human.

Zu diesen Betrachtungen gibt auch Schloß Freienwalde genügende Veranlassung. Da sind komplizierte »Strohnähtische« mit eingeflochtenen Namenszügen, da sind Stühle mit hochzuschraubenden Lehnen, da sind endlich Tische, aus deren Platten sich, durch Druck und Zug, Stehleitern vor dem erstaunten Auge aufrichten. Lauter Dinge, vor denen der eigentliche Kunstsinn erschrickt, während ein freundlicher Sinn sie gelten läßt und sich am Streben freut. Aber, gut oder nicht, es sind nicht diese Schöpfungen, bei denen wir zu verweilen hätten. Wir treten lieber aus dem Paradiesvogelzimmer auf den Korridor hinaus und steigen einige Stufen treppab, um nach jenem besten Erinnerungsstück des Hauses zu suchen, das vor siebzig Jahren oder mehr der Jubel eines heiteren Prinzen und der Schrecken alter Hofdamen war. Wir meinen natürlich die Drehorgel. Da steht sie verstaubt im Keller. Wir legen die Kurbel an, die sich unter einem Ballen Flachs und Heede findet, und beginnen zu drehen. Aber die Harmonie ist hin. Die heiteren Töne springen nicht mehr elastisch vom Lager auf; lahm, gebrochen, verstimmt ziehen sie langsam durch die Luft und hallen düster und unheimlich von der Kellerwand zurück.

Schloß Freienwalde ist jetzt unbewohnt. Von Zeit zu Zeit hat es freilich noch seine Gäste, aber Laune und Zufall gefallen sich darin, die sommerliche Villa vor allem zu einem winterlichen Jagdschloß zu machen. Im Dezember, bei grauem Himmel, wenn Weg und Steg unter fußhohem Schnee liegen, dann wird es lebendig hier. Aber nur auf Stunden.

Dann, um Mitternacht, mit Peitschenknall und Schellengeläut, jagen Schlitten durch die Straßen der tiefstillen Stadt den Berg hinauf, den Park hindurch bis vor das verschneite Schloß. Fackeln und Windlichter werfen ihren Schein auf die aussteigenden Gäste – hohe heitere Gestalten, die den Schnee von ihren Pelzen schütteln. Sie treten auf wie solche, die hier zu Hause sind. Diener mit Taschen und Jagdgerät, mit Büchsensäcken von rotem Juchtenleder, fliegen treppauf, alle Fenster werden hell, hinter den herabgelassenen Rouleaus bewegen sich einzelne Schatten, dann wieder wird es stiller, und nur von Zimmer zu Zimmer knarrt noch der Ton, womit der müde Fuß aus dem Stiefel fährt. Noch ein kurzer Befehl, eine »gute Nacht«, und alle Lichter löschen aus.

Eh' der Tag graut, ist das Schloß wieder leer. Nur halbverwehte Schlittengeleise und lange Streifen, die die Spitze der Parforcepeitsche durch den Schnee zog, zeigen noch den Weg, den die Gäste auf ihrer Weiterfahrt genommen.
Und das Schloß liegt stiller da wie zuvor.
Alles, was kam und ging, war wie ein Traum.

Der Gesundbrunnen

»Der Freienwalder Gesundbrunnen liegt eine kleine Viertelmeile von der Stadt gegen Süden hin, in einem von ziemlich hohen Bergen eingeschlossenen Tal; die anmutigen Berge sind mit Eichen, Buchen, Fichten, auch niedrigem Baum- und Strauchwerk bewachsen und haben viele gute Kräuter.« So schrieb Thomas Philipp von der Hagen, dem wir die erste Beschreibung Freienwaldes verdanken, vor etwa hundert Jahren, und wir wüßten nicht, was wir an dieser Darstellung zu ändern hätten.
Aber wenn nicht das Brunnental selbst, so hat doch der Weg hinaus seinen Charakter verändert. Was damals eine »Allee« war, ist jetzt eine städtische »Straße« geworden, und hinter den schönen Lindenbäumen, die nach wie vor den Weg einfassen, erheben sich, des Schlosses und Schloßgartens zu geschweigen, allerhand Villen, Hotels und Gärten, aus denen hervor im Mai die weißen Blüten und im September die roten Äpfel lachen. Der ganze Weg zum Brunnen hinaus der einen oder andern unserer Tiergartenstraßen nicht unähnlich.
Dieselben Hügelreihen, die den Weg zum Brunnen bilden, bildet schließlich auch das Brunnental selbst, das nichts anderes ist als eine etwas erweiterte Talschlucht, ein Kessel, zu dem sich der Weg verhält wie eine schmale Straße zu einem breiten Platz, auf den sie mündet.
Es ist ein Septembernachmittag. An Linden und Sommerhäusern, zuletzt an der reizend gelegenen Papenmühle vorbei, über deren stillen Teich die Schwäne ziehen, haben wir unseren Gang von der Stadt aus gemacht und unser Ziel: den Gesundbrunnen, er-

reicht. Die Saison ist schon vorüber; aber die Quellen sprudeln weiter, und die Nachmittagssonne steht ruhig über dem Tal und wärmt mit ihren Strahlen die schon herbstesfrische Luft. Ein Kellner, der die traurige Verpflichtung hat, seine Zeit hier abzuwarten, bis die *de facto* bereits beendigte Saison auch *de jure* geschlossen sein wird, begrüßt uns, wie der Gefangene den Schmetterling begrüßt, der an seinem Fenster vorüberfliegt. Wir erschienen ihm wie Boten aus dem Lande seiner Sehnsucht. Jedenfalls ließ seine Willfährigkeit nichts zu wünschen übrig, und gemeinschaftlich anfassend ward an der sonnigsten Stelle des Gartens ein Kaffeeplatz ohne Zwang und Mühe arrangiert. Die Zusammensetzung geschah aus den üblichen Requisiten: einem weißgestrichenen Tisch mit einem Riß in der Mitte und einem Stuhl mit bereits schräg gedrückter Lehne.

Der Kaffee kam, die Sonne labte uns, alles war frisch und erquicklich; nur eins ging wie ein Schatten über das heitere Bild: Der Kellner stand wie angewurzelt an unserem Tisch. Ich hätte ihn wegschicken können, aber auch das schien mir untunlich. Es war ersichtlich, er sehnte sich nach dem süßen Laut menschlicher Stimme, einer Stimme, die ihn vergewissern konnte: »Kroll lebt noch, und das Odeum ist kein leerer Wahn.« Ich ließ ihn also stehen und führte eine jener Unterhaltungen, die man im Laufe der Jahre, ohne Wissen und Wollen, führen lernt, und die, einen gewissen öden Mittelkurs innehaltend, dem Angeredeten das Recht gönnen, weiterzusprechen, aber zugleich durchklingen lassen: er täte besser, auf dieses Recht zu verzichten. Dieser Verzicht trat auch endlich ein, und ich war allein.

Ich hatte einen prächtigen Platz inne, der Zufall war mir günstig gewesen, und dem sogenannten Kapellenberg, der das Tal schließt, den Rücken zukehrend, überblickte ich die ganze Anlage des Brunnens: den Park, die Gartenpartien, die Baulichkeiten. Diese Baulichkeiten, neuerer Anfügungen zu geschweigen, gehören drei verschiedenen Regierungszeiten an und werden danach genannt. Man unterscheidet bis diesen Tag einen kurfürstlichen, einen altköniglichen und einen neuköniglichen Flügel. An Schönheit lassen alle drei gleichviel zu wünschen übrig; die

»Kolonnade« jedoch, die sich unserer ehemaligen Stechbahn nicht unähnlich unter diesen Flügeln hinzieht, gibt, neben manchem andern, dem Ganzen einen aparten und zugleich gemütlichen Charakter und veranschaulicht uns auf einen Blick die Geschichte der verschiedenen Epochen des Bades überhaupt.

Diese Geschichte ist in kurzem die folgende.

Wann zuerst des Bades Erwähnung geschieht, ist nicht mit voller Gewißheit festzustellen. Leonhard Thurneysser, der bekannte Alchimist, schrieb zwar schon um 1572: »Zwischen Freienwalde und Neustadt, am Gebirge, ist ein Flüßlein, das führt Rubinlein mit sich, gar klein, aber schön an Farbe« – es bleibt indessen zweifelhaft, ob unter diesem Flüßlein das Quellgewässer des Freienwalder Gesundbrunnen zu verstehen ist. Wenigstens fehlen jetzt die »Rubinlein«, die kleinen wie die großen.

Es scheint, daß man in alten Zeiten die Quelle einfach in die Talschlucht ausströmen und ihren Weg sich suchen ließ. Nur bei den armen Leuten der Nachbarschaft genoß der »Brunnen« schon damals eines gewissen Ansehens, und man trank ihn als ein bewährtes Mittel gegen hartnäckiges Fieber. Was dabei wirksam war, ist schwer zu sagen. Auch Augenkranke kamen. Sie legten von dem braunen Ockerschlamm auf das Auge und sahen nach kurzer Zeit wieder klarer und besser. Schwerlich war es der braune Eisenschlamm als solcher, der so vorteilhaft wirkte, vielmehr die anhaftende Flüssigkeit, die Eisenvitriol enthielt. Gehört doch der Zinkvitriol (eine Art Geschwisterkind des ebengenannten Eisensalzes) bis diese Stunde noch zu den bevorzugten Mitteln der Augenheilkunde.

Jedenfalls war der Ruf und Ruhm des Freienwalder Quells allerlokalster Natur, bis 1684 die Kunde nach Berlin und bis in das kurfürstliche Schloß drang, daß in Freienwalde ein »mineralisches Wasser« entdeckt worden sei. Einige mit Fieber und Lähmung Behaftete seien gesund geworden. Der Kurfürst, bereits in seinen alten Tagen und von der Gicht schwer geplagt, schöpfte Hoffnung, daß ihm vielleicht das eigene Land gewähren möchte, was ihm so viele fremde Heilquellen bis dahin versagt hatten, und er schickte seinen Kammerdiener und Chemikus, den als

Entdecker des Phosphors berühmt gewordenen Kunckel, nach Freienwalde, um sich von der mineralischen Kraft des neu entdeckten Quells zu überzeugen. Der Bericht lautete günstig, und noch im selben Jahre trafen der Kurfürst und seine Gemahlin als erste Brunnengäste im Bade zu Freienwalde ein.

Nun brachen glänzende Tage an. Der Ruf von der Heilkraft des Brunnens verbreitete sich bis in ferne Gegenden, und im nächsten Jahre, 1685, fanden sich eintausendfünfhundert Gäste in Freienwalde zusammen. Freilich waren es nicht samt und sonders Brunnengäste. »Der Kurfürst, der auch in diesem Jahre zur Kur erschienen war, ließ zehn Wispel Getreide verbacken und die Brote samt einer Geldbeisteuer wöchentlich zweimal verteilen« – woraus genugsam zu ersehen ist, daß die kurfürstliche Gegenwart allerhand armes Volk herbeigelockt hatte, nur um von der Mildtätigkeit des Fürsten Nutzen zu ziehen. 1686 wurde das erste und älteste »Brunnenhaus« gebaut, dasselbe, das unter dem Namen der »kurfürstliche Flügel« bis diesen Tag existiert. Dazu kamen allerhand Vorkehrungen und Einrichtungen: zwei Betstunden täglich, zwei Jahrmärkte die Woche; eine Brunnenkapelle und ein Brunnenkoch. Was diesen letztern angeht, so hatte er die Verpflichtung, für 1 1/2 Sgr. ein »gutes Mittagbrot« zu liefern. Freilich nur für die Armen. Der Kurfürst tat in allem, was er konnte. Das nächste Jahr machte er seinen letzten Besuch.

Unter der Regierung seines Nachfolgers, König Friedrichs I., hielt sich Freienwalde im wesentlichen auf der Höhe seines Ansehens. Die Heilkraft des Brunnens stand noch in so gutem Ruf, daß das Wasser desselben behufs mineralischer Bäder für den König nach Alt-Landsberg und Nieder-Schönhausen gebracht wurde. 1704 und die zwei folgenden Jahre kam er selbst und bezog 1706 das »Schloß am Brunnen«, das schon in dem vorhergehenden Jahre (1705) von dem berühmten Andreas Schlüter für ihn aufgeführt worden war. Dieses Schloß, wenn schon ein bloßer Holzbau, war ein prächtiges, zwei Stock hohes Gebäude, dessen oberster Stock aus vierundsechzig Säulen bestand, auf denen alsdann das Dach ruhte. Eine Schilderung, die ziemlich phantastisch klingt, mit der es aber doch seine Richtigkeit hat.

Bekmann, in seiner »Beschreibung der Kurmark Brandenburg«, gibt T. I S. 595 eine sehr hübsche Abbildung dieses Sommerschlosses, das mit seiner Fülle leichter graziöser Säulen von äußerst malerischer Wirkung gewesen sein muß. Im obersten Stock war ein Speisesaal. Dies Schlütersche Bauwerk hatte nicht langen Bestand. Regengüsse unterwühlten es schon 1707, so daß der König es rasch verlassen und seine Rückkehr beschleunigen mußte.* 1722 ward es unbewohnbar gefunden und abgebrochen.

Schon während der letzten Regierungsjahre des ersten Königs hatte das Bad an Ansehen verloren; unter seinem Nachfolger, dem »Soldatenkönig«, sank es mehr und mehr. Ein glückliches Ohngefähr aber wollte es, daß im Jahre 1733 einige von den allerlängsten Potsdamer Grenadieren ihre Gesundheit daselbst wiederfanden, und von diesem Augenblick an war das Bad zu Freienwalde dem Könige bestens empfohlen. Ein neuer Flügel, der altkönigliche, wurde gebaut, die Quellen erhielten eine neue Fassung, und über der bedeutendsten derselben ward ein auf acht Säulen ruhendes, natürlich hölzernes Brunnenhaus errichtet, das den stolzen Namen »Tempel« führte. Seine Inschrift aber lautete:

Steh' stille, Wanderer, betrachte diese Quellen,
Sie helfen wunderbar in vielen Krankheitsfällen.
Eh' Du von dannen gehst, gedenk' an Deine Pflicht,
Sei dankbar gegen Gott, vergiß der Armen nicht.

---

* Ist dieser Bericht zuverlässig, und es liegt kein Grund vor, dies zu bezweifeln, so wirft der hier erzählte Vorgang ein interessantes und mancherlei erklärendes Licht auf die beinahe gleichzeitigen Vorkommnisse in Berlin. 1706 stürzte am Schloß der von Schlüter erbaute Münzturm ein, und von da ab begann die siegreiche Kabale seiner Gegner. Das Verfahren gegen Schlüter ist immer als hart und ungerecht verurteilt worden. Bringt man nun aber andererseits in Anschlag, daß fast unmittelbar darauf, im Sommer 1707, das »Münzturm-Malheur« sich in Freienwalde wiederholte, so erscheint das harte Verfahren gegen Schlüter um vieles verzeihlicher. Die Kabale bleibt verwerflich, aber der König urteilte nach dem Augenschein. (Neue Arbeiten Professor Adlers haben aus den damaligen Berliner Bauakten ohnehin dargetan, daß Schlüter, bei all seiner Größe und Genialität, doch keineswegs schuldlos war und daß er in allem, was konstruktive Kenntnis angeht, hinter seinem, ihm sonst in keiner Weise ebenbürtigen Rivalen Eosander von Goethe zurückblieb.)

Hast Du dies Haus und Bad bewundernd angeschaut
Und fragst, warum es denn nach Tempel-Art gebaut,
So wisse, Gott ist ja der Segens-Quell allein,
Darum muß unser Herz auch hier sein Tempel sein.

Wie der unbekannte Verfasser die letzte Zeile hat aufrecht halten wollen, ist schwer einzusehen. Je mehr das Herz ein Tempel, desto weniger nötig wurde dieser Holzbau. Gleichviel indes. Alles ist längst hinüber, die Inschrift mit, und ihre Alexandriner geben keine Rätsel mehr auf.
Auch Friedrich II. fügte ein neues Brunnenhaus, das neukönigliche, den schon vorhandenen Gebäuden hinzu und gab dadurch dem Brunnental, wenn wir von einzelnen feineren Zügen absehen, den Charakter, den es noch jetzt besitzt. Eine besondere Teilnahme scheint der große König dem Bade nicht geschenkt zu haben. An Schönheit der Natur bot ihm die Umgegend Potsdams kaum Geringeres, und was die Heilkraft des Brunnens angeht, so war es verzeihlich, wenn er den Skeptizismus, der ihn auf allen Gebieten auszeichnete, auch auf den »flüchtigen Schwefel und Brunnengeist«, den *»Spiritus sulphuris volatilis«* der Freienwalder Heilquelle übertrug. Es war übrigens die Zeit gekommen, wo Private das Bad in ihre schützende Obhut nahmen, besonders Herr Wegely aus Berlin, der unter mannigfach anderem auch Freibäder für die Armen stiftete und deshalb ebenfalls in einer Inschrift verherrlicht wurde. Der Schluß derselben:

Was für die Armen hier Herr Wegely gethan,
Zeigt dieses Brunnenhaus der fernsten Nachwelt an,

erhebt einen Anspruch, dem sich das Brunnenhaus seit längerer Zeit nicht mehr zu unterziehen vermag, da es wie der »Tempel« inzwischen vom Schauplatz abgetreten ist.
An die Stelle dieser Werke der Architektur ist inzwischen aber, und zwar als Brunnenhüterin, ein Werk der Skulptur getreten: eine Najade mit einem Ruderstück in der Rechten, die lässig hingestreckt über dem Heilquell ruht, während aus der Urne neben

wer Hopfen war es, der dem Bernauer Bier zu seinem Ruhme half. Noch gibt es Hopfengärten in Buckow, aber ihre Bedeutung für die Stadt ist hin, und die überall siegreiche Kartoffel erobert auch hier das Terrain. Kümmerlich schlägt sich die Stadt mit Spaten und Hacke durch; Kommunalvermögen ist nicht da; die vier Jahrmärkte werden nicht besucht, und die alte Hügelkirche, mit reichem Altar und mächtigen Glocken, würde schwerlich in solcher Stattlichkeit auf die Stadt herabsehen, wenn sie vom jetzigen Buckow gebaut werden sollte. [...]

Buckow und seine Umgebungen bilden die »Märkische Schweiz«. Freilich geht es der Stadt mit diesem Namen und Anspruch nicht viel besser als mit ihrem Forst, denn Freienwalde tritt mit überlegener Miene in die Schranken und sagt: »Dieser Name ist mein.«

Wo liegt denn nun aber die wirkliche Märkische Schweiz? Wir werden uns einen Dualismus, wie auch sonst wohl, gefallen lassen müssen. Freienwalde ist immerhin eine Dame, Buckow ist eine ländliche Schönheit, die mit nacktem Fuß in den See tritt und unter Weidenzweigen ihr Haar flicht. Nun wähle jeder nach seinem Sinn. Binnen kurzem wird sich solche Wahl erleichtern. Die neuprojektierte Eisenbahn zwischen Berlin und Küstrin führt auf kürzeste Entfernung an Buckow vorüber, und einmal in den Verkehr hineingezogen, wird das »Aschenputtel« von heute ihrer bevorzugten Schwester vielleicht schon morgen gefährlich werden.

Buckow liegt in einem Kesseltale, dessen Sohle von einem großen See gebildet wird. Dieser See hat die Form eines abgestumpften Halbmonds, ist also bohnen- oder nierenförmig und heißt der Schermützelsee. Wir werden noch weiter von ihm hören. An der konkaven Seite des Sees, ziemlich genau an der Stelle, wo sich das hügelige Erdreich in den See hineinbuchtet, liegt die Stadt, von der aus sich in kürzester Zeit und mit leichtester Mühe die verschiedensten Ausflüge in die Umgegend ermöglichen. Alle diese Ausflüge, verschieden wie sie sind, lassen sich nichtsdestoweniger in drei ganz bestimmte Gruppen bringen: in Spazierfahrten über den See, in Besteigung des Bollersdorfer Plateaus und in

Wanderungen durch die Täler und Schluchten der nach Nord und Ost hin gelegenen »Märkischen Schweiz«.

Besteigen wir zunächst das Plateau.

Wir wählen dazu, statt der Fahrt über den See, einen Umweg, und zwar durch jene lieblichen Schluchten und Waldpartien, die von einem Bergwasser, dem Sophienfließ, durchflossen werden. Alles hat hier den mitteldeutschen Charakter. Wer den Harz, wer Thüringen und die Sächsische Schweiz kennt, ist manche liebe Stunde unter gleichen Bildern und Eindrücken bergan gestiegen. Tannen und Lärchenbäume fassen zu beiden Seiten die Hügelabhänge ein, Buchen und Birken sind in das Nadelholz eingestreut, der Kuckuck ruft, der Bach plätschert, und auf dem frischen Rasen, der das Wandern so leicht macht, liegen die Tannenäpfel oder spielen die Schatten und Lichter der Nachmittagssonne. So auch hier. Über die primitivsten Brücken hinweg – sechs Feldsteine quer durch den Bach – schreiten wir vom linken auf das rechte und wieder vom rechten auf das linke Ufer, bis wir, nach halbstündigem Marsche den Tann ohne Weg und Steg durchbrechend, uns plötzlich auf dem ersehnten Plateau befinden, das wir, den Windungen des Baches folgend, fast wie auf einer Wendeltreppe ohne Stufen erstiegen haben. Aber noch wissen wir es kaum, daß es ein Höhenpunkt ist, auf dem wir stehen, denn das Plateau dehnt sich bis zum Horizont hin wie eine Ebene vor uns aus, und erst am Ausgang eines tiefen Ackereinschnittes, der uns einer hier und dort unterbrochenen Wand von Brombeer- und Weißdornsträuchern entgegenführte, blicken wir überrascht in eine völlig senkrechte Tiefe nieder. Zweihundert Fuß unter uns der See.

Wir nehmen nun unseren Stand und haben vielleicht das schönste Landschaftsbild vor uns, das die »Märkische Schweiz« oder doch der »Kanton Buckow« aufzuweisen vermag. Links und rechts in gleicher Höhe mit uns die Raps- und Saatfelder des Plateaus, unmittelbar unter uns der blaue, leicht gekräuselte Schermützelsee, drüben am anderen Ufer, in den Schluchten verschwindend und wieder zum Vorschein kommend, die Stadt und endlich hinter derselben eine bis hoch hinauf mit jungen frischgrünen Kiefern und dunklen Schwarztannen besetzte Berglehne. Die Nachmittagssonne fällt auf die Stadt, die mit ihren roten Dächern und weißen Giebeln wie ein Bild auf dem dunklen Hintergrunde der Tannen steht, das Auge aber, wohin es auch durch die Mannigfaltigkeit des Bildes gelockt werden möge, kehrt immer wieder auf den rätselvollen See zurück, der in genau zu verfolgenden Linien unter uns liegt.

Auf den rätselvollen See. Noch wissen wir es nicht, aber wir ahnen es, daß er unter anderen Schätzen auch einen Sagenschatz umschließen muß, und unser Führer, ein Buckower Fischer, der uns bis hierher schweigend geleitet, hebt jetzt an: »Dort unten liegt die alte Stadt. Drüben am anderen Ufer, wo Sie die spiegelglatte Stelle sehen, dort hat Alt-Buckow gestanden. Wir kennen die Stelle ganz genau. Von dem Eck dort, wo die Binsen hundert Schritt weit in den See hineingehen, bis hier gradüber vor uns, wo die Weiden im Wasser hängen – so weit ging die Stadt. Ich spreche nicht von Glocken, die bei Sonnenuntergang klingen, Alt-Buckow hatte schwerlich Glocken, aber das müssen Sie schon glauben, daß wir an klaren Tagen zehn Fuß tief unterm Spiegel allerhand Pfahlwerk stehen sehen, Blockhäuser vielleicht, jedenfalls Zaun und Steg, und mancher unter uns hat etwas von dem Pfahlwerk herausgeholt und ihm einen guten Platz im Hausflur gegeben. Wir denken, es ist ein Segen dabei.« Der Erzählende machte hier eine Pause, während deren er mich scharf ansah. Dann fuhr er fort: »Drüben, wo die Stadt stand, ist der See flach, wenigstens eine kurze Strecke; hier unter uns aber ist er tief, an hundert Fuß und darüber; hier wimmelt es auch von Fischen, aber wir haben wenig davon. Wenn wir hier Netze ziehen, so gehen die Fische tiefer, und wollen wir ihnen nach, so kommen wir in den alten Eichwald, der hier unten steht. Die Maschen zerreißen dann, die Fische schlüpfen durch, und ein paar abgebrochene Zacken sind alles, was wir mit nach oben bringen. Ja, so hat sich's geändert. Einst war alles Berg hier, und Stadt und Wald standen zwischen hüben und drüben, wie wir beide jetzt auf dieser Höhe stehen. In einer Nacht aber war alles vorbei. Der Berg ging nach unten, und der See kam herauf!«

Eine kühle Luft wehte über das Feld, und ein leises Unbehagen lief mir über den Rücken. Indessen ich wußte doch nun, was es war, daß mich der Schermützel so ganz anders angeblickt hatte wie manch anderer See, und ich warf mich nieder und streckte den Kopf über den Abgrund hinaus, wenigstens den Wunsch im Herzen, unten ein Eichenskelett bis an den Wasserspiegel heraufragen und die Fische durch seine Zackenkronen hindurchhuschen zu sehen. Ich sah es auch wirklich, aber mit dem Bewußtsein, daß es Täuschung sei.

Wir traten nun den Rückweg an und plauderten über dies und das. Des Sees Sagen verließen mich nicht und begleiteten mich bis schließlich wieder daheim, wo ich in Büchern nachzuschlagen und nach der Vorgeschichte des »großen Schermützel« zu suchen begann. Was ich fand, ist das. Viele unserer märkischen Seen und seeartigen Vertiefungen sollen durch sogenannte Erdfälle entstanden sein. Man hat keine andere Erklärung. Plötzlich und unvermittelt inmitten eines Plateaus auftretend, wie das namentlich beim Schermützelsee der Fall ist, ist es nicht möglich, von hereinbrechenden Wasserfluten, von Flußbett oder Strömungen zu sprechen. Es ist nichts von außen Herantretendes, was die Erklärung geben kann, es muß vielmehr ein innerlicher Vorgang, ein eminent lokaler sein. Man denkt sich die Sache so. Das Innere der Erde hat Höhlen, deren Wände und Deckengewölbe die Hand der Natur mit Kalk oder Gipsmassen umkleidet hat. Solche natürlichen Tunnel sind entweder völlig hohl und leer oder aber mehr oder weniger mit Wasser gefüllt. Über solchem gewölbtem Riesentunnel liegt Erdreich, wie viel ist gleichgültig, und auf dem Erdreich steht eine Stadt oder wächst ein Wald. So geht es durch ein Jahrtausend. Da plötzlich, sei es durch einen Ruck von unten oder durch sickernde Wasser von oben her, bricht das Tunnelgewölbe ein, und wie ein Haus, das seine Balkenlage verliert, in den Keller stürzt, so fährt nun das Erdreich mit allem, was darauf wuchs und stand, in die plötzlich geöffnete Tiefe herab. War der Tunnel leer, so zeigt sich nunmehr einfach eine Vertiefung, wo sonst eine Fläche war; war der Tunnel aber umgekehrt ein riesiges übermauertes Wasserreservoir, so schlagen nun

die freigewordenen Wasser über allem, was niedergefahren ist, zusammen und – ein See steht ruhig über Stadt und Wald.
Eine geognostische Autorität hat die hübsche Wendung gebraucht: »daß die Natur bei der Bildung von Erdfällen nur erst selten auf frischer Tat ertappt worden sei«, ein Umstand, zu dem wir uns, so lehrreich das Gegenteil auch sein würde, im ganzen genommen zu gratulieren haben. Wär' es anders, wären wir in der Lage, diese »Erdfälle«, wie Sternschnuppenfälle im August, regelmäßig beobachten zu können, so würde das mit Vulkanen übersäte Zentralamerika ein vergleichungsweise bequemer Aufenthalt sein. Denn was sind schließlich »Erdbeben« gegen solche »Erdfälle«, wo die Erde gleichsam sich selbst zu verschlingen beginnt. Sind übrigens die Annahmen über die Bildung mehrerer unserer größten und schönsten Seen nur halbwegs richtig, so haben die Vorbewohner der Mark von diesen »interessanten Naturerscheinungen« mehr denn zur Genüge gehabt. Der Grössinsee nicht weit von Saarmund, der Gohlitzsee im Amt Lehnin, der Gudelacksee bei Lindow und der große Paarsteiner See bei Kloster Chorin sollen durch solche Erdfälle entstanden sein, der zahlreichen, überall vorkommenden Teufelsseen ganz zu geschweigen. Wo zwischen zwei abschüssigen Hügelwänden sich plötzlich ein trichterförmiger See einklemmt, der weder Zunoch Abfluß, wohl aber eine bedeutende Tiefe hat, da liegt immer Grund vor, einen früher oder später erfolgten »Erdfall« zu vermuten. Erzählt man aber gar die Sage von untergegangenen Dörfern und Städten, so ist es gut, dem Volksmunde zu glauben und die Zweifel zu Haus zu lassen. Ob die Glocken dann abends in der Tiefe klingen oder nicht – der ist nicht beneidenswert, der sie schlechterdings nicht zu hören vermag.

Der grosse und kleine Tornowsee

Die »Märkische Schweiz« um Buckow herum ist zum großen Teil ein Besitztum der Grafen Flemming und Itzenplitz.
Der Itzenplitzsche Anteil an diesem Stück schöner Natur liegt im Norden und Nordosten des großen Schermützelsees und umfaßt das Areal der Güter Bollersdorf und Pritzhagen.
Von dem Bollersdorfer Plateau sprachen wir bereits im vorigen Kapitel; ebenso von dem schönen Blick, den der abschüssige Rand desselben auf den unten liegenden Schermützelsee gestattet.
Dorf Bollersdorf, dessen kleine gotische Kirche dem kahlen Plateau einen malerischen Reiz verleiht, ist ohne Bedeutung. Seine Besitzer wechselten oft. In der zweiten Hälfte des siebzehnten Jahrhunderts war es Eigentum des Generalleutnants von Görtzke, der, nach Ankauf des jetzt Marwitzschen Friedersdorf, auch noch Kienitz und Bollersdorf an sich brachte. Nach seinem Tode aber scheint es sofort in andere Hände übergegangen zu sein. Die schon genannte Kirche geht bis ins vierzehnte Jahrhundert zurück. Bei einem vor Jahresfrist stattgefundenen Umbau wurden in der geöffneten Gruft Särge der alten, im Lande Beeskow-Storkow begüterten Familie Löschebrand gefunden.
1763 kam Bollersdorf durch Schenkung in Besitz des Generalmajors von Lestwitz und teilte seitdem, hinsichtlich seiner Besitzverhältnisse, das Schicksal des Lestwitz-Itzenplitzschen Güterkomplexes: Friedland, Cunersdorf, Bollersdorf, Pritzhagen, dem es von da ab zugehörte.
Pritzhagen liegt mehr östlich, und das kupierte Terrain gestattet keinen Blick auf den Schermützelsee. Das Dorf selbst ist unbedeutend wie Bollersdorf. Viele Jahrhunderte lang besaßen es die »Rutze« oder die »von Reutze«, wie sie später genannt wurden. Schon 1375 finden sie sich, dem Landbuche nach, an dieser Stelle.

Der letzte, wie es scheint, war »Junker Hans«, ein Weidmann von altem Schrot und Korn, der seine Passion mit dem Leben bezahlte. Sein Name lebt fort in der Junker Hansens »Kehle«, was in der Gebirgssprache der »Märkischen Schweiz« so viel wie Schlucht bedeutet. In Pritzhagen weiß und erzählt noch jedes Kind von dem »tollen Junker«, der bei Verfolgung eines Hirsches in die »Kehle« fiel und den Hals brach. Eine Meile weiter aber weiß niemand mehr von ihm. Ein allerlokalster Ruhm.

*

Pritzhagen bedeutet wenig, seine Berge und Schluchten jedoch bedeuten viel, selbst seine »Kehlen«.

Als einer seiner reizendsten Punkte gilt der Dachsberg, kaum eine Viertelstunde vom Dorf entfernt und mit Recht ein Lieblingsplatz aller märkischen Touristen. Auch Berliner huldigen ihm. Und das ist doch schließlich immer das Entscheidende!

Aber den Dachsberg in Ehren, in Wahrheit sind es doch seine beiden Seen, wie namentlich auch die Schlucht, die diese verbindet, was seine Schönheit ausmacht. Die beiden Seen heißen der kleine und große Tornowsee und die Schlucht heißt die »Silberkehle«. Jene blicken zu dem Berge hinauf, der seinerseits terrassenförmig ansteigt. Am Fuße der Treppe breitet sich der große Tornow aus, auf dem mittleren Absatz aber liegt der kleine Tornow, dunkel und still und in verschwiegener Tiefe.

Von der Kuppe des Hügels herab überblickt man nur den kleineren See; Baumpartien fassen ihn ein und beschränken die weitere Fernsicht. Das Terrassenförmige des Berges kommt deshalb wenig zur Erscheinung. Möglich, daß das Landschaftsbild an Reiz gewönne, wenn ein unbehindertes Auge, die Stufen der Treppen herniedersteigend, erst bei der kleineren und dann endlich tief unten bei der größeren Wasserfläche verweilen könnte. Aber auch, wie es ist, ist es schön.

Der kleine Tornow ist einer jener »Teufelsseen«, denen man in der Mark, an den Abhängen der Hügel, so oft begegnet. Ihr Name bezeichnet ihren Charakter. Das Wasser ist schwarz, dunkle Baumgruppen schließen es ein, breite Teichrosenblätter bilden einen Uferkranz, und die Oberfläche bleibt spiegelglatt, auch wenn der Wind durch den Wald zieht. Es ist, als hätten diese dunklen Wasser einen besonderen Zug in die Tiefe und als stünden sie fester und unbeweglicher da als andere.

So ist auch der kleine Tornow einer von jenen Seen, an denen Sage und Märchen am liebsten verweilen und von Prinzessinnen erzählen, die in der Johannisnacht aus dem dunklen Wasser steigen und mit Silberrosen im Haar freundlich-traurig am Ufer sitzen.

Nicht so der große Tornowsee, der fünfzig Fuß tiefer seine breite und hellere Wasserfläche am Fuß des Berges ausdehnt. Ihm schreiten wir jetzt zu. Unser Weg dahin ist die Silberkehle.

Die Silberkehle führt ihren poetischen Namen daher, weil an beiden Abhängen, wo das von Moos und Humus entkleidete Erdreich sichtbar wird, eine Wand von Glimmersand zutage tritt. Dieser Glimmersand blitzt und glitzert wie Silber und liegt so fest auf, daß es möglich ist, Namen und Figuren wie in Sandstein hineinzuschneiden. Die Silberkehle hat völlig den Charakter einer Gebirgsschlucht und zeigt auf ihrem Lauf ein tiefausgehöhltes Bett mit all den Zerstörungen niederstürzender Bäche. Feldsteine, fest in den Sand gerammt, Laubholzbäume rechts und links über den Weg geworfen, Spuren von Wind und Wasser überall. Aber heute, wo wir des Weges kommen, ruht rings umher der Streit der Elemente. Wie eine Mühle am Sonntag, so liegt die Silberkehle da, das Triebrad steht still, das Wehr ist gesperrt. Erst im Frühjahr, wenn der Schnee schmilzt, oder im Sommer, wenn die Regengüsse kommen, dann wird es wieder lebendig hier. Dann jagt das Wasser zu Tale, dann ist es wieder, als schäumten und klapperten hundert Räder hier, und wieder werden neue Bäume unterhöhlt und gefällt und die eingerammten Steine wie Kiesel weiter nach unten gerissen.

Wir sehen das Bild bei Herbstesstille; nur am Fuße des Berges plätscherten ein paar Quellen. So traten wir aus der Enge der Schlucht ins Freie und blickten auf die Fläche des großen Sees. Er ist dem kleinen Tornow unähnlich, liebt das Licht wie dieser den

Schatten und gewährt ein Bild heiterer Ruhe. Grün ansteigende Ufer fassen ihn ein, rote Fichtenstämme spiegeln sich, und wenn erst, wie beabsichtigt, der Wasserdruck des höher gelegenen kleinen Sees benutzt sein wird, um mitten auf dem großen einen natürlichen Springbrunnen steigen zu lassen, so wird dieser Eindruck des Heiteren noch gewachsen sein.

Am Ufer des großen Tornowsees erhebt sich eine Villa, ein Schweizerhaus. Der Erbauer, in Huldigung gegen den Ort, an dem er den zierlichen Bau entstehen ließ, hat ihm den Namen »Haus Tornow« gegeben. Das hat einen guten Klang. Stille weilt rundum. Es ist ein Platz für Rast und Ruhe, und wer empfände nicht die Sehnsucht danach! Bilder schmücken die Zimmer der Villa, und Wein und Blumen ranken sich an Wand und Laubengang empor. Aber der schönste Blick, den »Haus Tornow« gewährt, bleibt doch der auf den See. Ein Kahn liegt bereit und trägt uns darüber hin, leicht und glatt. Denn hier walten keine tückischen Mächte. Aus der Tiefe des »kleinen Tornow« herauf könnt' uns eine Hand, eine Stimme vielleicht nach unten ziehen, aber das Wasser des großen Tornow, das eben in tausend Tropfen von unserm Ruder fällt, funkelt in allen Farben des Lichts. Ein Schwarm Tauben blitzt durch die Luft, und ein Reh tritt aus dem Wald ans Ufer und blickt uns nach. Es weiß, es darf es.

»Friede« ist die Parole am großen Tornowsee.

Möglin

Etwa eine halbe Meile vom Westrande des Oderbruchs entfernt liegt Möglin, ein nur zwölf Häuser zählendes, weder durch Größe noch Bodenbeschaffenheit ausgezeichnetes Dorf, dem nichtsdestoweniger der Ruhm zufiel, in alter und neuer Zeit unter den historischen Dörfern des Landes genannt zu werden.
Drei Jahrhunderte lang lebten hier die im Ober-Barnim reichbegüterten Barfuse [...] Der berühmteste Barfus (Hans Albrecht von Barfus; Feldmarschall unter König Friedrich I.) war ein Mögliner Barfus; er verließ aber früh sein väterliches Gut, kehrte nie wieder dahin zurück und ist deshalb der Erinnerung des Dorfes verlorengegangen.
Aber von einem unberühmten Barfus geht noch die Sage daselbst. Das macht, der lokale Vorfall ist immer siegreich über das historische Ereignis; das Allgemeine verblaßt, das Besondere gewinnt an Kraft.
Dieser einzige Barfus, von dem Möglin und seine Bewohner noch wissen, ist Dietlof von Barfus. Sie wissen von ihm, daß er reich war, daß er vierzig Dörfer besaß und daß er in einer Winternacht, als er zu Schlitten von Wriezen kam, seinen plötzlichen Tod fand. Es war Schneetreiben, nicht Weg nicht Steg erkennbar. Durch die nächtliche Öde hin, immer gradaus, dem Instinkt der Pferde das Beste überlassend, so ging die Fahrt. Schon waren sie dicht am Dorf, da, auf einem überschneiten und nur mit dünnem Eis bedeckten Sumpfloch, brach der Schlitten ein, und alles ging in die Tiefe.
Die kleine Feldsteinkirche (ohne Turm) ist aus der ersten christlichen Zeit und stand hier um vieles früher, als die Barfuse nach Möglin kamen. In der Kirche selbst aber, aus verhältnismäßig später Zeit, hängt ein Wappenschild des alten Geschlechts, schmucklos, grün und rot übermalt und mit der Umschrift: »Alexander von Barfus, geboren 1580 den 11. Decembris, gestor-

ben den 19. Decembris 1647.« Wahrscheinlich ein Onkel, vielleicht auch der Großvater Hans Albrechts.

Die Pfuels, die Möglin in ältester Zeit besaßen, hatten es hundert Jahre, die Barfuse dreihundert inne. Dazwischen lag ein Interregnum, das zwanzig oder dreißig Jahre gedauert haben mag und von dem wir, mit Hilfe des Schloßregisters von 1450, nur erfahren, »daß in Möglin ein Schäfer war«. Das klingt wie eine Verheißung für die Zukunft, und der Schäfer von 1450 erscheint uns fast wie der Schatten, den Albrecht Thaer, »der Mögliner Schäfer par excellence«, durch vier Jahrhunderte rückwärts wirft. [...]

Möglin, auch äußerlich genommen, ist, wenn man den Ausdruck gestatten will, »nur Thaer«, und in diesem Umstande liegt sein Reiz und seine Eigentümlichkeit. Im übrigen wirkt das ganze Dorf fast wie eine Überraschung. Etwas in der Tiefe gelegen und durch keinen Kirchturm in die Weite hin verraten, tritt man plötzlich, unter alten Bäumen hindurch, wie in ein Kamp, eine Niederlassung ein und hat hier, malerisch gruppiert, alles zusammen, was zur Bedeutung und zur Poesie des Ortes gehört.

Den Mittelpunkt des Ganzen bildet ein Teich, den nach rechts hin hohe Schilfwände, nach links hin hohe Erlenbäume umfassen. Diesseits des Teiches, neben der Stelle, wo wir uns befinden, steht die alte Feldsteinkirche, von einer Linde, die nicht viel jünger sein mag als die Kirche selbst, überschattet. Jenseits des Teiches, freundlich blinkend im Schmuck eines angebauten Glashauses, steht das Wohngebäude, dahinter ein Haus von ähnlicher Größe – die ehemalige Akademie. Die Wirtschaftsgebäude, darunter die berühmte Stammschäferei, verstecken sich zum Teil hinter den hohen Bäumen, die den engen Kreis des Bildes: Teich, Kirche, Wohnhaus, Akademie, umzirken.

Persönlichkeiten, von zum Teil hervorragender Stellung in Leben oder Wissenschaft, drängten sich an dieser Stelle während der letzten fünfzig Jahre, und so darf es nicht Wunder nehmen, daß jeder Fußbreit Erde hier seine Erinnerungen hat. Am Südrande des Teichs, der Kirche zunächst, fällt uns eine Erdpyramide auf, von Blumen überdeckt und terrassenförmig sich zuspitzend. Es ist ein Grabhügel. Unter ihm ruht Albrecht Thaer, und auf den Treppenstufen des Hügels, der mehr ein Blumengarten als ein Grab ist, blühen den Sommer hindurch viele Hunderte von Blumen.

Am Westrande des Teichs bemerken wir den zersplitterten Stamm eines vom Winde abgebrochenen Baumes. Das sind die Überbleibsel der »Herzogsweide«, die hier stand. Zu den ersten Freunden und Genossen Thaers, bei seiner Übersiedelung nach Möglin, gehörte der Herzog von Holstein-Beck, damals ein Mann von nah an fünfzig, ein Vertrauter des Kaisers Paul, wie er vorher ein Freund des Rheinsberger Prinzen Heinrich gewesen war. Der Herzog lebte monatelang als Mögliner Gast, und diese Weide am Teich war sein bevorzugter Aufenthalt, wo er zu sitzen und zu sinnen liebte. Es durfte wohl so sein. Die Zweige des Baumes hingen in den Teich nieder, das blaugraue Laub war doppelt schön auf einem Hintergrunde dunkler Erlen, und der an der Wurzel sieben Fuß dicke Stamm teilte sich höher hinauf in zwei Stämme. Zwischen diesen hatte der Herzog seinen Platz. Beim Abschied schrieb er, in dankbarer Erinnerung an die hier verträumten Stunden:

Gedenket auch an dieser Stelle
Des Freundes, der hier oftmals saß,
Und bei dem stillen Spiel der Welle
Die weite Welt um sich vergaß.

Es wird sein Geist euch hier umschweben,
Sein Dank an eurer Seite sein;
Hier erst erfaßt' er wahres Leben
Und lernte, schaffend, glücklich sein.

Das Wohngebäude, reich an Erinnerungsstücken aller Art, an Bildern und Büsten, ist fast eben so sehr ein Thaermuseum als ein Wohnhaus. Auf Namhaftmachung dieser Erinnerungsstücke, meist Darbringungen von nah und fern, leisten wir hier Verzicht; ebenso auf eine Schilderung des Akademiegebäudes, der Lehr- und Wohnzimmer, der Bibliothek und der naturwissenschaftlichen Sammlungen, die sich darin vorfinden.

Wir verweilen nicht bei diesen Dingen, die, trotz ihrer Einfachheit, an die glänzendste Periode der Akademie erinnern, wir treten lieber aus den öden Zimmern wieder ins Freie, wo ein zierlicher, in Front des Gebäudes aufsteigender Obelisk uns ein schönes Fest zurückruft, das hier gefeiert wurde. Die Inschrift bezeichnet die Art des Festes. Sie lautet: »Zur Erinnerung an das fünfzigjährige Bestehen der landwirthschaftlichen Akademie zu Moeglin, im Oktober 1856.« An der andern Seite befindet sich Thaers Reliefbild; darunter die Namen aller Schüler, die zur Errichtung dieses Denksteins beitrugen. [...]

Quilitz oder Neu-Hardenberg

Die Geschichte von Quilitz bis zum Jahre 1763 hin ist arm und dunkel. Der Besitz wechselte vielfach, so daß wir einer Menge von Namen begegnen, ohne weiter etwas zu haben als eben diese Namen. Zu Anfang des fünfzehnten Jahrhunderts, also zur Zeit, als die Hohenzollern ins Land kamen, finden wir in Quilitz die Höndorfs, Beerfeldes und Schapelows; gegen Ausgang desselben Jahrhunderts haben sich die Besitzverhältnisse geändert, und wir hören von den Eyckendorfs, Pfuels und Barfus'. Lauter Familien, die, mit Ausnahme der beiden letzteren, in Barnim und Lebus nicht länger existieren. Um 1685 kam Quilitz, und auch wohl das benachbarte Kloster Friedland, in Besitz der Markgräflich-Schwedter Linie des Hauses Brandenburg und verblieb bei dieser Linie bis zum Tode des Markgrafen Karl, 1763.
Alles dies bedeutet wenig, und die üblichen Details über Besitzverhältnisse, Hufenzahl, Hebungen, Verpfändungen usw., die wir den spärlich vorhandenen Urkunden entnehmen könnten, würden das Bild wohl erweitern, aber nicht lebendiger machen. Auch das, was wir sonst wohl heranzuziehen gewohnt sind: die Grabsteine in der Kirche, die Sagen und Traditionen im Dorfe selbst – alles versagt gleicherweise den Dienst. Die Kirche hat aufgeräumt mit den alten Hinterlassenschaften, selbst der Name Quilitz ging verloren, und nur die Kleidung seiner Bewohnerinnen ist noch wie eine Art Tradition aus der Wendenzeit her geblieben. […]
Nach dem Tode des Markgrafen Karl fielen die am Rande des Oderbruchs gelegenen Güter desselben, Friedland und Quilitz, an die Krone zurück. Aber nicht auf lange; Friedrich II. verschenkte sie im selbigen Jahre noch, und zwar gab er Friedland an den damaligen Major von Lestwitz, »den Sieger von Torgau«, Quilitz an den Oberstleutnant von Prittwitz, der in der Schlacht bei Kunersdorf, als Rittmeister bei den Zietenschen Husaren, den

König vor drohender Gefangenschaft gerettet hatte. Gegen beide Offiziere unterhielt der König seit den genannten beiden Tagen ein verwandtes Gefühl besonderer Dankbarkeit. »Lestwitz hat den Staat, Prittwitz hat den König gerettet«, so hieß es damals sprichwörtlich. *Lestwitz a sauvé l'état, Prittwitz a sauvé le roi.*

Der Krieg war zu Ende und Prittwitz Herr auf Quilitz. Es war ein schönes Gut, aber unwohnlich geworden, wie die meisten Güter, die lange in Pächterhänden sind, und da der nunmehrige Oberstleutnant von Prittwitz, der kurz zuvor (1762) eine Freiin Seherr-Thoß geheiratet hatte, standesgemäß zu leben gedachte, so mußte er vor allem darauf aus sein, ein Haus aufzuführen, das den Ansprüchen seiner übrigens auch in Schlesien begüterten Gemahlin entsprach. Der Bau wurde unverzüglich begonnen und war schon bis zu den ersten Steinen des ersten Stocks gediehen, als König Friedrich des Weges kam, sei es auf einer seiner Revuereisen in die östlichen Provinzen oder eigens zu dem Zwecke, das Oderbruch und die Melioration desselben zu inspizieren. »Prittwitz, Er baut ja ein *Schloß*; Er will ja hoch hinaus«, waren die nicht allzu gnädigen Worte, mit denen der König sich an den zur Seite stehenden Oberstleutnant wandte, der nunmehr seinerseits nichts Eiligeres zu tun hatte, als dem Wunsch und Winke des Königs nachzukommen und unter Fortlassung einer Beletage sofort das Dach auf das Erdgeschoß setzen zu lassen. Erst in den zwanziger Jahren dieses Jahrhunderts wurde durch Schinkel ein Umbau des Schlosses vorgenommen.

Stelle ich nunmehr zusammen, was in Quilitz noch an die Prittwitzzeit erinnert. Die Zimmer des Erdgeschosses sind im wesentlichen dieselben geblieben, namentlich gilt dies von dem großen, mit Stuckreliefs geschmückten Gartensalon, der auf eine Parkwiese und jenseits derselben auf die Wasser- und Baumpartien des Parks blickt. Auch dieser Park selbst stammt noch aus der Prittwitzschen Zeit, ebenso wie zwei seiner Gedenksteine. Der eine derselben ist ein unscheinbarer Grabstein, unter dem der Schimmel begraben wurde, den Rittmeister von Prittwitz in der Schlacht bei Kunersdorf ritt, der also den historischen Moment der Rettung des Königs miterlebte resp. seinen Anteil daran hatte. Der Grabstein ist jetzt seinerseits wieder unter Laub und Moos halb begraben, so daß es unmöglich ist, eine Inschrift zu entziffern. Man hat deshalb die ganze Erzählung von dem im Park bestatteten Schimmel wieder in Zweifel ziehen wollen. Aber gewiß mit Unrecht. Äußere und innere Gründe sprechen dafür. Der Stein hat ganz die Form eines Grabsteins. Außerdem ging der König selbst, der auf der obersten Terrasse von Sanssouci nicht nur sein Pferd und seine Lieblingswindspiele begraben ließ, sondern auch inmitten derselben begraben sein wollte, seinen Generalen mit dem entsprechenden guten Beispiele voran. Man liebte damals dergleichen.

Ebenfalls im Park, dem Gartensalon gegenüber und eine Wand dunkler Bäume als Hintergrund, erhebt sich malerisch das Marmordenkmal, das Prittwitz im Jahre 1792 dem Andenken des großen Königs errichten ließ. Die Zeichnung zu diesem Monumente wurde von Johann Meil, dem damaligen Vizedirektor der Berliner Akademie der Künste, entworfen, die Ausführung in karrarischem Marmor aber einem Bildhauer in Lucca, namens Joseph Martini, anvertraut. Die Worte, die dieser an der linken Seite des Denkmals eingraviert hat, lauten: *Joseph Martini Lucensis inventor faciebat 1792*; also etwa: Joseph Martini von Lucca hat es erfunden und ausgeführt, oder erdacht und gemacht. Das Wort *inventor* muß hier überraschen, wenn man es mit der vorzitierten, der Schadowschen Autobiographie entlehnten Notiz zusammenhält, »daß Meil den Entwurf gemacht habe«, also der Inventor gewesen sei. Die Komposition ist etwas steif, etwas herkömmlich und in vielen Stücken angreifbar, aber dennoch eine gute Durchschnittsarbeit. Ein Säulenstumpf trägt das Reliefbild des großen Königs; ein trauernder Mars, kniend, umklammert von der einen Seite her die abgebrochene Säule, während sich eine aufrechtstehende Minerva von der anderen Seite her an den Säulenstumpf lehnt. Das Hauptinteresse, das diese Gruppe einflößt, ist das, daß es das erste Denkmal ist, das dem Andenken des großen Königs errichtet wurde. Schadows Friedrichsstatue auf dem Stettiner Exerzierplatz ist erst das zweite. Allerhand kleine Anekdoten knüpfen noch an dieses Denkmal an. So heißt es, daß eine Eule längere Zeit im Schutz der Minerva genistet habe. Fraglich. Aber bis in diesen Tag ist die Statue, namentlich der offen am Boden liegende Helm des Mars, der bevorzugte Platz nesterbauender Schwalben. Am anziehendsten ist die einfache Auslegung, die die Quilitzer den Gestalten des Mars und der Minerva gegeben haben. Sie sagen, »es sei Prittwitz und seine Frau, die um den alten Fritz trauern«.

Wir begegnen der Prittwitzzeit, oder doch einer Mahnung an dieselbe, auch noch in der alten, übrigens durch Schinkel völlig umgebauten Kirche. Einige Schritte vor dem Altar ist eine Erztafel in die roten Ziegel des Fußbodens eingelassen, auf der wir in Vergoldung ein kurzes römisches Schwert erblicken, um das sich ein Lorbeer windet. Darunter lesen wir: »Joachim Bernhard von Prittwitz, K. Pr. General der Kavallerie, Ritter des Schwarzen Adler- und St. Johanniter-Maltheser-Ordens, geb. 3. Febr. 1727, gestorb. 4. Juni 1793; und seine Gattin Maria Eleonora von Prittwitz, geb. Freiin von Seherr-Thoß, geb. 1739, gest. 1799.« Unter dieser Tafel befindet sich höchst wahrscheinlich die Gruft, in der das Prittwitzsche Paar beigesetzt wurde; die Tafel selbst aber stammt ersichtlich erst aus den zwanziger Jahren dieses Jahrhunderts, wo die Kirche restauriert wurde. 1793 hatte man noch die altherkömmlichen Grabsteine. Die Benutzung von Gußeisen deutet auf die Schinkelsche Zeit. [...]

1793 starb General von Prittwitz, 1799 seine Witwe. Quilitz blieb aber noch eine Reihe von Jahren hindurch in Händen der Familie, und zwar im Besitz des Geheimen Finanzrats Friedrich Wilhelm Bernhard von Prittwitz, geb. 1764, gest. 1843, ältesten Sohnes des Generals. Herr von Prittwitz stand zu Hardenberg und Stein in naher Beziehung, nahm aber 1808 seinen Abschied und lebte seitdem ganz in Quilitz, bis er die Herrschaft 1810 an den Staat verkaufte (mittelst Tausch) und dafür die frühere Propstei Kasimir im Leobschützer Kreise Oberschlesiens erwarb.

Aus diesen Jahren, wo von Prittwitz der Jüngere die Herrschaft innehatte, wissen wir wenig über Quilitz zu berichten, es sei denn, daß von 1801 bis 1803 der damals zwanzigjährige Schinkel hier seine ersten architektonischen Versuche machte. Er begann mit dem Kleinsten, und zwar mit zwei Wirtschaftsgebäuden, von denen das eine auf dem Vorwerk Stuthof, das andere auf dem Vorwerk Bärwinkel errichtet wurde – zwei Ortsnamen, die fast noch weniger, wie die Aufgabe selbst, imstande waren, seinen Genius zu beflügeln. Aber dieser war eben da und bewies sich im Kleinen, wie er sich später im Großen bewies. Wenn an diesen frühesten Bauten Schinkels – nur ein Gartensaal im Flemmingschen Schloß zu Buckow ist noch älter – etwas zu tadeln ist, so ist es das, daß der Genius des jungen Baumeisters, der Zug nach idealeren Formen, sich hier an der unrechten Stelle zeigt. Diese Wirtschaftsgebäude machen etwa den Eindruck, wie wenn ein junger Poet einen wohlstilisierten und bilderreichen Brief an seine Wirtsfrau oder deren Tochter schreibt. Der Stil, die Sprache, sind an und für sich tadellos, nur die Gelegenheit für den poetischen Ausdruck ist schlecht gewählt; Gemeinplätze wären besser. Schinkel selbst, der in späteren Jahren mit so besonderem Nachdruck der Anlehnung an das Bedürfnis das Wort redete, würde diese, einer höheren Form huldigenden Wirtschaftsgebäude, speziell das auf dem Vorwerk Bärwinkel, zwar mit Interesse, aber sicherlich auch mit Lächeln wieder betrachtet haben. […]

1810, wie bereits erwähnt, war Quilitz aus den Händen des jüngeren Prittwitz in den Besitz der Krone übergegangen, aber auch diesmal nur auf kurze Zeit. Wie 1763 dem General von Prittwitz, so wurde Quilitz im November 1814 dem Fürsten-Staatskanzler von Hardenberg als Dotationsgut verliehen, und der alte Name Quilitz, ihm zu Ehren, in Neu-Hardenberg umgeändert. Der Fürst besaß es – samt dreizehn andern Gütern, die zusammen die »Herrschaft Neu-Hardenberg« bilden – bis zu seinem am 26. November 1822 in Genua erfolgten Tode, um welche Zeit, nach dem Rechte der Erstgeburt, der gesamte Besitz an den Sohn des Staatskanzlers, den Dänischen Geheimen Konferenzrat Grafen von Hardenberg-Reventlow, kam. Dieser starb am 16. September 1840 ohne männliche Nachkommen, und die Herrschaft fiel nunmehr dem nächsten Erbberechtigten, dem Grafen Karl Adolf Christian von Hardenberg, zu.

Der Fürst-Staatskanzler war acht Jahre lang im Besitz von Neu-Hardenberg; es scheint jedoch, wenn wir diese seine letzten Lebensjahre von Monat zu Monat verfolgen, daß er nicht allzuviele Mußetage für eine Villeggiatur auf seinen Gütern fand. Nur von wenigen Fällen haben wir eine bestimmte Kunde, z. B. von seinem Einzug in Quilitz, wahrscheinlich im Sommer 1816, und von der Feier seines siebzigjährigen Geburtstages am 31. Mai 1820. Über den Einzugstag leben noch einige Traditionen fort, ziemlich farblose Berichte von Triumphbogen und Eichenlaubgirlanden, von Spalier bildender Jugend und plattdeutschen Empfangsgedichten – die letzteren von den zwei hübschesten Mädchen des Dorfes in ihrer wendischen Nationaltracht vorgetragen. Aber hiermit schließt die Reihe der halbverblaßten Bilder ab, die in der Tat nur durch den Quilitzer roten Friesrock ein bestimmtes Kolorit erhalten. Mehr schon wissen wir von dem siebzigsten Geburtstage, wiewohl der Fürst beschlossen hatte, ihn in Stille zu feiern. Mancher Gratulant traf ein: unter diesen Beglückwünschenden, freilich brieflich nur, auch Goethe. Die Zeilen, die er schrieb – wie wir offen gestehen müssen, etwas gezwungen und schwerverständlich –, waren folgende:

Wer die Körner wollte zählen,
Die dem Stundenglas entrinnen,
Würde Zeit und Ziel verfehlen,
Solchem Strome nachzusinnen.

Auch vergehn uns die Gedanken,
Wenn wir in dein Leben schauen,
Freien Geist in Erdesschranken,
Festes Handeln und Vertrauen.

So entrinnen jeder Stunde
Fügsam glückliche Geschäfte.
Segen dir von Mund zu Munde!
Neuen Mut und frische Kräfte.

Am 13. Oktober 1817 fand die festliche Einweihung der durch Schinkel restaurierten Neu-Hardenberger Kirche statt, und das Interesse, das der Staatskanzler dieser Kirche widmete (er vermachte ihr eine Dotation und fehlte nie beim Gottesdienst), läßt darauf schließen, daß er bei dieser Einweihung zugegen war. Auch ein anekdotenhafter Vorfall mit seinem Schwiegersohn, dem Fürsten Pückler, zeigt uns den Staatskanzler in seinem Hardenberger Schloß. Der Park hinter dem Hause war bei jedem Besuch ein Punkt freundschaftlichen Disputs zwischen Schwiegervater und Schwiegersohn. Das feine Auge des letztern hatte seit langem gegen die altfränkisch-steife Anlage, die damals noch vorhanden war, protestiert, und das in andrem Sinne feine Gefühl des Schwiegervaters hatte mit gleicher Beharrlichkeit die Neuerungen abgelehnt, weil diese Neuerungen gleichbedeutend waren mit Entfernung eines Dutzend der allerschönsten Bäume. Davon wollte der Staatskanzler nichts wissen; man sieht, er hatte auch seine Pietät. Der Schwiegersohn aber, als er alle Überredungskünste scheitern sah, schritt endlich auf jede Gefahr hin zu Tat und Abhilfe. Ein Kreis nächster Freunde war bei Tisch versammelt, und in dem schon erwähnten Gartensalon aus der Prittwitzzeit herrschte jene Tafelheiterkeit, an der das Herz des Fürsten hing und auf deren Pflege und Hervorrufung er sich so wohl verstand. Nun war das Mahl beendet, und Wirt und Gäste traten auf die Veranda hinaus, die den Blick hat auf Wiese und Park und Monument. Der alte Fürst stand wie getroffen – das war der Park nicht mehr, dessen großen Mittelgang er noch vor Tisch in lebhaftem Geplauder durchschritten hatte. In der Tat, der Park war während der Stunden des Diners ein andrer geworden, ein solcher, wie er jetzt ist, wie er nach des Schwiegersohnes Ansicht werden mußte. Eine Allee war verschwunden, und wo ein Elsbruch war, war eine Parkwiese entstanden, an deren Ausgang das Wasser des Kanals blitzte. Der Fürst, im ersten Augenblicke sichtlich unangenehm berührt, war doch artiger Wirt und guter Schwiegervater genug, um gute Miene zum bösen Spiele zu machen, und die jetzigen Besucher mögen sich des Einfalls freuen. Wir aber entnehmen diesem kleinen Hergang abermals das Fak-

tum einer längeren oder kürzeren Anwesenheit des Staatskanzlers auf seinem Neu-Hardenberger Schlosse.
Gleichviel indes, wie selten oder wie häufig seine Besuche stattfanden, jedenfalls war von Anfang an seine Sorgfalt diesem neuen Besitze zugewandt, und Schloß, Park, Kirche sind in ihrer jetzigen Gestalt seine Schöpfung. [...]
Unser letzter Besuch gilt der Kirche.
Sie wurde [...] in den Jahren 1816 und 1817 durch Schinkel restauriert und im Oktober 1817 eingeweiht. Schinkel ließ von dem alten Bau wohl nur die Umfassungsmauern stehen – der Turmaufsatz, das Mausoleum und das Innere der Kirche selbst sind sein Werk. Der Turm ist ein Kuriosum. Auf dem Unterbau desselben, der etwa bis an den Dachfirst reicht, hat er eine kleinere Etage aufgesetzt, dieser Etage aber nicht die Form eines Würfels, sondern eines niedrigen, von zwei Seiten her zusammengepreßten Zylinders gegeben. Das Ganze sieht nicht nur aus, sondern entspricht auch den Proportionen, wie wenn man ein ovales Serviettenband auf eine oblong geformte Teebüchse stellt. Wie Schinkel zu dieser Sonderbarkeit gekommen ist, ist schwer zu sagen. Er hielt viel vom Ausprobieren. Erwiesen ist, daß er Dinge, die gezeichnet seinen Beifall hatten, hinterher änderte, weil er fand, daß sie sich in Wirklichkeit anders ausnahmen als im Bilde. Diese häufige Wahrnehmung ließ ihn vielleicht sagen: »So vieles, was die Theorie gutheißt, macht sich hinterher schlecht; sei's drum einmal versucht, ob nicht das, was die Theorie verwirft, sich hinterher gut mache.« So setzte er, wenn wir überhaupt richtig erklärt haben, eine elliptische Etage auf einen oblongen Unterturm. Aber freilich war es ein mißglückter Versuch. Wir zweifeln nicht, daß er ihn später selber als solchen angesehen hat.
An der entgegengesetzten Giebelwand der Kirche befindet sich ein auf dorischen Säulen ruhendes Giebelfeld: das Mausoleum. Es verhält sich zu einem frei und selbständig dastehenden Bau etwa, wie sich ein Hautrelief zu einer vollen, plastischen Figur verhält, steckt zu größerem Teil in der Kirchenwand drin und bildet eigentlich bloß eine Mausoleumsfront.

Das Innere der Kirche – an den Berliner Dom erinnernd und in der Tat um dieselbe Zeit aufgeführt (1817), in der Schinkel die Restaurierung des Domes leitete –, ist hell, geräumig, lichtvoll und wenig nüchtern. Das Ganze mehr ein Betsaal als ein Kirchenschiff. Eigentümlich ist der Altar. Hinter demselben, die Kirche chorartig schließend, erhebt sich eine hohe Nischenwand, deren halbkreisförmige Fläche durch gemalte Säulen in fünf Felder geteilt wird. Aus dem Mittelfelde springt die Kanzel hervor, nach rechts und links hin von je zwei Feldern flankiert. In diesen befinden sich die Kolossalfiguren der vier Evangelisten, und zwar Johannes und Lukas zur Linken, Matthäus und Markus zur Rechten der Kanzel. Die Bilder sind von ungleichem Wert: Matthäus, Johannes, Lukas lassen viel zu wünschen übrig; der Markus aber ist im ganzen genommen vorzüglich. Sie rühren von einem gewissen Bertini her, den der Staatskanzler – bekanntlich ein Mäzen der schönen Künste – nach Italien schickte, um diese Bilder nach den Vorbildern großer Meister zu fertigen. Trotz ihrer Mängel bilden alle vier einen Bilderschmuck, wie er derart in märkischen Dorfkirchen schwerlich zum zweiten Male gefunden wird.

Der Altar der Kirche weist noch eine andere Sehenswürdigkeit auf: das Herz des Fürsten-Staatskanzlers. Auf einem Kissen ruht es, von einer Glasglocke umschlossen. Der Schrein aber, der das Ganze birgt, trägt an seiner Außenseite folgende Strophe:

Des Fürsten Herz, das liebend treu geschlagen,
Für seinen König und für's Vaterland,
Das – in den schweren, blut'gen Kampfestagen,
Wo vielen auch die letzte Hoffnung schwand –
Durch Mut und Weisheit stark, in kühnem Wagen
Des Vaterlandes Ruhm und Rettung fand,
Und nach vollbrachtem Werk, gebaut dem heil'gen Worte
Des Herrn den Tempel hier – das ruht an diesem Orte.

Diese Strophe, die dem Andenken des Fürsten eine maßvolle und wohlverdiente Huldigung darbringt, böte eine schickliche Gelegenheit, wenigstens den Versuch einer Charakteristik zu wagen. Ich nehme aber Abstand davon. Was ich sagen könnte, ist oft gesagt; Neues, Schärferes, Zutreffenderes kann nur von denen erbracht werden, die im Vollbesitz des Materials sind. Eine solche Charakteristik des Fürsten gehört der Zukunft an. Eines aber möge schon heute hier seinen Ausdruck finden, die Überzeugung, daß Hardenberg ein ausgewählter Mann war, dem, nach dem Willen Gottes, die Aufgabe zufiel, die Rettung unseres Vaterlandes glücklich durchzuführen. Selbst seine Schwächen leisteten dieser Aufgabe Vorschub. Ein bloßer *sans peur et sans reproche* – etwa wie Stein oder Marwitz, zu denen wir freilich freudiger und gehobener aufblicken –, hätte es mutmaßlich nicht vermocht. Der Fürst war kein *sans reproche,* seine Fehler liegen klar zutage, und man braucht, wie einer seiner Biographen sich ausdrückt, »kein moralischer Herschel zu sein, um diese Fehler mühelos zu entdecken«. Aber diese Mischung von Edlem und minder Edlem, von Schlauheit und Offenheit, von Nachgiebigkeit und Festigkeit, war genau das, was die Situation erheischte. Eigensinn und Prinzipienreiterei hätten uns verdorben. Sein Leben, Vorbild oder nicht, hat uns gerettet. Wie er selber in Bescheidenheit hinzusetzen würde, »durch die Gnade Gottes«.

Friedland

Alt-Friedland, vormals Kloster-Friedland, bildet die zweite Hälfte des Besitzes, den Markgraf Karl von Schwedt in diesen Gegenden, d. h. am Rande des Oderbruchs, innehatte.

Friedland war in alten Zeiten ein Nonnenkloster des Zisterzienserordens. Was die Geschichte diesem Orden im allgemeinen nachrühmt, das traf innerhalb der Marken, drin alles »wüst und leer« war, in verdoppeltem Maße zu. »Die Zisterzienser waren frei von jener geistigen Zerstreutheit, welche damals die gewöhnliche Folge scholastischer Streitigkeiten war. Sie waren ausgezeichnete Landwirte, immer voran mit ihrer Hände Arbeit. Aber ihrer Hände Arbeit bestand nicht bloß außerhalb der Klostermauern im Ausroden des Waldes, im Fällen der Bäume, im Umgraben der Erde, sondern auch innerhalb des Klosters im Abschreiben der Bücher. Sie brachten nicht nur das Christentum, sie brachten auch die Kultur: Sie bauten, sie lehrten. Dabei waren sie vor andern ausgezeichnet in der Kunst der Bekehrung.« So beschreibt sie die Geschichte des Ordens.

Wann Kloster Friedland gegründet wurde, ist nicht mehr mit Bestimmtheit festzustellen, da im Jahre 1300 das alte Kloster samt seinen Urkunden verbrannte. Doch läßt sich nachweisen, daß es bereits ziemlich lange vor 1271 bestand, also durchaus in die erste Zeit der Germanisierung dieser Landesteile zurückreicht. Der Evangelist Johannes war der Schutzheilige des Klosters; die Klosterkirche war der heiligen Jungfrau geweiht.

Wahrscheinlich in demselben Jahre (1300), in dem das alte Kloster niederbrannte, schritt man auch bereits zu dem Aufbau eines neuen. In eben diesem Jahre ward eine Urkunde ausgestellt, worin Markgraf Albrecht dem Kloster seinen alten Besitz bestätigte. Dieser war: das Städtchen (jetzt Dorf) Friedland; die Dörfer Ringenwalde, Biesdorf und Lüdersdorf; ferner Anteile an den Dörfern Metzdorf, Löwenberg, Beiersdorf, Börnecke, Ladeburg, Klein-Barnim und Marzahne; ferner, ganz oder teilweis, die Alebrandmühle bei Friedland, die Lappnowsche Mühle bei Ringenwalde und die Dornbuschmühle bei Biesdorf. Besonders reich aber war Kloster Friedland an schönen Seen, deren Fischertrag für die frommen Jungfrauen ausgereicht haben würde, wenn auch das ganze Jahr aus Festtagen bestanden hätte. Das Kloster besaß nämlich: den Kloster- und Kiezersee bei Friedland, den großen und kleinen Tornowsee bei Probsthagen (jetzt Pritzhagen), den Griepensee, den Buckowschen See, den Weißensee und zum Teil den Großen Schermützelsee, alle vier bei Buckow gelegen. Dazu gesellte sich ein Weinberg bei Wriezen und von seiten der obengenannten Dornbuschmühle die Verpflichtung: den Nonnen zu Friedland täglich vor Sonnenaufgang eine warme Semmel zu liefern. Diese »warme Semmel« gönnt uns Einblick in die gemütliche Seite des Klosterlebens.

Es scheint indessen bei bloßen Gemütlichkeiten nicht lange geblieben zu sein, denn die nächste Urkunde, freilich fünfundachtzig Jahre später, ist bereits darauf aus, durch Erlasse und Befehle dem um sich greifenden Sittenverfall zu steuern. Es war die Zeit, wo die strenge Klosterregel überall einer »milden Praxis« zu weichen begann, ganz besonders in der Mark, wo die kaum bezähmte Wildheit der Bewohner, unter der bayerischen und luxemburgischen Herrschaft neu hervorbrach. Auch die Klöster wurden davon berührt. Einst war das Leben innerhalb derselben stark genug gewesen, nach außen hin bildend und sittigend zu wirken; jetzt, schwach geworden, drang der allgemeine Sittenverfall von außen her in die Klostermauern ein. Das ersehen wir mit aller Bestimmtheit aus der zweiten Urkunde vom 3. Juli 1381, der Riedel die Überschrift gegeben hat: »Dietrich, Bischof von Brandenburg, ordnet die Einrichtungen des Klosters Friedland.« Sie ist die wichtigste unter allen Urkunden, die auf das Kloster Bezug nehmen, weshalb wir uns ausführlicher mit derselben beschäftigen. Es ist dreierlei, was wir aus ihr ersehen: 1. das Regiment des Klosters; 2. die Tatsache des Verfalls; 3. die Mittel und Wege, diesem Verfall zu steuern. [...]

So gingen die Dinge bis zum Jahre 1540, wo die Säkularisation erfolgte. Man zog die Klostergüter ein, respektierte jedoch die Personen, d. h. beließ die Nonnen spittelfrauenhaft in ihren Zellen und wartete ihr Aussterben ab. Dieses Aussterben ließ aber lange auf sich warten. Die Luft um Friedland herum war sehr gesund.

Kloster Friedland ging inzwischen, gleich innerhalb der ersten zwei Dezennien, aus einer Hand in die andere, wobei die Nonnen, wie ein altes Inventarium, immer mit überliefert wurden.

Erst 1568 regelten sich die Dinge in einer zufriedenstellenden Weise. Schon vier Jahre früher hatte Joachim von Roebel die gesamten Kirchengüter durch Kauf an sich gebracht, jetzt (1568) gelang es ihm auch, die Nonnen zu einem Aufgeben ihrer Wohnungsansprüche zu vermögen. Eine Urkunde darüber ward aufgenommen, die noch existiert. Es heißt darin, mit einem leisen Vorwurf gegen den säkularisierenden Kurfürsten:

Und dieweil hin und wieder in der Welt, sonderlich auch im heiligen römischen Reich, allerhand Permutationen hinsichtlich der Klöster und geistlichen Güter vorgefallen sind (Veränderungen, die wir diejenigen verantworten lassen, denen es gebührt und zusteht), so haben wir gedachtem Joachim Roebel, unserm Schwager, Freund und Landsmann, dieses Kloster gegönnt und ihm Brief, Siegel und Wohnung abgetreten.

Aus eben dieser Urkunde lernen wir auch die Namen derjenigen Damen kennen, die damals noch, wie eine Hinterlassenschaft aus der katholischen Zeit her, als Nonnen von Kloster Friedland lebten. Es waren: Ursula von Barfus, Priorin. – Anna von Krummensee, Schaffnerin. – Ursula von Pfuel. – Margarete von Stranz, Küsterin. – Ursula von Barfus II., Nonne. – Magdalene von Löwenberg. – Ursula von Hoppenrade.

Ursula von Hoppenrade war die Jüngste. Sie war zweiundvierzig Jahre früher als letzte Nonne aufgenommen worden, jetzt also, bei Unterzeichnung der Urkunde, mutmaßlich eine Dame von einigen sechzig Jahren. Es drängt sich unwillkürlich die Frage auf, wie alt die älteste gewesen sein möge.

Kloster Friedland blieb lange Zeit im Besitze der Roebels, bis es um die Mitte des vorigen Jahrhunderts, zusammen mit Quilitz,

an den Markgrafen Karl kam, der sich wenigstens vorübergehend hier aufzuhalten pflegte. Seine bevorzugte Geliebte, eine Mamsell Siebert, der er in der Köpenickerstraße zu Berlin ein schönes Haus bauen ließ, war eine Taglöhnertochter aus Friedland.
Wie Friedland endlich an den General von Lestwitz und dadurch an die Familie Itzenplitz kam, erzähle ich im folgenden Kapitel, unter Cunersdorf.
Die Lage Kloster Friedlands – auf einem schmalen Landstreifen zwischen zwei Seen, dem Kloster- und dem Kiezersee – muß von nicht gewöhnlicher Schönheit gewesen sein, als die umgebende Bruchlandschaft noch ihren alten Charakter hatte und die hohen Giebel des Klosters abwechselnd in den einen oder andern See ihren Schatten warfen. Aber ein solches Bild bietet sich dem Auge nicht länger dar, und die Ruinen anderer märkischer Klöster machen einen tieferen und poetischeren Eindruck, teils weil die Trümmer selber pittoresker, teils weil ihre Umgebungen, bei sonst mannigfach Verwandtem, ansprechender sind. Die Lage z. B. des zur Schwedenzeit durch Feuer zerstörten Jungfrauenklosters zu Lindow, in der Grafschaft Ruppin, ist der Lage Kloster Friedlands nahe verwandt, aber die efeuumrankten Mauern, die storchnestgeschmückten Giebel, vielleicht auch die Hügellage zwischen den Seen leihen jenem einen romantischen Reiz, den dieses entbehrt.
Kloster Lindow ist schöner gelegen, vielleicht auch malerischer in sich selbst, aber Kloster Friedland ist besser erhalten, und die Umfassungsmauer, das Haus des Propstes, ein Stück Kreuzgang, vor allem das Refektorium, zeigen sich teilweise noch in gutem Zustand.
Das Refektorium, jetzt als Malzplatz benutzt, läßt sich in seinen Einzelheiten am besten verfolgen. Es scheint der Stil früherer Gotik. Das alte Kloster, das 1300 großenteils durch Feuer zerstört wurde, war ein romanischer Bau, den nun ein gotischer Bau, mutmaßlich im Stile des uns erhalten gebliebenen Refektoriums, ersetzte. Die gewölbte Decke desselben wird von drei Säulenpfeilern getragen. Zwei dieser Pfeiler sind rund, der dritte (mittelste) vier- oder sechseckig. Die auf den Pfeilern stehenden

Gewölbe sind vielgerippt, so daß immer sechzehn Rippen auf einem Pfeiler ruhen oder aus demselben palmenhaft aufwachsen. Der Abstand zwischen den Pfeilern ist verschieden, und von oben nach unten zu abgeschritten, bemerkt man, daß der Zwischenraum von Pfeiler zu Pfeiler immer um ein bis zwei Fuß kleiner wird. Es steht dahin, ob dies Absicht oder Zufall ist.

Neben dem Kloster, und vielleicht früher in unmittelbarem Zusammenhange mit ihm, steht die ehemalige Klosterkirche, jetzt die Dorfkirche. Sie ist nicht mehr, was sie war. Der Turm ist kein eigentlicher Turm mehr, und die Kirche selbst hat unter den verschiedenen Umbauten, denen sie unterworfen wurde, ihren gotischen Charakter beinah völlig verloren. Sie besitzt aber aus alter katholischer Zeit her noch mehrere Wertstücke, von denen Kuglers Kunstgeschichte vor allem eines Taufbeckens Erwähnung tut. Wohl in einiger Überschätzung. Es finden sich, ähnlich wie die Reste vergoldeter Schnitzaltäre, solche Taufbecken zu vielen Hunderten in unserer Mark. [...]

Cunersdorf

Cunersdorf ist Nachbargut von Kloster Friedland und gehört, wie dieses, der Itzenplitzschen Familie an. Es ist zunächst, ohne seinem eignen Ruhme zu nahe treten zu wollen, nicht zu verwechseln mit dem berühmten Schlachten-Kunersdorf (zum Unterschied gewöhnlich mit einem K geschrieben), das, weiter östlich, eine halbe Meile jenseits Frankfurt gelegen ist, während unser Cunersdorf diesseits der Oder, zwischen Wriezen und Seelow liegt.

Um über Cunersdorf zu schreiben, ist es nötig, noch einmal auf Kloster Friedland und das Jahr 1763 zurückzugehen, in welchem Jahre – wie schon früher hervorgehoben – die bis dahin Markgraf Karlschen Güter Quilitz und Friedland an die Krone zurückfielen. Sie blieben aber, um auch das zu wiederholen, nicht lange bei der Krone, indem der König, im selben Jahre noch, beide Güter als Dotationsgüter an zwei seiner Lieblingsoffiziere verlieh. Quilitz schenkte er an den damaligen Oberstleutnant von Prittwitz; Friedland erhielt der Major (oder Oberstleutnant) von Lestwitz. Und noch einmal sei hier das Wort zitiert: *Prittwitz a sauvé le roi, Lestwitz a sauvé l'état.*

Lestwitz besaß nun Friedland. Wie aber kam er zu Cunersdorf? Das geschah so.

Lestwitz war in Zweifel darüber, ob er Friedland als Lehn oder als Allod erhalten habe, und scheute sich doch, bei dem Könige deshalb anzufragen. War es Lehn, so fiel es, da er keinen Sohn hatte, nach seinem Tode an die Krone zurück. In dieser Verlegenheit – einerseits von dem lebhaften Wunsche erfüllt, seiner einzigen Tochter ein Gut als Erbe zu hinterlassen, und andererseits von der berechtigten Vorstellung ausgehend, daß es mißlich sei, ohne ausdrückliche Erklärung des Königs, Friedland als Allodium und freien Besitz anzusehen –, entschied er sich dafür, das benachbarte vormals von Barfussche Gut Cunersdorf anzukaufen und sich dadurch in die Lage zu bringen, seiner Tochter, wie immer späterhin auch die Ansicht des Königs sich herausstellen möge, jedenfalls *einen* Landsitz hinterlassen zu können. Er kaufte also Cunersdorf.

Bald darauf sah Lestwitz die Notwendigkeit ein, sich auf einem seiner Güter standesgemäß einzurichten, d. h. ein Schloß zu bauen. Da ihm der dauernde Besitz Friedlands, dauernd über seine eigene Lebenszeit hinaus, immer noch zweifelhaft war, so entschied er sich selbstverständlich dafür, das Schloß in dem neu erworbenen Cunersdorf aufführen zu lassen. Als der Bau halb fertig war, kam der König auf einer seiner Inspektionsreisen des Weges. »Lestwitz, warum baut Er denn in Cunersdorf und nicht in Friedland?« Jetzt war der Moment der Erklärung gekommen. Lestwitz antwortete, daß er keine Söhne und nur eine Tochter habe und davon ausgegangen sei, daß Friedland nach seinem (Lestwitz') Tode an den König zurückfallen werde. »Ich weiß ja, daß Er keine Söhne hat«, antwortete der König gnädig, »es soll alles seiner Tochter verbleiben.«

So kamen Cunersdorf und Friedland an die Familie Lestwitz, Friedland als freier Besitz aus Königs Hand, Cunersdorf durch Kauf. Friedland, das einst eine glänzende Zeit gehabt hatte, verlor mehr und mehr. Nur Kirchdorf blieb es. In Schloß Cunersdorf aber lebten die Lestwitze und nach ihnen die Itzenplitze. [...]

Lestwitz baute das Schloß. Wie er es baute, ist es noch. Eine Einfahrt von der Dorfgasse her bildet zugleich die Scheidelinie zwischen den ausgedehnten Wirtschaftsgebäuden zur linken und den Wohngebäuden zur rechten Seite. Das Schloß ist in jenem Stil gebaut, der damals in der Mark ausschließlich Geltung hatte und am richtigsten als »verflachte Renaissance« bezeichnet worden ist. Ein Erdgeschoß, eine Beletage, eine Rampe, ein geräumiges Treppenhaus, ein Vorflur, dahinter ein Gartensalon und von dem Salon aus ein Blick in den Park. Das Ganze breit, behaglich, gediegen. 1765 hatte der damalige Oberst von Lestwitz Cunersdorf gekauft, aber erst 1773, wie die Jahreszahl über dem Portal besagt, wurde der Schloßbau beendet. Bis zu diesem Jahre also haben wir unseren Lestwitz, kurze Besuche behufs Inspizierung des Baues abgerechnet, schwerlich in Cunersdorf zu suchen; ohnehin hielt ihn der Dienst bei dem Bataillon Garde, das er kommandierte, in Potsdam fest. Dieser Dienst gestattete auch wohl von 1773 ab einen immer nur gelegentlichen Aufenthalt, und von einem wirklichen Beziehen des Schlosses, von einem Heimischwerden darin konnte wohl erst die Rede sein, als unser Lestwitz, inzwischen zum Generalmajor avanciert, den Dienst überhaupt quittiert hatte. Dies war 1779. Von da ab bis zum Tode des Generals (1788) gehörten die Sommermonate Cunersdorf, während der Winter in der Hauptstadt zugebracht wurde. Die Stadtwohnung war das wohlbekannte Nicolaische Haus in der Brüderstraße.

Vielleicht das wichtigste Ereignis, das in diesen neun Jahren Schloß Cunersdorf und seine Bewohner traf, war die große Oderüberschwemmung im Jahre 1785. Es war dieselbe, der, in dem benachbarten Frankfurt der junge Herzog Leopold von Braunschweig zum Opfer fiel. Weder vorher noch nachher hat das Oderwasser in diesen Gegenden eine gleiche Höhe erreicht. Ein Pfeil am Cunersdorfer Schlosse zeigt noch, wie hoch damals das Wasser stand. Die Fluten strömten in die Küche ein, und mit ihnen kamen allerlei Fische, groß und klein, und plätscherten ungefährdet und wie zum Spott in den eingemauerten Kesseln umher, aus denen sie dann bei guter Zeit ihren Rückzug antraten. Der Park stand unter Wasser, und in halber Höhe der Rampe, auf der sonst die Equipagen vorfuhren, legten die Kähne an.

Das war ein Ereignis. Sonst vergingen die Tage in jener stillen Weise, die das Leben alter Militärs, vielleicht nach einem Naturgesetze, so oft kennzeichnet. Der Lärm und die Leidenschaften des Kriegshandwerks machen sie doppelt begierig nach der Stille des Friedens und des Alters. So war es auch hier. Alte Kameraden kamen oft und waren gern gesehen; im Wort lebte wieder auf (auch wohl ausgeschmückt), was einst Tat gewesen war. Die großen Tage wurden wieder lebendig. Ein Gang durch den Park, ein Ritt ins Feld, die Freuden der Tafel, auch Billardspiel füllten den Tag aus. Zur Jagd war man zu alt; auch war sie nicht Mode unter dem großen König. Der Abend gehörte dem Tarock oder dem Geplauder. Festtage waren die Besuchstage in der Umgegend, zumal bei »Prittwitzens« in dem nahe gelegenen Quilitz. Mit allen Dekors, die dem gegenseitigen Range gebührten, ging man dabei zu Werke; sechs Pferde, nie weniger, wurden vor die Staatskarosse gelegt, der Staub auf dem ziemlich öden und sandigen Wege wirbelte auf, und der Kutscher beschrieb mit möglichster Eleganz die Kurve, die das langgespannte Gefährt auf die Rampe des Quilitzer Schlosses führte. Aber solche Besuche fanden nicht häufig statt. Prittwitz spielte hoch (noch 1790 nahm er dem Herzog von Mecklenburg dreißigtausend Taler in einer Nacht ab), und Lestwitz war ein guter Wirt und frommer Christ.

So vergingen die Tage in Schloß Cunersdorf bis 1788, vielleicht bis zu der Zeit, wo die Generalin von Lestwitz ihrem Gatten folgte. Von da ab wurde es lebendiger. Sinn und Geschmack der Frau von Friedland lagen nach anderer Seite hin, und statt der »alten Kameraden«, die nichts hatten als ihre Erinnerungen und nichts liebten als ihre Spielpartie, wurden nun – gleichsam eine andere Hinterlassenschaft aus der Friderizianischen Zeit her – die Berliner Savants, die Akademiker und Philosophen in Schloß Cunersdorf heimisch. Zum Teil mochte das Nicolaische Haus, in welchem Frau von Friedland ihre Stadtwohnung beibehielt, eine äußerliche Veranlassung dazu bieten; was aber den Ausschlag gab, das lag tiefer. Die Epoche der geistreichen Zirkel, die später in der Prinz-Louis-Ferdinand-Zeit ihren Höhepunkt erreichte, war eben angebrochen; Geburt war nicht viel oder sollte nicht viel sein; Talent war alles. Dieser damals herrschenden Anschauung neigte man sich auch in Schloß Cunersdorf zu; Buttmann und Bode, Engel und Spalding, Biester und Nicolai waren gern gesehene Gäste, und die Vertreter historisch berühmter Namen galten wenig, wenn sie nicht ihres Teils gewirkt und geschafft und das ererbte Pfund durch eigene Kraft gemehrt hatten.

Der Tod der Frau von Friedland änderte hierin nichts Wesentliches; ihre Tochter, die Gräfin Itzenplitz, trat eben in jedem Sinne die Erbschaft der Mutter an, und alles, was hervorragte, sei es in Staat, Leben, Wissenschaft, fand nach wie vor die gastlichen Tore von Schloß Cunersdorf offen. Wenn sich ein Unterschied zeigte, so war es vielleicht der, daß die einseitige Bevorzugung des Talents, wie es die Zeitströmung mit sich gebracht hatte, nunmehr einer nach allen Seiten hin gerechteren Würdigung des Lebens und seiner tausend Kräfte Platz machte. Die persönlichen Neigungen der Tochter lagen im wesentlichen nach derselben Seite hin wie die der Mutter; die Wissenschaften standen in erster Reihe, unter diesen die Botanik obenan, und Klaproth, Wildenow, Lichtenstein, Erman, beide Humboldts, Leopold von Buch, dazu Savigny, Ranke, Knesebeck, Reden, Marwitz, Oberst von Romberg, vor allem der alte Oberpräsident von Vincke, waren Freunde und Gäste des Hauses. Aber, wie schon angedeutet, der Kreis war doch ein weiter gezogener als früher, und die Kunst, deren erstes Dämmern in diesem Lande Frau von Friedland nur eben noch erlebt hatte, fand jetzt ein eingehenderes Verständnis und, soweit es die Zeit und Mittel eines Privathauses überhaupt gestatteten, auch Förderung und Pflege. Rauch, Friedrich Tieck, Wach (der beiden Altmeister Schadow und Weitsch zu geschweigen) traten, teils gesellschaftlich, teils künstlerisch, in nähere Beziehung zu dem Itzenplitzschen Hause, und der Verlauf dieses Aufsatzes wird mir noch Gelegenheit geben, ihre Werke, soweit sie auf Schloß Cunersdorf Bezug haben, aufzuzählen. […]

Das Jahr 1813 brachte noch einen anderen Gast nach Schloß Cunersdorf, und mit seinem Besuche schließen wir wie mit einem Idyll. Dieser Gast war Chamisso.

Chamisso, bekanntlich infolge der Französischen Revolution aus Frankreich emigriert, hatte als preußischer Offizier die unglückliche Kampagne von 1806 und speziell die Kapitulation von Hameln mit durchgemacht. Seitdem lebte er ausschließlich den Wissenschaften, besonders dem Studium der Botanik. Im Frühjahr 1813 waren seine Mittel erschöpft, und Professor Lichtenstein, dem Itzenplitzschen Hause befreundet, empfahl den jungen

Botaniker nach Cunersdorf hin, wo er, nach bald erfolgtem Eintreffen, die Anlegung einer großen Pflanzensammlung unternahm, eines Herbariums, das einerseits die Flora des Oderbruchs, andererseits alle Garten- und Treibhauspflanzen des Schlosses selbst enthalten sollte. Chamisso verweilte einen Sommer lang in dieser ländlichen Zurückgezogenheit und unterzog sich seiner Aufgabe mit gewissenhaftem Fleiß. Das von ihm herrührende Herbarium existiert noch. Die Mußestunden gehörten aber der Dichtkunst, und im Cunersdorfer Bibliothekzimmer war es, wo unser Chamisso, am offenen Fenster und den Blick auf den schönen Park gerichtet, den »Peter Schlemihl«, seine bedeutendste und originellste Arbeit, niederschrieb. [...]
Vielleicht die größte Sehenswürdigkeit von Schloß Cunersdorf ist die Begräbnisstätte für die Familie Lestwitz-Itzenplitz. Dieselbe liegt an der anderen Seite der Dorfstraße, und die verschlungenen Pfade eines Obstgartens – an Blumenbeeten und dem hohen Schilf eines kleinen Teiches vorbei – führen zu dieser Stätte hin. Eine hohe Schwarztanne, deren Zweige weit in den Friedhof hineinragen, bezeichnet den Eingang. Dieser Friedhof, den eine ziemlich niedrige Feldsteinmauer umfaßt, erinnert zumeist an die Begräbnisstätten der Familie Marwitz in Friedersdorf und der Familie Humboldt in Tegel. Mit beiden hat er eine gewisse Eigentümlichkeit der Anlage gemein, und wenn er vielleicht einerseits hinter der christlich-poetischen Schlichtheit des einen wie anderseits hinter der klassisch-ästhetischen Feinheit des andern zurückbleibt, so übertrifft er doch beide sowohl durch Mannigfaltigkeit wie durch den Reichtum des künstlerisch Gebotenen. Die Anlage, wenn ich nicht irre von Frau von Friedland herrührend, die auch hierin die Selbständigkeit ihres Wesens zeigte, ist folgende. An der Einfassung entlang, aber diese bedeutend überragend, zieht sich, wie ein solider Wandschirm, ein Stück Mauerwerk entlang, dessen Rückseite glatt ist, während die Front (der Begräbnisstätte zugekehrt) eine Anzahl von Nischen zeigt. Einfache Säulen fassen nach links und rechts diese Nischen ein und tragen einen wenig vorspringenden Sims. Zu Füßen jeder Nische liegt ein Grabstein, während in der

Nische selbst die Aschenkrüge mit den Reliefbildnissen der Verstorbenen oder sonstige Mementos stehen. Um die Grabsteine rankt sich Efeu; Geißblatt und Immergrün steigen zu den Säulen empor. Die ganze Anlage hat den Vorteil, daß sie sich ohne Mühe durch Anbau einer neuen Nische erweitern läßt. Der Bau, wie er jetzt ist, besteht aus neun Nischen, und die Mitglieder der Lestwitz-Itzenplitzschen Familie, die hier ihre Ruhestätte gefunden haben, sind, unter wörtlicher Zitierung der Inschriften, die folgenden:

1. »Gruft des irdischen Überrestes von Hans Sigismund von Lestwitz, Königl. Preußischen General-Majors der Infanterie. Geboren zu Kontop in Schlesien am 19. Junius 1718; gestorben zu Berlin am 16. Februar 1788.« Denkmal: Eine über zwei Fuß hohe Urne von grauem schlesischem Marmor; in Front der Urne der Reliefkopf des Generals; oben auf der Urne Helm, Schwert, Handschuh. Von Schadow zwischen 1790 und 1803 ausgeführt.

2. »Dies Denkmal bedeckt den sterblichen Theil von Catharina Charlotte von Lestwitz, geb. von Treskow. Geboren zu Schlagentin im Magdeburgischen am 3. Januar 1734, gestorben zu Berlin am 14. Januar 1789.« Denkmal: Urne von grauschwarzem Marmor mit Reliefbild. Ebenfalls von Schadow.

3. »Dem thätigen Geiste, der diese Fluren belebte, ordnete und nun schützt, Helenen Charlotten von Friedland, geborenen von Lestwitz. Geb. zu Breslau am 18. November 1754, gestorben zu Cunersdorf den 23. Februar 1803«. Denkmal: Ein Säulenabschnitt, an dem sich das Reliefbild der Heimgegangenen befindet, trägt eine Marmorurne. Diese Urne zeigt am oberen Rande, auch reliefartig, die Attribute der Landwirtschaft: Pflug, Egge, Sense, Sichel, Harke. Darunter ein Genius, mit dem Schmetterling in der Hand; im Hintergrunde zwei weibliche Figuren, von denen die eine einen Blütenzweig, vielleicht eine Lotosblume, oder doch eine Blume von ähnlicher allegorischer Bedeutung, in der Hand hält, während die andere sich, durch eine Schere in ihrer Rechten, als eine der Parzen kennzeichnet. Dies Denkmal, von Enrigo Keller in Rom herrührend, gilt für ein ausgezeichnetes Kunstwerk. Die Basreliefs an der Urne sind nach antiken Vorbil-

dern ausgeführt.* Ich bekenne indes, daß ich die hohe Schönheit speziell dieses antiken Reliefbildes (der Genius mit dem Schmetterlinge gleicht einem Amor, den eine Biene gestochen hat) nicht habe empfinden können. Der unten in der Anmerkung abgedruckte Brief Wilhelm von Humboldts widerlegt mich, – ohne mich zu überzeugen.

4. »Peter Alexander Graf von Itzenplitz. Zu Groß-Bähnitz geboren den 24. August 1769, gestorben den 18. September 1834. Sein Herz, reich an umfassender Liebe, sein Geist voll Durst nach Wissen, wirkte mit lebendiger Einsicht und beharrlicher Kraft, was in dauernder Frucht uns trostvoll umgiebt.« Denkmal: Ein zugeschrägter griechischer Altar trägt zuoberst das Reliefporträt des Grafen. Darunter ein anderes Reliefbild, das alte und das neue Oderbruch, d. h. den Zustand, wie es war, und den Zustand, wie es ist, allegorisch darstellend. Wasser entströmt der Urne der Najade, und Eiche, Storch und Reiher, die im Sumpf ihre Heimat haben, bezeichnen das alte Oderbruch. Aber das abgewandt entströmende Wasser legt den Vordergrund trocken, und ein pflügendes Stiergespann, Apfelbaum und Garbe, versinnbildlichen das Oderbruch, wie es jetzt ist. – Von Rauch herrührend.

5. »Henriette Charlotte Gräfin von Itzenplitz, geborene von Borcke, genannt von Friedland, geboren zu Potsdam 18. Juli 1772, vermählt zu Cunersdorf 23. September 1792, gestorben zu Berlin 13. April 1848.« Denkmal: Eine zugeschrägte Marmortafel trägt die entsprechenden Reliefs. Gräfin Itzenplitz sitzt, mit dem Ausdruck heiterer Ruhe, auf einer Bank. Neben ihr ein Fruchtkorb, auf dem die Linke ruht; in der Rechten hält sie ein aufgeschlagenes Pflanzenbuch, zum Hinweis auf ihre Vorliebe für Garten- und Pflanzenkunde. – Ebenfalls von Rauch.

---

* Wilhelm von Humboldt wurde durch die befreundete Itzenplitzsche Familie aufgefordert, die Anfertigung eines Grabdenkmals, am besten durch einen italienischen Künstler, zu vermitteln. Humboldt unterzog sich gern dieser Aufgabe und schrieb an Enrigo Keller: »Auf der Urne wünscht man ein allegorisches Basrelief, wozu das bekannte Basrelief von dem Genius und dem Schmetterlinge und zwei andern allegorischen Figuren, das sich auf der Vase im Palast Chigi befindet, das beste und schicklichste wäre.«

6. »Gräfin von Itzenplitz, geb. Gräfin von Bernstorff.« Denkmal: Der Engel des Todes entführt die Mutter ihren Kindern; aber noch im Scheiden sucht sie schützend ihren Schleier um alle die zu breiten, die sie zurückläßt. – Eine vortreffliche Arbeit von Friedrich Tieck.
7. »Gräfin von Itzenplitz, geb. von Sierstorpff.« Denkmal: ein einfaches Marmorkreuz.
8. »Gräfin von Itzenplitz, geb. von Kroecher.« Denkmal: Die Sterbende preßt das Kreuz an ihre Brust, während ihr der Engel des Todes den Kranz reicht. – Von Hugo Hagen.

Der Platz der neunten Nische ist noch frei. Graf Heinrich von Itzenplitz, der gegenwärtige Besitzer der Herrschaft, hat ihn für sich reserviert, um hier an der Seite der Seinen zu ruhen. Der Friedhof selbst aber, von dem wir jetzt Abschied nehmen und von dem wenige wissen, bildet eine Sehenswürdigkeit unserer Mark auch nach der Seite des Künstlerischen hin. Die besten bildnerischen Kräfte, die unser Land hervorgebracht, hier waren sie tätig: Schadow, Rauch, Tieck. Und keiner von ihnen ist an dieser Stelle hinter sich selbst zurückgeblieben. [...]

AUF DEM HOHEN-BARNIM

Schloss Kossenblatt

Der Weg nach Kossenblatt führt über Fürstenwalde, dessen freundlich erleuchtete Passagierstube wir bei Dunkelwerden erreichten.

Passagierstuben sind ein selten trügender Barometer für das Leben ihrer Stadt, und es hat eine Bedeutung, ob »Schwerins Tod« oder ein altes Postreglement über dem Sofa hängt. Die Fürstenwalder Passagierstube zeigt noch auf »schön Wetter«, und das Anheimelnde, was ihr überhaupt eigen war, wuchs im Hinblick auf eine Gruppe von älteren Männern, die, ein Glas Bier vor sich, am Sofatische Platz genommen hatten.

Es waren ihrer drei, zwei Bürger und der Wirt. Der letztere bestritt wie billig die Kosten der Unterhaltung und bemerkte mit freundlicher Würde: »Sie glauben nicht, was alles vorkommt, meine Herren. Bahnhof ist Bahnhof und Post ist Post, aber die Menschen tun immer, als ob Bahnhof und Post all ein und dasselbe wären. Schreibt mir vorgestern ein Mann aus Dresden, er habe seinen Überzieher hier liegen lassen, ›über einer Stuhllehne‹ schreibt er. Ich lache und sage zu Spilleke, der jetzt die Post fährt: ›Spilleke, sag' ich, wenn Sie rauskommen, fragen Sie doch auf'm Bahnhof.‹ Er fragt auch, und am Abend ist der Überzieher hier. Wo war er gewesen? Über einer Stuhllehne, alles ganz richtig, meine Herren, aber auf'm Bahnhof. Und so geht es immer.«

Die beiden Zuhörer antworteten durch ein Gemurmel, das halb ihre Übereinstimmung mit dem Sprecher, halb ihre Mißbilligung des Dresdners ausdrücken sollte. Ich aber, um auch meinesteils jede Gemeinschaft mit dem letzteren abzulehnen, fuhr mit einer Art Ostentation in den neben mir liegenden Überzieher, empfahl mich sehr artig und stieg in den bereits draußen stehenden Postwagen, der mich noch drei Meilen weiter in das Land Beeskow-Storkow hinein führen sollte.

Gegen Mitternacht war ich in dem Städtchen Beeskow und

schlief hier in einem alten Hause, dessen Hinterwand von einem Stück Stadtmauer gebildet wurde. Zugleich erfuhr ich *en passant*, daß dieses Haus ein Ursulinerinnenkloster gewesen sei und dann und wann von nicht Ruhe habenden Äbtissinnen und Nonnen besucht werde. Auch der übliche »unterirdische Gang« wurde mir nicht erlassen. Ich war aber zu müde, um dadurch besonders gestört zu werden, und schlief, bis die Sonne ins Zimmer schien. Eine Stunde später schlenderte ich durch die Stadt.

Beeskow hat zwei Sehenswürdigkeiten: das Amt und die Kirche.

Das Amt, auf einer Spreeinsel unmittelbar vor der Stadt gelegen, war in alter Zeit ein Schloß, dann ein »bischöfliches Haus«, das die Bischöfe von Lebus zu Beginn des sechzehnten Jahrhunderts erwarben und gelegentlich auch bewohnten. Viele der noch jetzt vorhandenen alten Mauern reichen bis in das fünfzehnte Jahrhundert zurück, wo das alte Schloß ausbrannte. Dies erwies sich 1828, als wegen Baufälligkeit das dritte Stockwerk abgetragen wurde. An vielen Stellen fand man doppeltes Mauerwerk. Das innere zeigte die Bischofsmütze, während das dahinter gelegene ältere Mauerwerk mit Moos und Asche bedeckt war. Es waren Überreste des alten Schlosses. In den untern Stockwerken steckt noch einzelnes davon.

Die Liebfrauenkirche, der wir uns jetzt zuwenden, existierte schon drei Jahrhunderte lang, als die Lebuser Bischöfe von Lebus und Fürstenwalde herüberkamen, und hat dann die geistlichen Herren um ebenso lange Zeit überlebt. Es ist eine der schönsten Kirchen in der Mark, und der Efeu, der sich bis in die Spitzbogen emporrankt, scheint zu wissen, was er an ihr hat. Der massive Turm geht in seinem zweiten Stockwerk sehr gefällig aus dem Viereck ins Achteck über, und eine pyramidenförmige Spitze schließt den ganzen Bau gefällig ab.

Eine zweiundachtzigjährige Küstersfrau führte mich, und Großes und Kleines, Andacht und Stadtklatsch flossen gleichen Tones über ihre Lippen. Sie zeigte mir den Gekreuzigten und den einen Schächer, die beide »wegen Unschönheit« in einen Seitenraum geschafft worden waren, und erklärte mir die Grabsteine vorm Altar. Der eine war hellbraun und sehr abgetreten. »Das ist unser

Pfefferkuchenmann«, sagte sie ruhig, und wirklich, das alte Ratsherrnbild konnte nicht treffender bezeichnet werden. Danach stiegen wir in einen Keller, drin dieselbe Küstersfrau während der Franzosenzeit ein tiefes Loch gegraben und die Kirchengüter versteckt hatte. »Wir fanden beim Graben nichts als Knochen und Schädel.« Sie sagte nicht »Knochen und Schädel von heimlich Verscharrten«, aber sie dacht' es. Es gehört das mit zur Volkspoesie.

Dann kletterten wir wieder aufwärts, eine hohe schmale Treppe hinauf und befanden uns auf einer Empore, die man zu einer Art Kunstkammer umgeschaffen hatte. Allerhand Raritäten waren hier ausgestellt. Aber es war doch schon der Übergang von der Kunstkammer zur Rumpelkammer. Unter andern entdeckt' ich ein Lutherporträt, dessen kurze Geschichte mich freilich mehr interessierte als das Bild selbst. Reisende Schauspieler, deren »erster Liebhaber« es gemalt hatte, hatten es auf Groschenlose ausgespielt, und der Gewinner war es durch »Schenkung« an die Kirche wieder losgeworden. Daneben hingen die lebensgroßen Bildnisse dreier Brüder, die vor längerer oder kürzerer Zeit in Stadt und Kirche geglänzt hatten. Das Ratsherrnbild trug folgende Inschrift:

Der Bürger Dankbarkeit und der Zuhörer Pflicht
Hat uns drei Treueren dieß Denkbild aufgericht'.
Dort jenes graue Paar stirbt in der Kirche Würde,
Mich macht das Rathhaus alt und schwerer Zeiten Bürde.
Was jene bei der Kirch' den Seelen gut's gebracht,
Das nahm ich bei der Stadt, nach Menschen Treu, in Acht.
Urtheilt uns nach dem Amt in dem geführten Leben,
So wird ein gutes Lob man uns im Tode geben.

*

Von Beeskow nach Kossenblatt sind noch anderthalb Meilen. Ein leichter Wagen nahm mich auf, und in brennender Sonnenhitze macht' ich den Weg. Die Landschaft war geradezu trostlos, und jedes kommende Dorf erschien noch ärmer als das voraufgegangene. Mahlender Sand und Kiefernheide, dazwischen Brach und Fruchtfelder, die letzteren so kümmerlich, daß ich meinte, die Halme zählen zu können.

Aber der reizlose Weg wurde mir durch eine Begegnung wert. Etwa eine halbe Meile vor Kossenblatt bemerkte ich einen Knaben, der auf einem Feldstein am Wege saß und augenscheinlich sehr ermüdet war. Er mochte zwölf Jahr alt sein. Ich ließ halten, und es entspann sich folgendes Gespräch zwischen ihm und mir:

»Willst du mit?«

»Wo wüllen Se denn hen?«

»Nach Kossenblatt.«

»Da will ick ooch hen.«

Und nun stieg er auf und setzte sich auf den Rand des Wagens. Mich beschäftigte der kleine Vorfall, weil er mir so recht wieder jene mißtrauensvolle Vorsicht zeigte, die den märkischen Stamm zum Guten und Schlechten hin so sehr charakterisiert. Er beantwortete meine Frage durch eine Gegenfrage, und erst als ich diese meinerseits zu seiner Zufriedenheit erledigt hatte, nahm er an, was ihm freundlich geboten war.

In Kossenblatt angekommen, ließ ich an einer Stelle halten, wo die Sehenswürdigkeiten des Dorfes: das Herrenhaus (jetzt Amtshaus), das Barfusschloß und die Kirche dicht beisammen liegen.

Kossenblatt war immer ein reicher und ausgedehnter Besitz. In sumpfiger Niederung gelegen (Cossinbloth heißt Krummensumpf), unterschied es sich in alter Zeit schon vorteilhaft von den Sanddörfern der Höhe, aber erst von 1581 ab hat es eine Geschichte. Diese teilte sich seitdem in drei Epochen: in eine Oppensche, eine Barfussche und eine königliche Zeit.

Über die Oppensche Zeit gehen wir schnell hinweg. 1581 kam der brandenburgische Oberkammerherr, Georg von Oppen, in Besitz von Kossenblatt, bei dessen Familie es durch drei Generationen hin blieb. Bis 1699. Vom »Schloß« existierte damals noch keine Spur, vielleicht bewohnten die Oppen das »alte Herrenhaus«, dessen Kellergewölbe bis diesen Augenblick vorhanden sind und eine Art Sehenswürdigkeit des im übrigen völlig modernen Amtshauses bilden. Die hohen, rundbogigen Kellergewölbe sind aus mittelgroßen, unbehauenen Feldsteinen aufgeführt, und Sachverständige pflegen hervorzuheben, daß die Baumeister damals einen andern, rascher fest werdenden Mörtel benutzt oder die Gewölbe jahrelang gestützt haben müssen. All dies geht bis in die Oppensche Zeit zurück, vielleicht noch weiter. Wir lassen aber diese Rundbogenfundamente, samt einer Anzahl alter, ebenfalls der Vorgeschichte Kossenblatts angehöriger Bilder, und wenden uns nunmehr seiner eigentlichen historischen Zeit zu, die mit Feldmarschall von Barfus beginnt.

Im Jahre 1699 kaufte Hans Albrecht von Barfus [...] die Herrschaft Kossenblatt und zahlte dafür die für die damalige Zeit ziemlich beträchtliche Summe von 32 000 Talern und hundert Dukaten Schlüsselgeld. Das Oppensche Herrenhaus, das er vorfand, genügte ihm nicht, und er ging das Jahr darauf (1700) an die Aufführung eines Schlosses. Er starb aber drüber hin und hat die Räume desselben nie bewohnt.

Erst seine Witwe, Eleonore geborene Gräfin von Dönhoff, führte den Schloßbau glücklich hinaus. Sie war eine stolze Frau, und es geht die Sage, daß sie bemüht gewesen sei, ihrem einzigen überlebenden Sohne sein Erbe nach Möglichkeit zu schädigen und zu schmälern. Sie ließ zu diesem Behuf einen holländischen Baumeister kommen, befahl ihm, unterhalb der Keller des Schlosses einen zweiten Keller zu graben und zu wölben, und tat dann alles hinein, was sie an Gold und Kostbarkeiten besaß. Dann gab sie Befehl, die Gruft in ihrer Gegenwart zu schließen, und nahm dem Baumeister einen Eid ab, die Stelle niemandem zu verraten. Voll Zweifel aber, ob er den Eid auch halten werde, zog sie das Sichere vor und ließ ihn auf der Rückreise nach Holland aus dem Wege räumen. Der »Schatz«, so heißt es weiter, war nun glücklich beiseite gebracht, indessen die Bilder und Möbel waren noch da, die ganze Einrichtung eines reichen Schlosses. Auch das mußte fort. Als sie fühlte, daß es mit ihr zum letzten gehe, befahl sie den gesamten Hausrat auf den Schloßhof zu tragen, und vergoldete Stühle und Tische, Spiegel und Konsolen, Divans und Kommoden wurden nun zu einer Pyramide aufgetürmt. In einem Rollstuhle ließ sie sich dann an die Tür des Gartensaales fahren, gab Order, zwei Fackeln anzulegen, und starrte lang und befriedigt in die hoch aufsteigende Flamme. Sie fühlte das Feuer mehr, als daß sie es sah, denn die helle Mittagssonne stand über dem Schauspiel. Als alles niedergebrannt war, saß sie tot in ihrem Rollstuhl.

Das war 1728, und ihr einziger Sohn übernahm Kossenblatt. Aber nur acht Jahre blieb es in seinen Händen. [...]

Im Jahre 1735 kam König Friedrich Wilhelm I. auf einer Jagd von Königs-Wusterhausen aus in die Kossenblatter Gegend, sah das schöne Schloß und forderte den Besitzer auf, ihm seine Besitzung zu verkaufen. Als dieser Antrag abgelehnt wurde, wurden nichtsdestoweniger alle Mittel in Bewegung gesetzt, sich des ganzen Güterkomplexes zu versichern. Es fand sich auch bald ein Weg, da er sich durchaus finden sollte. Der Verlauf war folgender. Graf Barfus hatte dem Unterhändler des Königs gegenüber von 180 000 Talern gesprochen, nur um loszukommen, in der festen Voraussicht, daß diese hohe Summe nie bewilligt werden würde, worin er auch recht behielt. Vielmehr begnügte sich der König damit, dem Grafen wissen zu lassen, daß der Preis seiner Güter, nachdem er überhaupt einmal auf den Verkauf derselben eingegangen sei, nicht länger einseitig durch ihn selbst bestimmt werden könne. Es geböte sich jetzt eine Taxierung. Hiernach kam denn auch im Januar 1736 ein Kauf zustande, ohne daß die belehnten Agnaten befragt worden wären. Der König bewilligte 125 000 Taler, schlug Kossenblatt zur Herrschaft Königs-Wusterhausen und überwies es, gleich nach der Übergabe, seinem zweiten Sohne, dem Prinzen August Wilhelm. Ob dieser je dort residiert hat, ist zweifelhaft. Der Prinz bevorzugte das in Nähe seiner Garnison Spandau gelegene Schloß Oranienburg und begnügte sich damit, seinen Namenszug A. W. an dem großen Frontbalkon des ehemaligen Barfusen-Schlosses anbringen zu lassen.

Prinz August Wilhelm verschmähte Kossenblatt, aber der König selbst scheint während seiner letzten Lebensjahre viele Wochen und Monate daselbst zugebracht zu haben. Wenn der Ausdruck gestattet ist: Er saß hier seine Gicht ab, und Kossenblatt wurde der Hauptschauplatz jener Kunstübungen, deren Resultate die bekannte Inschrift tragen: *in tormentis pinxit.*

Nach diesen historischen Vorbemerkungen schicken wir uns zu einem Besuche des Schlosses selber an.

Es wirkt im Näherkommen nicht ungünstig, und erst die Rückseite des Baues zeigt uns seine Schwächen: zu lange Flügel und einen zu schmalen Schloßhof. Eben diese Rückseite hat auch den Blick auf die Spree und eine kümmerliche dahintergelegene Bauanlage, die den Namen »Lustgarten« führt. In diesem wurde der König in seinem Rollstuhl auf und ab gefahren, und die zugeschrägte Doppelrampe, die sich bis diesen Tag in Hufeisenform an den Schloßflügel legt, zeigt am deutlichsten, mit welcher Sorglichkeit all und jedes eingerichtet war, um die schlechte Laune des von Gicht und Wassersucht geplagten Königs nicht noch schlechter zu machen.

Wir haben jetzt das Schloß umschritten und treten ein. Der Eindruck, den es in seinem Innern macht, ist der des Stattlichen, aber zugleich der höchsten Trübseligkeit. Es ist ein imposantes Nichts, eine würdevolle Leere – die Dimensionen eines Schlosses und die Nüchternheit einer Kaserne. Aber erst in den Zimmern der Beletage erreicht die Trübseligkeit ihren höchsten Grad. Hechtgrau gestrichene Türen tragen allerhand Inschriften in gelber Ölfarbe, und den Korridor des linken Flügels hinunterschreitend lesen wir nach der Analogie von Kasernenstube Nr. 3 oder 4: »Ihro Hoheit Kronprinzessin«, »Ihre Hoheiten Prinzessin Ulrike und Amalie«, »Ihre Königlichen Hoheiten Prinz Heinrich und Ferdinand«, »Oberhofmeisterin«, »Fräuleins-Kammer« usw. Dazwischen immer »Garderobezimmer«, aber, sooft wir öffnen, alles in dieselbe weiße Tünche getaucht.

Wir kehren nun aus dem ersten Stock in das Erdgeschoß zurück. Hier wohnte der König, und mancherlei erinnert noch an seine Neigungen und seine Tätigkeit. In dem großen Eckzimmer des linken Flügels sind die Wände bis zu beträchtlicher Höhe mit kleinen holländischen Kacheln bekleidet: glasierte Täfelchen mit blauen Figuren darauf. Dies war ersichtlich das Staats- und Empfangszimmer, denn über dem Kamin hängt ein Porträt Ludwigs XIV. in weit nachschleppendem Hermelin. Die Farben des Bildes sind halb abgefallen, aber auch der haftengebliebene Rest ist immer noch das einzige, was in dem ganzen weiten Schloß an Kunst erinnert und an Genius mahnt.

In demselben Staats- und Empfangszimmer befindet sich noch ein Dutzend anderer Porträts: die *in tormentis* gemalten Bilder des Königs selbst. Das Mildeste, was man von ihnen sagen kann, ist: Sie verleugnen die Stunde ihres Ursprungs nicht. Freilich haben auch sie ihre Verehrer gefunden. Einige unbedingte Friedrich-Wilhelm-Bewunderer haben die ganze Frage auf das Gebiet der Energie gespielt und von diesem Standpunkt aus mit einem gewissen Rechte gesagt: »So malte ein Mann, der nicht malen konnte. Und so malte er unter Schmerzen und – jeden Tag ein Bild.«

Vor diesem Räsonnement verneigt sich die Kritik. [...]

Außer den Bildern des Königs, die neuerdings, wenn ich nicht irre, nach Königs-Wusterhausen hinübergeschafft worden sind, bewahrt Schloß Kossenblatt auch die Staffelei, worauf die Bilder gemalt wurden. Daneben einen Eichentisch und um den Tisch herum eine Anzahl schwerer Holzstühle nach Art unserer jetzigen Gartensessel. Alles solid und primitiv.

Wir durchschritten endlich auch den Rest des Erdgeschosses und fanden seine Räume, wie wir die des ersten Stockes gefunden hatten: groß, öde, weiß. Dazu hohe Fenster und hohe Kamine. Sie hatten bloß *ein* charakteristisches Zeichen, und dieses Zeichen mehrte nur unser Grauen. In jedem Zimmer lag ein toter Vogel, in manchem zwei, auch drei. In Sturmnächten hatten sie Schutz gesucht in den Rauchfängen, und immer tiefer nach unten steigend, waren sie zuletzt wie in eine Vogelfalle hinein geraten.

Und hier vergebens einen Ausweg suchend, hin und her flatternd in dem weiten Gefängnis, waren sie verhungert.

Spät am Abend mahlte sich unser Fuhrwerk wieder durch den Sand zurück. Es war kühl geworden, und der Sternenhimmel gab auch dieser Öde einen poetischen Schimmer. Ich sah hinauf und freute mich des Glanzes. Aber in die heitern Bilder, die ich wachzurufen trachtete, drängte sich immer wieder das Bild von Schloß Kossenblatt hinein. Die weißen Wände starrten mich an, ich hörte das gespenstische Türenklappen, und in dem letzten Zimmer des linken Flügels flog ein Vögelchen hin und her und stieß mit dem Kopfe an die Scheiben. Sein Zirpen klang wie Hilferuf.

Und inmitten dieses Hilferufs wechselte das Bild, und das Schloß stand in Flammen, und unsichtbare Hände trugen es ab und warfen es in das Feuer.

Steinhöfel

Bei Fürstenwalde haben wir auf unserem Rückwege die Spree nach Norden hin passiert und erreichen nach einstündiger Fahrt das von Massowsche Gut Steinhöfel.

Steinhöfel gehörte mehrere Jahrhunderte lang dem Güterkomplex an, den die in eine Tempelbergsche und eine Steinhöfelsche Linie geteilte Familie von Wulffen im Herzen des alten Landes Lebus besaß.

Die Wulffens beider Linien blühten hier mehrere Jahrhunderte lang, bis, wenn die Sage recht hat, zu Anfang des vorigen Jahrhunderts ein Wendepunkt eintrat. Wenigstens mit Rücksicht auf die Steinhöfeler Wulffens.

Und zwar wird folgendes erzählt.

Der alte Wulffen (Balthasar Dietloff), der damals Steinhöfel, Kersdorf, Gölsdorf und Madlitz besaß, war ein passionierter Jäger. Er unterhielt große, eingefriedete Waldstrecken, in denen das Wild gehegt und gepflegt wurde. So weit alles gut. Im Dorfe befand sich aber auch ein alter Schäfer, der ein ebenso leidenschaftlicher Sackpfeifer wie der alte Wulffen ein leidenschaftlicher Jäger war. Es scheint nun, daß der Sackpfeifer mit besonderer Vorliebe gerade dann seine Stücke blies, wenn der alte Wulffen auf die Jagd reiten wollte, so daß die Hirsche jedesmal wußten, was und wen sie zu gewärtigen hatten. Es war für die Hirsche wie Hundeblaff und Büchsenschuß. Oft schon hatte der alte Jäger dem alten Schäfer diese »Meldung in den Wald hinein« verboten. Aber immer wieder vergeblich. Als er ihn eines Tages wieder bei seinem Spiele betraf, schoß er ihn nieder. Damit war es indessen nicht abgetan, die Sache machte großes Aufsehen, und König Friedrich Wilhelm I. verurteilte den alten Wulffen zum Verlust seiner Güter. Nur Steinhöfel ward ihm belassen.

So weit die Tradition. Daß etwas Tatsächliches zugrunde liegt, ist nicht unmöglich; andrerseits ist es unzweifelhaft, daß sich die

Sache wesentlich anders verhalten haben muß. Einzelne der obengenannten Güter befanden sich nämlich in der zweiten Hälfte des vorigen Jahrhunderts noch in Wulffenschen Händen, und das Epitaphium, das dem Balthasar Dietloff in der Steinhöfeler Kirche errichtet wurde, führt ihn uneingeschränkt als Erbherrn auf Steinhöfel, Kersdorf, Gölsdorf usw. auf. [...]

Steinhöfel blieb Wulffenscher Besitz bis 1774. Dann, nach einem kurzen Blumenthalschen Interregnum, ging es durch Kauf an den Obermarschall von Massow, den jüngsten und einzig überlebenden Sohn des Staatsministers von Massow, über. Die vier älteren Brüder des Obermarschalls waren sämtlich in den Schlachten des Siebenjährigen Krieges geblieben.

Der Obermarschall besaß Steinhöfel von 1790 bis 1817, und in diese Zeit – trotzdem es die Kriegsjahre waren – fallen zum guten Teil die Neuerungen und Anlagen, die das Gut auch in seiner Erscheinung zu einem so ansprechenden Besitze gemacht haben. Das Schloß freilich blieb zunächst noch dasselbe, der Park aber ward in allem wesentlichen zu dem gemacht, was er jetzt ist. Er zählt zu den schönsten, die wir in der Provinz besitzen. Was ihm indessen, über die Schönheit seiner Linien und Details hinaus, ein besonderes Interesse leiht, ist der Umstand, daß er der erste Park hierlandes war, dessen Anlage nach Prinzipien erfolgte, die seitdem in der Park- und Gartenkunde die herrschenden geworden sind. Es ist dies bekanntlich der Sieg des Natürlichen über das Künstliche, des Gebüsches über den »Poetensteig«, des englischen oder, wie einige wollen, des altchinesischen Geschmacks über den französischen. Der Obermarschall, ohne jemals über diese Dinge theoretisiert zu haben, durchbrach das bis dahin Gültige nach einem ihm innewohnenden künstlerischen Instinkt und operierte dabei mit so glücklicher Hand, daß einzelne seiner Anlagen später als Muster gedient und in den Königlichen Gärten z. B. in Paretz eine teilweise Nachahmung erfahren haben. [...]

Teil III

HAVELLAND

DIE WENDEN UND DIE KOLONISATION DER MARK DURCH DIE ZISTERZIENSER

Kloster Lehnin

Die Gründung des Klosters

Die erste Gründung der Zisterzienser in der Mark – Zinna war nicht märkisch – war Kloster Lehnin. Es liegt zwei Meilen südlich von Brandenburg, in dem alten Landesteil, der den Namen »die Zauche« trägt. Der Weg dahin, namentlich auf seiner zweiten Hälfte, führt durch alte Klosterdörfer mit prächtigen Baumalleen und pittoresken Häuserfronten, die Landschaft aber, die diese Dörfer umgibt, bietet wenig Besonderes dar und setzt sich aus den üblichen Requisiten märkischer Landschaft zusammen: weite Flächen, Hügelzüge am Horizont, ein See, verstreute Ackerfelder, hier ein Stück Sumpfland, durch das sich Erlenbüsche, und dort ein Stück Sandland, durch das sich Kiefern ziehen. Erst in unmittelbarer Nähe Lehnins, das jetzt ein Städtchen geworden, verschönert sich das Bild, und wir treten in ein Terrain ein, das einer flachen Schale gleicht, in deren Mitte sich das Kloster selber erhebt. Der Anblick ist gefällig, die dichten Kronen einer Baumgruppe scheinen Turm und Dach auf ihrem Zweigwerk zu tragen, während Wiesen und Gartenland jene Baumgruppe und ein Höhenzug wiederum jenes Wiesen- und Gartenland umspannt. Was jetzt Wiese und Garten ist, das war vor siebenhundert Jahren ein eichenbestandener Sumpf, und inmitten dieses Sumpfes wuchs Kloster Lehnin auf, vielleicht im Einklang mit jenem Ordensgesetz aus der ersten strengen Zeit: daß die Klöster von Cisterz immer in Sümpfen und Niederungen, d. h. in ungesunden Gegenden, gebaut werden sollten, damit die Brüder dieses Ordens jederzeit den Tod vor Augen hätten.*

* Der Orden, ohne geradezu in Askese zu verfallen, war doch in den ersten fünfzig Jahren seines Bestehens überaus rigorös und unterschied sich auch dadurch von den Benediktinern, die, gestützt auf die Unterweisungen des heiligen Benedikt selber, diesen Rigorismus vermieden. Schon im zehnten Jahrhundert hieß es deshalb

Die Sage von der Erbauung Kloster Lehnins nimmt jedoch keine solche allgemeine Ordensregel in Aussicht, sondern führt die Gründung desselben auf einen bestimmten Vorgang zurück. Diesen Vorgang erzählt der böhmische Schriftsteller Pulkava (wie er ausdrücklich beifügt, »nach einer brandenburgischen Chronik«) wie folgt: »Otto I., der Sohn Albrechts des Bären, jagte einen Tag lang in den dichten Waldrevieren der Zauche und warf sich endlich müd und matt an eben der Stelle nieder, wo später Kloster Lehnin erbaut wurde. Er schlief ein und hatte eine Vision. Er sah im Traum eine Hirschkuh, die ihn ohne Unterlaß belästigte. Endlich ergriff er Bogen und Pfeil und schoß sie nieder. Als er erwachte und seinen Traum erzählte, drangen die Seinen in ihn, daß er an dieser Stelle eine Burg gegen die heidnischen Slawen errichten solle; die andrängende, immer lästiger werdende Hirschkuh erschien ihnen als ein Sinnbild des Heidentums, das in diesen Wäldern und Sümpfen allerdings noch eine Stätte hatte. Der Markgraf erwiderte: ›Eine Burg werde ich gründen, aber eine Burg, von der aus unsere teuflischen Widersacher durch die Stimmen geistlicher Männer weit fortgescheucht werden sollen, eine Burg, in der ich ruhig den Jüngsten Tag erwarten will.‹ Und sofort schickte er zum Abt des Zisterzienserklosters Sittichenbach, im Mansfeldischen, und ließ ihn bitten, daß er Brüder aus seinem Konvente zur Gründung eines neuen Klosters senden möchte. Die Brüder kamen. Markgraf Otto aber gab dem Kloster den Namen Lehnin, denn Lanye heißt Hirschkuh im Slawischen.« So der böhmische Geschichtsschreiber.

Das Kloster wurde gebaut, vor allem die Klosterkirche. Sie bestand in ihrer ursprünglichen Form bis zum Jahre 1262. In diesem Jahre ließ die rasch wachsende Bedeutung des Klosters das,

---

spöttisch: »die Regel des heiligen Benedikt scheine für schwächliche Leute geschrieben.« Die Gründer des Zisterzienserordens gingen von einer verwandten Anschauung aus, und aus der ersten Zeit des Ordens her finden sich folgende Vorschriften:

1. Die Unterlage des Bettes ist Stroh. Polster sind untersagt.
2. Als Speise dienen gekochte Gemüse, darunter Buchenblätter. Kein Fleisch.
3. In der Kirche soll sich ein offenes Grab befinden, um an die Hinfälligkeit des Daseins zu mahnen.

was da war, nicht länger als ausreichend erscheinen, und ein Anbau wurde beschlossen. Dieser Anbau fiel in die erste Blütezeit der Gotik, und mit der ganzen Unbefangenheit des Mittelalters, das bekanntlich immer baute, wie ihm gerade ums Herz war, und keine Rücksichtnahme auf den Baustil zurückliegender Epochen kannte, wurde nunmehr das romanische Kurzschiff der ersten Anlage durch ein gotisches Längsschiff erweitert. Dieser Erweiterungsbau hat der Zeit und sonstigem Wirrsal schlechter zu widerstehen vermocht als der ältere Teil der Kirche; das Alte steht, der Anbau liegt in Trümmern. [...]

Abt Valentin
(etwa von 1509 bis 1542)

Valentin war der letzte Abt des Klosters. Die Erscheinung, die sich so oft wiederholt, daß ersterbende Geschlechter und Institutionen vor ihrem völligen Erlöschen noch einmal in altem Glanze aufblühen, wiederholte sich auch hier, und die mehr denn dreißigjährige Regierung des Abtes Valentin bezeichnet sehr wahrscheinlich den Höhepunkt im Leben des Klosters überhaupt. Freilich haben wir dabei die glänzende fünfundzwanzigjährige Epoche bis 1535 von der darauffolgenden kurzen Epoche bis 1542, die schon den Niedergang bedeutet, zu trennen.

Wir sprechen von der Glanzepoche zuerst. Der Besitz – nach den kurzen Gefährdungen während der Quitzowzeit – war von Jahrzehnt zu Jahrzehnt gewachsen und umfaßte in den Jahren, die der Reformation unmittelbar vorausgingen, zwei Marktflecken, vierundsechzig Dörfer, vierundfünfzig Fischereien, sechs Wasser- und neun Windmühlen, vierzehn große Forsten, dazu weite Äcker, Wiesen und Weinberge. Jeder Zweig des Betriebs stand in Blüte; die Wolle der reichen Schafherden wurde im Kloster selbst verarbeitet, und die treffliche Wasserverbindung, mittelst der Seen in die Havel und mittelst der Havel in die Elbe, sicherte dem Kloster Markt und Absatzplätze.

Reich und angesehen wie das Kloster, so angesehen und verehrt war sein Abt. Das Volk hing ihm an, und der Kurfürst Joachim I. – der ihn seinen »Gevatter« nannte, seit Abt Valentin bei der Taufe des zweiten kurfürstlichen Prinzen, des späteren Markgrafen Johann von Küstrin, als Taufzeuge zugegen gewesen war – war dem Abt zu Willen in vielen Stücken. 1509 sprach Joachim die Befreiung des Klosters von kurfürstlichem Jagdeingelage »auf Lebenszeit des Abtes« aus, und 1515 ging er weiter und machte aus der zeitweiligen Befreiung eine Befreiung auf immer. Daß das Kloster selber den Tod Valentins nicht überleben würde, entzog sich damals, 1515, noch jeder Berechnung und Voraussage. Die Wirren und Kämpfe, die bald folgten, ketteten den Kurfürsten, so scheint es, nur fester an unseren Lehniner Abt, und wir dürfen wohl annehmen, daß die Ratschläge dieses seines »Rates und Gevatters« nicht ohne Einfluß auf die Entschlüsse waren, die ihn, der Strömung der Zeit und den Verschwörungen der Kurfürstin gegenüber, bei der alten Lehre beharren ließen. Dies einfach als Hartnäckigkeit zu deuten wäre Torheit; es war das Wirken einer festen Überzeugung, was ihn das Schwerere wählen und – gegen den Strom schwimmen ließ. Joachim, fest wie er in seinem Glauben war, war auch fest in seiner Liebe zu Kloster Lehnin, und wiewohl er sich mit keiner Idee lieber und herzlicher getragen hatte als mit der Gründung eines großen Domstiftes zu Cölln an der Spree (wie es später unter Joachim II. auch wirklich ins Leben trat), so wollte er doch in Lehnin begraben sein, an der Seite seines Vaters, in der Gruft, die schon die alten Askanier ihrem Geschlecht erbaut hatten.

Und unser Lehniner Abt, wie er all die Zeit über der Vertraute seines Fürsten war, so war er auch der Vertrauensmann der Geistlichkeit und der zunächst Auserwählte, als es galt, den »moenchischen Lärmen« zu beschwichtigen, der in dem benachbarten Wittenberg immer lauter zu werden drohte. Unser Abt schien in der Tat vor jedem andern berufen, durch die Art seines Auftretens, durch Festigkeit und Milde, dem »Umsichgreifen der Irrlehre«, wie es damals hieß, zu steuern, und als Beauftragter des Brandenburger Bischofs Hieronymus Scultetus erschien er in Wittenberg, um den Augustinermönch zu warnen. Sein Erscheinen scheint nicht ohne Einfluß auf Luther geblieben zu sein, der nicht nur seinem Freunde Spalatinus bemerkte: »wie er ganz beschämt gewesen sei, daß ein so hoher Geistlicher (der Bischof) einen so hohen Abt so demütig an ihn abgesandt habe«, sondern auch am 22. Mai 1518 dem Bischof von Brandenburg schrieb: »Ich erkläre hiermit ausdrücklich und mit klaren Worten, daß ich in der Sache des Ablasses nur disputiere, aber nichts feststelle.«

Abt Valentin, wie wir annehmen dürfen, ging viel zu Hofe, aber wennschon er häufiger in dem Abthause zu Berlin als in dem Abthause des Klosters selber anwesend sein mochte, so war er doch nicht gewillt, um Hof und Politik willen den unmittelbaren Obliegenheiten seines Amtes, der Fürsorge für das Kloster selber, aus dem Wege zu gehen. Wir sehen ihn, wie er sich das Wachstum, die Gerechtsame, vor allem auch die Schönheit und die Ausschmückung seines Klosters angelegen sein läßt; er schenkt Glocken, er errichtet Altäre, vor allem zieht er die unter Dürer, Cranach, Holbein eben erst geborene deutsche Kunst in seinen Dienst und ziert die Kirche mit jenem prächtigen Altarschrein, der bis auf diesen Tag, wenn auch an anderem Ort [zu Fontanes Zeiten in Berlin, heute im Dom zu Brandenburg], als ein Kunstwerk ersten Ranges erhalten, damals der Stolz des Klosters, die Bewunderung der Fremden war. Die wohl erhaltene Unterschrift: »Anno dni: 1518. Sub. d. valentino Abbate« hat in aller Sichtlichkeit den Namen Abt Valentins bewahrt.

Über fünfundzwanzig Jahre waren die Wirren der Zeit an Abt Valentin vorübergegangen, das Ausharren seines kurfürstlichen Herrn hatte ihn vor den schwersten Kümmernissen bewahrt, da kam, fast unmittelbar nach dem Regierungsantritt Joachims II., die sogenannte »Kirchenvisitation«, und auch Lehnin wurde ihr unterworfen. Man verfuhr nicht ohne Milde, nicht ohne Rücksicht in der Form, aber in Wahrheit erschienen die Visitatoren zu keinem andern Behuf, als um dem Kloster den Totenschein zu schreiben. Draußenstehende fingen an, es in ihre »Obhut« zu nehmen, man stellte es unter Kuratel. Es wurde dieses »In-Obhutnehmen« von Abt und Kloster auch durchaus als das empfunden, was es war, und ein schwacher Versuch der Auflehnung, ein passiver Widerstand, wurde geübt. Als es sich darum handelte, einem der Klosterdörfer einen neuen Geistlichen zu geben, wurde der alte Abt Valentin aufgefordert, die übliche Präsentation, die Einführung des Geistlichen in die Gemeinde, zu übernehmen. Abt Valentin lehnte dies ab, weil er es verschmähte, der Beauftragte, der Abgesandte protestantischer Kirchenvisitatoren zu sein. Darüber hinaus aber ging er nicht. Zu hofmännisch geschult, um dem Sohn und Nachfolger seines heimgegangenen Kurfürsten eine ernste Gegnerschaft zu bereiten, zu schwach für den Kampf selbst, wenn er ihn hätte kämpfen wollen, unterwarf er sich dem neuen Regiment, und schon zu Neujahr 1542 bittet er den Kurfürsten nicht nur, »ihm und seinem Kloster auch bei veränderten Zeitläufen allezeit ein gnädigster Herre zu sein«, sondern fügt auch den Wunsch bei, »daß seine kurfürstliche Durchlaucht ihm und seinen Fratribus, wie bisher, etzliches Wildpret verehren möge«.

So verläuft der Widerstreit fast in Gemütlichkeit, bis im Laufe desselben Jahres der alte Abt das Zeitliche segnet. Sein Tod macht den Strich unter die Rechnung des Klosters. Keine Rücksichten auf den »alten Gevatter des Vaters« hemmen länger die Aktion des Sohnes, und der Befehl ergeht an die Mönche: keinen neuen Abt zu wählen. Den Mönchen selber wird freigestellt, ob sie »bleiben oder wandern« wollen, und die Mehrzahl, alles, was jung, gescheit oder tatkräftig ist, wählt das letztere und wandert aus.*

* Eine Urkunde vom 8. Dezember 1542 hat uns die Namen von zehn Klosterbrüdern aufbewahrt, die, mit Geld und Kleidung (»mehr als wir verhofft«) ausgerüstet, Lehnin verließen und in die Welt gingen. Es waren: Kaspar Welle, Christoph Brun, Martin Uchtenhagen, Joachim Kerstinus, Joachim Sandmann, Gregorius Kock, Wipert Schulte, Heinrich Jorden, Maternus Meier, Valentin Vissow. Dazu kamen später: Steffen Lindstedt und Johannes Nagel, beide aus Stendal, ferner Mathias Dusedow, Gerhard Berchsow und Hieronymus Teuffel. Einige von diesen Namen: Uchtenhagen, Lindstedt, Teuffel waren Adelsnamen, doch ist nicht zu ersehen, ob die obengenannten Drei von adliger oder bürgerlicher Abkunft waren. Im allgemeinen traten hierlands fast nur Bürgerliche in den Zisterzienserorden ein, während sich in den Nonnenklöstern desselben Ordens fast nur die Töchter adliger Familien befanden.

Die Alten blieben. Ob sie im Kloster selber ruhig weiterlebten oder aber, wie andrerseits versichert wird, in dem dritthalb Meilen entfernten, dicht bei Paretz gelegenen Klosterdorfe Neu-Töplitz sich häuslich niederließen, ist nicht mehr mit voller Gewißheit festzustellen gewesen. Gleichviel aber, wo sie den Rest ihrer Tage beschlossen, sie beschlossen sie ruhig, friedfertig, ergeben, ohne jede Spur von Märtyrerschaft, ohne den kleinsten Schimmer von jenem Goldglanz um ihr Haupt, den zu allen Zeiten das Einstehen für eine Idee verliehen hat.

Die letzten Lehniner standen für nichts ein als für sich selbst, und das letzte Lebenszeichen, das wir, überliefert von ihnen, besitzen, ist eine Bitte des »Priors, Subpriors und Seniors so zu Lehnin verharren«, worin sie ihren gnädigsten Herrn und Kurfürsten ersuchen, unter vielen anderen Dingen jedem einzelnen auch folgendes zu gewähren:

Mittagessen: vier Gerichte; Abendessen: drei Gerichte; Bier: eine Tonne wöchentlich; Wein: acht Tonnen jährlich; außerdem zu Neujahr und zu Mitfasten einen Pfefferkuchen.

So erlosch Lehnin. Das vierhundertjährige Klosterleben [...] schrieb zum Schluß einen Bitt- und Speisezettel, es den Räten ihres gnädigsten Kurfürsten überlassend, »an den obgemeldeten Artikeln zu reformieren nach ihrem Gefallen«.

Kloster Lehnin, wie es war und wie es ist

Lehnin war nicht nur das älteste Kloster in der Mark, es war auch, wie schon hervorgehoben, das reichste, das begütertste, und demgemäß war seine Erscheinung. Nicht daß es sich durch architektonische Schönheit vor allen andern ausgezeichnet hätte – nach dieser Seite hin wurde es von Kloster Chorin übertroffen –, aber die Fülle der Baulichkeiten, die sich innerhalb seiner weitgespannten Klostermauern vorfand, die Gast- und Empfangs- und Wirtschaftsgebäude, die Schulen, die Handwerks- und Siechenhäuser, die nach allen Seiten hin das eigentliche Kloster umstanden, alle diese Schöpfungen, eine gotische Stadt im kleinen, deuteten auf die Ausgedehntheit und Solidität des Besitzes.

Der stattliche Mittelpunkt des Ganzen, die zahlreichen Giebel überragend, war und blieb die hohe Klosterkirche, deren mit Kupfer gedeckter Mittelturm dunkel bronzefarben in der Sonne glänzte. Diese Kirche selbst war ihrer Anlage nach eher schlicht als schön, mehr geräumig als prächtig, aber das Leben und Sterben der Geschlechter, Hoffnung und Bangen, Dank und Reue hatten die weiten Räume im Laufe der Jahrhunderte belebt, und die ursprünglich kahlen Wände und Pfeiler waren unter der Buntheit der Dekoration, unter dem wachsenden Einfluß von Licht und Farbe, von Reichtum und Schmuck zu einem immer schöneren und immer imposanteren Ganzen geworden. Seitenaltäre mit Bildern und Kruzifixen, Nischen mit Marienbildern und ewigen Lampen (oft gestiftet, um schwere Untat zu sühnen) zogen sich an Wand und Pfeiler hin, in den langen Seitenschiffen aber lagen die Leichensteine der Äbte, ihr Bild mit Mütze und Krummstab tief in den Stein geschnitten, während an der gewölbten Decke hin, schlanken Leibes und lächelnden Gesichts, die reichvergoldeten Gestalten der Heiligen und Märtyrer schwebten. [...]

Einem reichen Schmuck an Bildwerken, an Erinnerungszeichen aller Art, begegnete der Besucher, wenn er vom Mittelpunkt der Kirche aus in das Längsschiff und die Seitengänge desselben niederblickte, aber die eigentliche Bedeutung von Kloster Lehnin erschloß sich ihm erst, wenn er, den Blick nach Westen hin aufgebend, sich wandte, um, statt in das Längsschiff hernieder, in den hohen Chor hinaufzusehen. Unmittelbar vor ihm, in den Fußboden eingelassen, sah er dann, schlicht und unscheinbar, den Stumpf der Eiche, unter der Markgraf Otto, der Gründer des Klosters, seinen Traum gehabt hatte; zwischen dem Stumpf und dem Altar aber lagen die Grabsteine der Askanier, elf an der Zahl, die hier innerhalb des Klosters, das ihr Ahnherr ins Leben gerufen, ihre letzte Ruhe gesucht und gefunden hatten.

Elf Askanier lagen hier, und einträchtig neben ihnen drei aus dem Hause der Hohenzollern, Friedrich mit dem Eisenzahn, Johann

Cicero und Joachim I. Dieser stand nur ein einzig Jahr in der Gruft (von 1535–1536), dann wurde sein Sarg, wie der Sarg seines Vaters und Großoheims, nach Berlin hin übergeführt, wo ihnen im Dom eine Stätte bereitet war. Jener Tag der Überführung der drei Särge von Lehnin nach dem Dom in Cölln an der Spree war recht eigentlich der Todestag Lehnins. Die Güter wurden eingezogen, und innerhalb zwanzig Jahren war die Umwandlung vollzogen – der Klosterhof war ein Amtshof geworden. Der Krieg kam und begann sein Werk der Zerstörung, aber schlimmer als die Hand der Schweden und Kaiserlichen, die hier abwechselnd ihr Kriegswesen trieben, griffen in Zeiten tiefsten Friedens die Hände derer ein, die am ehesten die Pflicht gehabt hätten, diese alte Stätte zu schützen und zu wahren: die Um- und Anwohner selbst. Freilich waren diese Um- und Anwohner zumeist nur solche, die weder selbst, noch auch ihre Väter und Vorväter, das alte Lehnin gekannt hatten. 1791 waren Landleute aus der Schweiz nach Amt Lehnin berufen worden, um bessere Viehzucht daselbst einzuführen. Kloster Lehnin wurde nun ein Steinbruch für Büdner und Kossäten, und Haue und Pickaxt schlugen Wände und Pfeiler nieder. Die Regierungen selbst, namentlich unter Friedrich Wilhelm I., nahmen an diesem Vandalismus teil, und weil die ganze Zeit eine die Vergangenheit schonende Pietät nicht kannte, so geziemt es sich auch nicht, dem einzelnen einen Vorwurf daraus zu machen, daß er die Anschauungsweise teilte, die damals die gültige war. Kloster Lehnin, wäre es nach dem guten Willen seiner Schädiger gegangen, würde nur noch eine Trümmerstätte sein, aber das alte Mauerwerk erwies sich als fester und ausdauernder als alle Zerstörungslust, und so hat sich ein Teil des Baues, durch seine eigene Macht und Widerstandskraft, bis in unsere Tage hinein gerettet.

Werfen wir einen Blick auf das, was noch vorhanden ist, von der Kirche sowohl wie von der ganzen Klosteranlage überhaupt. Der älteste Teil, der romanische, steht; der gotische Teil liegt in Trümmern. Da, wo diese Trümmer an den noch intakt erhaltenen Teil der Kirche sich lehnen, hat man jetzt eine Quermauer gezogen und mit Hilfe dieser das Zerfallene von dem noch Erhaltenen geschieden. Das lange gotische Schiff hat dadurch freilich aufgehört ein Längsschiff zu sein und ist ein Kurzschiff geworden; die Seitenschiffe fehlen ganz, und die Pfeilerarkaden, die früher die Verbindung zwischen dem Hauptschiff und den zwei Seitenschiffen vermittelten, bilden jetzt, nach Vermauerung ihrer Rundbogen, die Seitenwände jenes einen kurzen Schiffes, das überhaupt noch vorhanden ist. An die Stelle frischer Farben ist die leblose weiße Tünche getreten, und reparaturbedürftige Kirchenstühle, über denen sich, an einer Seite des Schiffs, eine ebenfalls hinfällige Empore mit vergilbten Brautkronen und Totenkränzen entlangzieht, steigern eher die Dürftigkeit des Anblicks, als daß sie sie minderten. Den Fußboden entlang, abgetreten und ausgehöhlt, liegen rote Fliesen; die Grabsteine sind fort, ebenso die schwebenden Heiligen mit roten Bändern und Goldschein hoch oben an der Decke. Alles, was einst glänzte und leuchtete, ist hin. Der schon erwähnte Altarschrein mit Schnitzwerk und Bilderpracht hat seine Stelle gewechselt, und statt des Purpurs und Brokats ist die übliche schwarzwollene Decke, die mehr zu einem Trauer- als zu einem Freudenmahle paßt, über den schlichten Altartisch gebreitet. Nur der alte, halb zu Stein gewordene Eichenstumpf, einstens die lebendige Wurzel, aus der dieses Kloster erwuchs, ist ihm geblieben und hat alles überdauert, seinen Glanz und seinen Verfall. [...]

Es ist ein trister Aufenthalt, diese Klosterkirche von Lehnin, aber ein Bild anheimelnder Schönheit tut sich vor uns auf, sobald wir aus der öden, freudlosen Kirche mit ihren hohen, weißgetünchten Pfeilern ins Freie treten und nun die Szenerie der unmittelbaren Umgebung: altes und neues, Kunst und Natur auf uns wirken lassen. Innen hatten wir die nackte, nur kümmerlich bei Leben erhaltene Existenz, die trister ist als Tod und Zerstörung, draußen haben wir die ganze Poesie des Verfalls, den alten Zauber, der überall da waltet, wo die ewig junge Natur das zerbröckelte Menschenwerk liebevoll in ihren Arm nimmt. Hohe Park- und Gartenbäume, Kastanien, Pappeln, Linden, haben den ganzen Bau wie in eine grüne Riesenlaube eingesponnen, und was die Bäume am ganzen tun, das tun hundert Sträucher an hundert einzelnen Teilen. Himbeerbüsche, von Efeuranken wunderbar durchflochten, sitzen wie ein grotesker Kopfputz auf Säulen und Pfeilerresten, Weinspaliere ziehen sich an der Südseite des Hauptschiffs entlang, und überall in die zerbröckelten Fundamente nestelt sich jenes bunte, rankenziehende Gestrüpp ein, das die Mitte hält zwischen Unkraut und Blumen. So ist es hier Sommer lang. Dann kommt der Herbst, der Spätherbst, und das Bild wird farbenreicher denn zuvor. Auf den hohen Pfeilertrümmern wachsen Ebereschen und Berberitzensträucher, jeder Zweig steht in Frucht, und die Schuljugend jagt und klettert umher und lacht mit roten Gesichtern aus den roten Beeren heraus. Aber wenn die Sonne unter ist, geben sie das Spiel in den Trümmern auf, und wer dann das Ohr an die Erde legt, der hört tief unten die Mönche singen. Dabei wird es kalt und kälter; das Abendrot streift die Kirchenfenster, und mitunter ist es, als stünde eine weiße Gestalt inmitten der roten Scheiben. Das ist das weiße Fräulein, das umgeht, treppauf, treppab, und den Mönch sucht, den sie liebte. Um Mitternacht tritt sie aus der Mauerwand, rasch, als habe sie ihn gesehen, und breitet die Arme nach ihm aus. Aber umsonst. Und dann setzt sie sich in den Pfeilerschatten und weint.

Und unter den Altangesessenen, deren Vorfahren noch unter dem Kloster gelebt, ist keiner, der das weiße Fräulein nicht gesehen hätte. Nur die reformierten Schweizer und alle die, die nach ihnen kamen, sehen nichts und starren ins Leere. Die Alt-Lehninschen aber sind stolz auf diese ihre Gabe des Gesichts, und sie haben ein Sprichwort, das diesem Stolz einen Ausdruck gibt. Wenn sie einen Fremden bezeichnen wollen, oder einen später Zugezogenen, der nichts gemein hat mit Alt-Lehnin, so sagen sie nicht: »Er ist ein Fremder oder ein Neuer«, sie sagen nur: »Er kann das weiße Fräulein nicht sehen.«

SPANDAU UND UMGEBUNG

Kloster Chorin

Unter den Töchtern Lehnins war Chorin die bedeutendste, ja, eine Zeitlang schien es, als ob das Tochterkloster den Vorrang über die *mater* gewinnen würde. Das war unter den letzten Askaniern. Diese machten Chorin zum Gegenstand ihrer besonderen Gunst und Gnade und beschenkten es nicht nur reich, sondern wählten es auch zu ihrer Begräbnisstätte. Unter den sieben Markgrafen, die hier zuletzt beigesetzt wurden, ist der letzte zugleich der hervorragendste: Markgraf Waldemar, gestorben 1319. Nach dem Erlöschen der Askanier trat Chorin wieder hinter Lehnin zurück.
Chorin erreicht man am bequemsten von der benachbarten Eisenbahnstation Chorin aus, die ziemlich halben Weges zwischen Eberswalde und Angermünde gelegen ist. Ein kurzer Spaziergang führt von der Station aus zum Kloster. Empfehlenswert aber ist es, in Eberswalde bereits die Eisenbahn zu verlassen und in einem offenen Wagen an Kapellen, Seen und Laubholz vorbei, über ein leicht gewelltes Terrain hin, den Rest des Weges zu machen. Dies Wellenterrain wird auch Ursache, daß Chorin, wenn es endlich vor unseren Blicken auftaucht, völlig wie eine Überraschung wirkt. Erst in dem Augenblicke, wo wir den letzten Höhenzug passiert haben, steigt der prächtige Bau, den die Hügelwand bis dahin deckte, aus der Erde auf und steht nun so frei, so bis zur Sohle sichtbar vor uns wie eine korkgeschnitzte Kirche auf einer Tischplatte. Es kommt dies der architektonischen Wirkung, wie gleich hier hervorgehoben werden mag, sehr zustatten, weniger der malerischen, die für eine Ruine meist wichtiger ist als jene. […]

Kloster Chorin trat nicht gleich als es selbst ins Dasein, sondern ging vielmehr aus einer früheren, an anderem Orte gelegenen Anlage hervor. Es scheint geboten, auch bei dieser Vorgeschichte, die wenig bekannt ist, zu verweilen.

Kloster Chorin, ehe es diesen seinen Namen annahm, war Kloster Mariensee. Die Stelle, wo letzteres stand, war lange zweifelhaft. Die Urkunden sagten freilich deutlich genug: »auf der Ziegeninsel im Paarsteiner See«; aber der Paarsteiner See hatte zwei Inseln, von denen – wenigstens in den Nachschlagebüchern – keine mehr den Namen »Ziegeninsel« führte. Die eine hieß, in eben diesen Büchern, der »Paarsteiner Werder«, die andere der »Pehlitzer Werder«.

Nachfragen am Paarsteiner See selbst indes, die ich anstellen durfte, haben die Streitfrage schnell entschieden. Der »Pehlitzer Werder« heißt im Volksmund an Ort und Stelle noch immer die Ziegeninsel, und wenn dennoch ein leiser Zweifel bliebe, so würde derselbe durch die Kirchentrümmer beseitigt werden, die, unverkennbar auf eine Klosteranlage deutend, bis diesen Augenblick noch auf dem »Pehlitzer Werder« – in alten Urkunden *Insula Caprarum* – angetroffen werden. [...]

Bis 1272 bestand Kloster Mariensee auf der Ziegeninsel im Paarsteiner See. In diesem Jahre, so scheint es, kam man überein, »wegen mehrerer Unbequemlichkeit, die sich aus der Lage des Klosters ergäbe«, dasselbe weiter westwärts und zwar an den Choriner See zu verlegen, richtiger wohl, es mit einer neuen klösterlichen Pflanzung, die sich bereits am Choriner See befinden mochte, zu vereinigen. Eine solche neue Pflanzung muß nämlich, wenn auch nur in kleinen Anfängen, um 1272 schon existiert haben, wie nicht nur aus einzelnen, allerdings so oder so zu deutenden, urkundlichen Angaben ganz besonders aber aus einer Steintafelinschrift, hervorgeht, die noch bis zum Jahre 1769 im Kloster vorhanden war. Die ersten Zeilen derselben lauteten:

»Anno 1254 ist der Markgraf Johannes (I.), Churfürst zu Brandenburg, der dieses Kloster Chorin Cistercienser-Ordens gestiftet, allhier begraben.«

Wenn nun bereits um 1254 Markgraf Johann I. hier beigesetzt werden konnte, so mußte wenigstens ein Klosteranfang und in ihm eine Grabkapelle vorhanden sein. Wir werden nicht irre-

gehen, wenn wir die Anfänge von Kloster Chorin gerade um die Mitte des dreizehnten Jahrhunderts setzen.
Wie immer aber dem sein möge, jedenfalls haben wir von 1272 an ein Kloster Chorin und dürfen annehmen, daß sich die bauliche Vollendung desselben, trotz einer unverkennbaren Großartigkeit der Anlage, in verhältnismäßig kurzer Zeit vollzogen haben muß. Es sprechen dafür die zum Teil vortrefflich erhaltenen Überbleibsel des Klosters, die ihrem Baustil nach in die Wendezeit des dreizehnten und vierzehnten Jahrhunderts gehören. Die Zeit war einem solchen raschen Aufblühen besonders günstig; das Ansehen des Ordens stand auf seiner Höhe, und die Askanier, wie bereits hervorgehoben, waren unermüdlich, dem Kloster ihre besondere Gnade zu betätigen. Keiner mehr als Markgraf Waldemar, der letzte des Geschlechts. Fast alles Land zwischen Eberswalde und Oderberg im Süden und ebenso zwischen Eberswalde und Angermünde im Norden gehörte dem Kloster. Der Paarsteiner See war so ziemlich der Mittelpunkt der reichen Stiftung, die bei der Säkularfeier des Klosters zweiundsechzig Dörfer zählte.
Diese Dörfer deuten auf einen Totalbesitz, der dem Reichtum Lehnins (zwei Flecken und vierundsechzig Güter) nahe kam, vielleicht auch diesen Reichtum übertraf, da die Dörfer der Odergegenden im allgemeinen für reicher und ergiebiger gelten als die Dörfer der Zauche und selbst des Havellandes; doch mochte das damals, wo der Reichtum, der in den Sümpfen und Brüchen des Oberlandes steckte, noch nicht erschlossen war, anders sein als jetzt. Ist es doch noch nicht lange her, daß jedes Sanddorf vor dem Sumpfdorfe den Vorrang behauptete; der Sand gab wenig, aber der Sumpf gab nichts.
Lassen wir aber die Frage nach dem größeren oder geringeren Besitz beiseite, so müssen wir bei Betrachtung beider Klöster sofort durch die Tatsache überrascht werden, daß wir von der Geschichte des einen, trotz aller Lücken und Mängel, verhältnismäßig viel, von der Geschichte des andern verhältnismäßig wenig wissen. Ohne die urkundlichen Überlieferungen, die Sagen und Traditionen, die sich an Lehnin knüpfen, überschätzen zu wollen, so muß doch schließlich zugestanden werden, daß etwas da

ist und daß wir Gestalten und Ereignisse von größerem oder geringerem Interesse an uns vorüberziehen sehen. Nichts derartiges aber, oder doch fast nichts, bietet Chorin.

Ob diese Armut der Überlieferung einfach darin liegt, daß das Kloster Chorin in der Tat nichts anderes war als ein klösterlicher Amtshof, mit vielen Gütern und Vorwerken, oder ob uns die Glanzseiten der Geschichte, wenn solche da waren, einfach verlorengegangen sind, ist nachträglich schwer zu entscheiden, doch spricht manches dafür, daß das erstere der Fall war und daß Kloster Chorin nicht viel etwas anderes zu bedeuten hatte als eine große mönchische Ökonomie, in der es auf Erhaltung und Mehrung des Wirtschaftsbestandes, aber wenig auf die Heilighaltung ideeller Güter ankam. Was indessen mehr besagen will als die Dürre dieser urkundlichen Überlieferungen, das ist der Umstand, daß das Kloster auch bei seinen Um- und Anwohnern nicht die geringste Spur seiner Existenz zurückgelassen zu haben scheint.

Da sind keine Traditionen [...], da ist kein See, kein Haus, kein Baum, die als Zeugen blutiger Vorgänge mit in irgendeine alte Klosterlegende verflochten wären; da ist keine »weiße Frau«, die abends in den Trümmern erscheint und nach dem Mönche sucht, den sie liebte; alles ist tot hier, alles schweigt.

Ein einziger kurzer Abschnitt klingt an die Historie wenigstens an. Es bezieht sich dies auf das bayerische Interregnum in unserer Geschichte, spezieller auf die Epoche, die zwischen dem Tode des echten und dem Auftauchen und Wiederverschwinden des falschen Waldemar liegt, also auf die Zeit zwischen 1319 und 1349. Man hat dem Kloster nachgesagt, daß es in dieser Zeit sich durch Intrige, Schweigekunst und feines politisches Spiel hervorgetan und wenigstens um seiner Klugheit willen einen gewissen Anspruch auf unsern Respekt erworben habe. Ich habe indes nichts finden können, was einen Anhaltepunkt für die Annahme einer solchen Superiorität böte. Von scharfer Vorausberechnung, von raschem Hervortreten im rechten Moment oder wohl gar von dem Blitzenden eines genialen Coups nirgends eine Spur; überall nur die Betätigung allertrivialster Lebensklugheit, eine Politik von heute auf morgen, von der Hand in den Mund.

Verfolgen wir, wie zur Beweisführung für die vorstehenden Sätze, die Haltung des Klosters während der vorgenannten Epoche, so werden wir es einfach immer »bei der Macht« finden. Hielt die Macht aus, so hielt Chorin auch aus, schwankte die Macht, so schwankte auch Chorin. In zweifelhaften Fällen hielt sich's zurück und wartete ab. Wenn dies »Diplomatie« ist, so ist nichts billiger als die diplomatische Kunst.

Von 1319 bis 1323 waren für die Mark drei Prätendenten da: Herzog Rudolf von Sachsen, Herzog Heinrich von Mecklenburg und Herzog Wratislaw von Pommern-Wolgast. Die besten Ansprüche hatte unbedingt Rudolf von Sachsen; das Kloster sagte sich aber: »Herzog Heinrich und Herzog Wratislaw sind uns näher, und weil sie uns näher sind, sind sie wichtiger für uns.« Diese Erwägung genügte, um sich – im Gegensatze zur Mittelmark, die nach Sachsen hinneigte – auf die Seite von Pommern und Mecklenburg zu stellen.

So lagen die Sachen noch im Juni 1320. Aber das Ansehen Rudolfs von Sachsen wuchs; zu seinem größeren Rechte gesellte sich mehr und mehr auch die größere Macht, und sobald das Kloster diese Wahrnehmung machte, war es rasch zu einer Wandlung entschlossen. Im November 1320 begegnen wir bereits einer Urkunde, worin »Herzog Rudolf das Kloster Chorin in seinen Schutz nimmt, ihm seine Ungnade erläßt« und dabei natürlich seinen Besitz ihm bestätigt. Wir sehen, das Kloster hatte es für gut befunden, seine erste Schwenkung zu machen.

Indessen die Dinge gingen nicht lange so. Kaiser Ludwig hielt es um diese Zeit für angetan, die Mark als ein verwaistes Reichslehn einzuziehen und seinen ältesten Sohn damit zu begnaden. Dieser kam als Markgraf ins Land. Die Rechnung, die von seiten Chorins nunmehr angestellt wurde, war einfach die folgende: »Rudolf von Sachsen ist stärker gewesen als Mecklenburg oder Pommern, Kaiser Ludwig aber ist wiederum stärker als der Sachsenherzog.« So wurde unser Kloster denn, nachdem es drei oder vier Jahre lang sächsisch gewesen war, ohne Zögern bayrisch.

Dies war die zweite Schwenkung. Aber noch andere standen bevor.

1345 tauchte der sogenannte »falsche Waldemar« auf; wir lassen dahingestellt sein, ob er der falsche oder der echte war. Sein Anhang mehrte sich, aber die größere Macht stand zunächst noch auf bayrischer Seite. Was tat nun Chorin? Es hielt aus bei den Bayern, solange Bayern der stärkere Teil war, und dies Ausharren führte den besten Beweis, daß man dem Kloster viel zuviel Ehre antut, wenn man ihm, wie geschehen ist, nachredet, daß es all die Zeit über (von 1319 bis 1345) gut askanisch gewesen wäre oder gar an der Rückkehr und Restituierung Waldemars, nötigenfalls irgendeines Waldemars, gearbeitet habe. Nichts davon. Das Kloster Chorin hatte weder die Treue auf die Wiedereinsetzung eines »echten Waldemar«, wenn es an einen solchen glaubte, zu dringen, noch hatte es andererseits den Mut einer politisch-patriotischen Intrige, d. h. den Mut, nötigenfalls auf jede Gefahr hin, und bloß dem askanischen Namen zuliebe, den unechten Waldemar zu einem echten zu machen. Chorin tat nichts, es wartete ab. Waldemar, gleichviel ob der falsche oder der richtige, zog schon zwei Jahre durchs Land, und die Uckermark, darin unser Kloster gelegen war, hatte ihn bereits anerkannt; nur gerade Abt und Konvent von Chorin zögerten immer noch, ein Wort zu sprechen und die alten askanischen Sympathien zu bezeigen. Warum? Die bayrische Herrschaft, wenn auch mannigfach bedroht, erschien noch unerschüttert, jedenfalls dem Eindringling überlegen. Chorin blieb also gut bayrisch, solange es das Klügste war, gut bayrisch zu sein.

Aber der Herbst 1348 änderte plötzlich die Machtstellung der Parteien, und mit der veränderten Machtstellung änderte sich natürlich auch die Stellung Chorins. Kaiser Karl IV., der Luxemburger, der dem bayrischen Kaiser, dem Vater des bayrischen Markgrafen von Brandenburg, auf den Kaiserthron gefolgt war, trat auf die Seite des falschen Waldemar und ließ ihn für echt erklären.

Jetzt wäre die Stunde für Chorin dagewesen, endlich Treue zu zeigen, wenn auch nur Treue gegen Bayern; aber es kannte nichts als Unterwerfung unter die Macht. Mit dieser Anerkennung des falschen Waldemar durch den Kaiser war der bayrische Markgraf von Brandenburg auf einen Schlag der schwächere Teil geworden; die natürliche Folge davon war, daß Chorin aufhörte, bayrisch zu sein, um sofort kaiserlich und Waldemarisch zu werden.

Dies war ein böser Fleck, eine häßliche Wandlung; aber das Häßlichere kam noch nach. Die Sache währte nicht lange; der Kaiser dachte bald anders und ließ Waldemar im Frühjahr 1350 ebenso leicht wieder fallen, wie er ihn achtzehn Monate früher erhoben hatte. Die Häuser Luxemburg und Bayern söhnten sich aus. Waldemar war nun wieder nichts oder doch nicht viel; nur die askanische Partei stand noch zu ihm. Einzelne Treue unter den Städten suchten ihn auch jetzt noch zu halten, nur nicht Chorin. Die Machthaber hatten ihn fallen lassen, und das Kloster tat selbstverständlich dasselbe. Von einem Einstehen, einem Zeugnisablegen von dem, was wir heute Charakter und Gesinnung nennen würden, keine Spur. Nach halbjähriger Teilnahme an der Waldemarkomödie war Chorin wieder so gut bayrisch, wie es vorher gewesen war. Die bayrischen Markgrafen ihrerseits waren auch zufrieden damit und machten aus dem flüchtigen Abfall nicht allzuviel. Sie drückten zwar in einer Urkunde ihren Unmut und ihre Trauer darüber aus, das Kloster nicht fest befunden zu haben; aber das war wenig mehr als eine Formalität, die Sache war beigelegt und Chorin wieder angesehen, vielleicht angesehener als zuvor. Es hielt nun auch aus, solange die Bayern im Lande waren; aber wir dürfen wohl annehmen, nicht aus Treue, sondern einfach deshalb, weil das Ausbleiben jeder neuen Versuchung ein neues Ausgleiten unmöglich machte.

Die angebliche »politische Glanzzeit« Chorins war das natürliche Resultat gegebener Verhältnisse, nicht mehr und nicht weniger, und die Quitzowzeit wird dem Kloster zu einem ähnlich abwartenden politischen Verfahren Veranlassung gegeben haben. Doch sind die Aufzeichnungen darüber lückenhafter. Chorin [...] entbehrte vielmehr eines Abtes, der sich gemüßigt gesehen hätte, die Verwickelungen einer verwickelungsreichen Epoche niederzuschreiben. Die letzten anderthalbhundert Jahre des Klo-

sters unter der sich befestigenden Macht der Hohenzollern scheinen ohne jede Gefährdung hingegangen zu sein; Schenkungsbrief reiht sich an Schenkungsbrief, bis endlich die Reformation dazwischen tritt und den Faden durchschneidet.
Die Vorgänge, die die Säkularisation Chorins begleiteten, waren wohl dieselben wie bei Einziehung der brandenburgischen Klöster überhaupt. Chorin wurde freilich zunächst aus freier Hand verkauft, aber dies hatte keinen Bestand, und binnen kurzem wurde auch hier der Klosterhof ein Amtshof, eine Domäne. Er ist es noch.

Von den alten Baulichkeiten, wenn dieselben auch Umwandlungen unterworfen wurden, ist noch vieles erhalten; lange einstöckige Fronten, die den Mönchen als Wohnung und Arbeitsstätten dienen mochten, dazu Abthaus, Refektorium, Küche, Speisesaal, ein Teil des Kreuzganges, vor allem die Kirche. Diese, wenn schon eine Ruine, richtiger eine ausgeleerte Stätte, gibt doch ein volles Bild von dem, was diese reiche Klosteranlage einst war. Schon die Maße, die Dimensionen deuten darauf hin; das Schiff ist vierundvierzig Fuß länger als die Berliner Nikolaikirche und bei verhältnismäßiger Breite um siebzehn Fuß höher. Im Mittelschiff stehen auf jeder Seite elf viereckige Pfeiler (einige zur Linken sind neuerdings verschwunden); der zwölfte Pfeiler, rechts wie links, steckt in der Mauer. Die Konsolen oder die Kapitälornamente sind verschieden gestaltet und stellen abwechselnd Akanthus-, Klee- und Eichenblätter dar. Das Blattwerk zeigt hier und da noch Spuren von grüner Farbe, während der Grund rot und gelb gemalt war. Freskoartige Malereien finden sich noch in letzten Überresten im Kreuzgang; an einer stehengebliebenen Kappe zeigt sich Zweig- und Blattwerk, das ein Walnußgesträuch darzustellen scheint. Das hohe Gewölbe, welches von den Pfeilern des Mittelschiffes getragen wurde, ist seit einem Jahrhundert eingestürzt. Anstelle desselben wurde im Jahre 1772 ein Dachstuhl aufgerichtet, der seitdem das neue Dach trägt. Dies neue Dach ist niedriger, als das alte war, was sich an den Giebelwänden, besonders an dem Frontispiz im Westen, noch deutlich markiert. Von den Seitenschiffen ist nur noch eins vorhanden, das nördliche; über dem niedrigen Dach desselben ragen die elf Spitzbogenfenster des Hauptschiffes auf, deren obere Steinverzierungen noch beinahe unversehrt erhalten sind.

Leider geht dieser baulich schönen Ruine, wie gesagt, das eigentlich Malerische ab. Ruinen, wenn sie nicht bloß, als nähme man ein Inventarium auf, nach Pfeiler- und Fensterzahl beschrieben werden sollen, müssen zugleich ein Landschafts- oder auch ein Genrebild sein. In einem oder im andern, am besten in der Zusammenwirkung beider, wurzelt ihre Poesie. Chorin aber hat wenig oder nichts von dem allen; es gibt sich fast ausschließlich als Architekturbild. Alles fehlt, selbst das eigentlich Ruinenhafte der Erscheinung, so daß, von gewisser Entfernung her gesehen, das Ganze nicht anders wirkt wie jede andere gotische Kirche, die sich auf irgendeinem Marktplatz irgendeiner mittelalterlichen Stadt erhebt. Nur fehlt leider der Marktplatz und die Stadt. Und treten wir nun in die öden und doch wiederum nicht malerisch zerfallenen Innenräume ein, so fehlt uns eines mehr als alles andere. Wer immer auch unser Führer sein mag, und wäre er der beste, wir vermissen die stille Führerschaft von Sage und Geschichte. Alles läßt uns im Stich, und wir schreiten auf dem harten Schuttboden hin wie auf einer Tenne, über die der Wind fegte. Alles leer.

Kloster Chorin ist keine jener lieblichen Ruinen, darin sich's träumt wie auf einem Frühlingskirchhof, wenn die Gräber in Blumen stehen; es gestattet kein Verweilen in ihm, und es wirkt am besten, wenn es wie ein Schattenbild flüchtig an uns vorüberzieht. Wer hier in der Dämmerstunde des Weges kommt und plötzlich zwischen den Pappeln hindurch diesen still einsamen Prachtbau halb märchenhaft, halb gespenstisch auftauchen sieht, dem ist das Beste zuteil geworden, das diese Trümmer, die kaum Trümmer sind, ihm bieten können. Die Poesie dieser Stätte ist dann wie ein Traum, wie ein romantisches Bild an ihm vorübergezogen, und die sang- und klanglose Öde des Innern hat nicht Zeit gehabt, den Zauber wieder zu zerstören, den die flüchtige Begegnung schuf.

Schloss Oranienburg

Die prächtige Havel, mit jener Fülle von Seen, die sie, namentlich um Potsdam herum, an ihrem blauen Bande aufreiht, ist, auf weite Strecken hin, wie ein Spiegel unserer königlichen Schlösser, deren Schönheit sie verdoppelt.
Aber nicht überall zeigt sie dieselbe breite Pracht. Schlicht, schmal, ein Wässerchen nur, tritt sie aus dem Mecklenburgischen in die Mark, um dann, auf ihrem ganzen Oberlaufe, ein Flüßchen zu bleiben, das nicht Inseln leicht und frei wie schwimmende Blätter trägt, sondern sich teilen muß, um hier und dort ein Stückchen Land mit dünnem Arm zu umspannen. Nicht das Wasser der Herr und Sieger, sondern das Land.
So gibt sich die Havel bei Oranienburg, dem unsere heutige Wanderung gilt. Der Weg dahin führt uns, an Tegel vorbei, zunächst bis an den romantischen Sandkrug, wo die Stehkrippen von unseren zwei Braunen mit lebhaftem Prusten begrüßt werden. Der Sandkrug verdient den Beinamen »romantisch«, den wir ihm soeben gegeben, denn die Forsten, die ihn einfassen, sind fast der einzige Punkt noch in der Umgegend Berlins, darin sich ein Stückchen mittelalterlicher Wegelagerei erhalten hat, freilich von jener unpoetischeren Art, die statt des lauten Angriffs in Stahl und Eisen die Schoßkelle leise beschleicht und sich damit begnügt, statt der Hälse die Koffer abzuschneiden.
Sandkrug ist halber Weg. Noch eine anderthalbstündige Fahrt an Tannenholz und Dörfern vorbei, und wir halten auf einem großstädtisch angelegten Platz, über dem sich eben der prächtigste Regenbogen wölbt. Das ist der Schloßplatz von Oranienburg. Das Wetter klärt sich auf; die Sonne ist da. Das Haus, das uns aufnehmen soll, verbirgt sich fast hinter den Lindenbäumen, die es umstehen, und erweckt, neben manchem anderen, unsere günstigsten Vorurteile auch dadurch, daß wir vernehmen, es sei Rathaus und Gasthaus zugleich. Wo Justiz und Gastlichkeit so nahe

zusammen wohnen, da ist es gut sein. In alten Zeiten war das häufiger. Unsere Altvordern verstanden sich besser auf Gemütlichkeit als wir.

Die Luft ist warm und weich und ladet uns ein, unsern Nachmittagskaffee im Freien zu nehmen. Da sitzen wir denn auf der Treppe des Hauses, die sich nach rechts und links hin zu einer Art Veranda erweitert, und freuen uns der Stille und der balsamischen Luft, die uns umgeben. Die Kronen der Lindenbäume sind unmittelbar über uns, und sooft ein Luftzug über den Platz weht, schüttelt er aus dem dichten Blattwerk einzelne Regentropfen auf uns nieder. Zu unserer Linken, ziemlich in der Mitte des Platzes, ragt die Statue der hohen Frau auf, die dieser Stadt den Namen und, über einen allerengsten Kreis hinaus, ein Ansehen in der Geschichte unseres Landes gab. Dahinter, zwischen den Stäben eines Gittertors, schimmern die Bäume des Parks hervor, unmittelbar vor uns aber, nur durch die Breite des Platzes von uns getrennt, ragt der alte Schloßbau selbst auf, dessen Bild und dessen Geschichte uns heute beschäftigen soll.

Wir haben die Front des Schlosses in aller Klarheit vor uns, aber doch ist es nur die kleinere Hälfte, deren wir von unserem Platz aus ansichtig werden. Die Form des Oranienburger Schlosses in seiner Blütezeit war die eines lateinischen H, oder, mit anderen Worten, es bestand aus einem Haupt- oder Mittelstück (corps de logis), an das sich zwei Vorder- und zwei Hinterflügel lehnten. Die beiden Hinterflügel existieren noch, entziehen sich aber unserem Blick; von den Vorderflügeln wurde der eine (der rechts gelegene) durch Feuer zerstört.

Schloß Oranienburg, wenn wir diese Bezeichnung zunächst unterschiedlos und mit einer Art rückwirkender Kraft festhalten wollen, ist ein alter Schloß- und Burgbau, der sich an derselben Stelle, d. h. also auf der kleinen vor uns gelegenen Havelinsel, seit nah an siebenhundert Jahren erhebt. Wir haben hier, wie bei verschiedenen andern hohenzollerschen Schlössern, drei Epochen zu unterscheiden, drei Epochen, die sich in aller Kürze durch drei bestimmte Worte bezeichnen lassen: Burg, Jagdhaus, Schloß. Erst das »Schloß« (wir werden bald sehen, aus welcher Veranlassung) empfing den Namen Oranienburg, während Burg und Jagdhaus den Namen Bötzow, d. h. den Namen jenes uralten wendischen Dorfes führten, den die vordringenden Deutschen bei ihrer Eroberung des Landes bereits vorfanden. Die Geschichte kennt also bis in die Mitte des siebzehnten Jahrhunderts hinein nur eine »Burg Bötzow« resp. ein »Jagdhaus zu Bötzow«; erst von den Tagen der Oranierin an, die hier ein »Schloß«, einen verhältnismäßig prächtigen Neubau, an alter Stelle erstehen ließ, existiert ein Oranienburg.

Burg und Jagdhaus Bötzow
von 1200 bis 1650

Wann Burg Bötzow gegründet wurde, ist nicht genau ersichtlich, wahrscheinlich zwischen 1170 und 1200 von einem der unmittelbaren Nachfolger Albrechts des Bären. 1217 ist urkundlich von einer Feldmark zu Bötzow die Rede, aber freilich erst 1288 von einer Burg zu Bötzow. Nichtsdestoweniger ist der Schluß berechtigt, daß sie schon volle hundert Jahre früher existierte. Öfter genannt wird die Burg zu den Zeiten des Markgrafen Waldemar; Leben und Farbe jedoch erhalten die Überlieferungen erst zu Anfang des fünfzehnten Jahrhunderts während der Quitzowzeit. Versuch ich es, in kurzen Zügen ein Bild jener Epoche zu geben?

1402 war Bötzow eine markgräfliche oder kurfürstliche Burg, die durch einen Burgvogt im Namen des Markgrafen Jobst von Mähren, oder vielleicht auch seines Statthalters, Günther von Schwarzburg, gehalten wurde. Das Elend des Landes stand damals auf seiner Höhe; wie ein hingeworfener Fetzen lag es da, von dem jeder Nachbar, ja jeder ehrgeizige Vasall im Lande selbst, glaubte nehmen zu dürfen, was ihm gut erschien. Sie hatten es samt und sonders leicht genug; um aber noch sicherer und bequemer zu gehen, vereinigten sie sich zu gemeinschaftlichen Angriffen, nachdem die Verteilung der Beute zuvor festgesetzt worden war. Im genannten Jahre (1402) kam es zu einer Art von nordischem Bündnis gegen die offen daliegende Mark, zu einer Liga, die aus den Herzögen von Mecklenburg und Pommern sowie aus den Ruppinschen Grafen bestand, deren Seele jedoch die Quitzows waren. Die letzteren, wiewohl selber Lehnsträger des Markgrafen, verfolgten, politisch genommen, den richtigen und gut zu heißenden Plan, sich in dem immer herrenloser werdenden Lande schließlich selber zum Herrn zu machen, und die Bündnisse, die sie schlossen, dienten ihnen nur als Mittel zum Zweck. Die Völker dieser Liga fielen endlich in die Mark ein, sengten und plünderten, wohin sie kamen, erstürmten Burg Bötzow und legten anstelle der märkischen nunmehr eine pommersche Besatzung in die Burg. Die Mark, nachdem die kurfürstliche Autorität durch diese Vorgänge, besonders aber infolge der Gefangennahme des Statthalters Günther von Schwarzburg (durch die Quitzows 1404), einen Schlag nach dem andern erfahren hatte, suchte endlich eine Aussöhnung mit ihren gefährlichsten Gegnern, den Quitzows, herbeizuführen und war in ihren Verhandlungen – vielleicht eben deshalb, weil die beiden Brüder ein ebenso feines wie kühnes Spiel spielten – glücklich genug, diese selbst und ihren nächsten Anhang auf ihre Seite zu ziehen. Burg Bötzow wurde nun abermals gestürmt, diesmal von den Märkern, und die gefangenen Pommern im Triumph nach Berlin geführt. Eine Quitzowsche Besatzung, aber keine kurfürstliche, ward in die Burg gelegt.

Von da ab, auf fast zehn Jahre hin, blieb Bötzow eine Quitzowsche Burg, bis zum endlichen Untergang der Familie. In dieser Zeit wird die Burg vielfach genannt. Nach Burg Bötzow war es, wohin die Quitzows den Herzog Johann von Mecklenburg-Stargard (1407) als Gefangenen abführten, nachdem er zuvor in ihrer Burg Plaue gesessen hatte. In denselben Turm setzten sie vierzehn Monate später den Berliner Ratsherrn Nikolaus Wins, den sie, mit andern Berliner Bürgern, bei der Tegeler Mühle (3. September 1410) geschlagen hatten, und noch 1414, als der Stern des Hauses bereits im Niedergange stand, geschah es, daß ihr Hauptmann, Werner von Holzendorff, dem sie die Verteidigung der Burg anvertraut hatten, den Boten Kurfürst Friedrichs I., der die

Aufforderung zur Übergabe brachte, in den Turm werfen und mit Ruten streichen ließ. Aber das war das letzte Aufflackern, und das kecke, kriegerische Leben ging seinem Ende rasch entgegen. Klugheit und Politik traten an die Stelle der Sturmleitern, und ohne Schwertstreich hielten alsbald die Hohenzollern ihren Einzug. An die Zeit der Quitzows aber erinnert der »Quitzensteig«, der bei dem nahe gelegenen Havelhausen vorüberführt. Von da ab ist die Geschichte Burg Bötzows stumm. Verpfändungen und Einlösungen folgten einander, bis endlich um 1550 die Burg selbst verschwindet und ein »Jagdhaus« an seine Stelle tritt. Aber auch über diesem Jagdhaus liegen Dunkel und Schweigen. Wir irren wohl nicht, wenn wir uns einen Bau mit Ecktürmen und gotischem Dache denken. Im übrigen ist kein Bild des alten kurfürstlichen Hauses auf uns gekommen, noch weniger ein Bericht von Vorgängen innerhalb seiner Mauern. Kurfürst Joachim gab den Spreeforsten den Vorzug, und das Jagdhaus zu Bötzow kam, dem Favoritjagdschloß zu Köpenick gegenüber, nur noch ausnahmsweise zu Ehren, wenn sich, zu dem Reize der Jagd überhaupt, auch noch der der Abwechslung gesellen sollte. Burg und Jagdhaus Bötzow sind spurlos verschwunden. Nur bei dem Umbau, dem, in jüngster Zeit erst, Schloß Oranienburg unterworfen wurde, stieß man auf gewölbte Feldsteinfundamente, die zweifellos wohl der alten Zeit von Burg Bötzow angehörten und bei weiterer Nachforschung (die sich leider nicht ermöglichte) vielleicht einigen Aufschluß über die Vorgeschichte der Burg gegeben haben würden.

So kam das Jahr 1650. Die Kurfürstin Luise Henriette, geborene Prinzessin von Oranien, seit dem 7. Dezember 1646 dem Großen Kurfürsten vermählt, pflegte ihren Gemahl auf seinen Jagdausflügen zu begleiten. Einer dieser Ausflüge führte das junge Paar im Laufe des Sommers 1650 auch in die Nähe von Bötzow, und hier war es, wo die junge Fürstin beim Anblick der lachenden Wiesen, die den Lauf der Havel einfaßten, sich lebhaft in die fruchtbaren Niederungen ihrer holländischen Heimat zurückversetzt fühlte und der Freude darüber den unverkennbarsten Ausdruck gab. Der Kurfürst, dessen Herz voller Liebe und Verehrung gegen die schöne, an Gaben des Geistes und Gemütes gleich ausgezeichnete Frau war, ergriff mit Eifer die Gelegenheit, ihr ein erneutes Zeichen dieser Liebe zu geben, und schenkte ihr das »Amt Bötzow mit allen dazu gehörigen Dörfern und Mühlen, Triften und Weiden, Seen und Teichen«. Die Schenkung wurde dankbar angenommen, und an die Stelle des alten Jagdhauses aus der Zeit Joachims II. trat jetzt ein Schloß, das im Jahre 1652, in Huldigung gegen die Oranierin, deren Eigentum und Lieblingssitz es inzwischen geworden war, den Namen, »die Oranienburg« erhielt. In kürzester Frist tat auch die zu Füßen des Schlosses gelegene Stadt ihren alten Namen Bötzow beiseite und nahm den Namen Oranienburg an. Das Jahr 1650 (eigentlich 1652) bezeichnet also einen Wendepunkt. Bis dahin Burg und Stadt Bötzow, von da ab Schloß und Stadt Oranienburg. [...]

Die Zeit Luise Henriettens
von 1650 bis 1667

Kaum war die Schenkungsurkunde ausgestellt, so begann auch die Tätigkeit der hohen Frau, die durch den Anblick frischer Wiesen nicht nur an die Bilder ihrer Heimat erinnert sein, die vor allem auch einen Wohlstand, wie ihn die Niederlande seit lange kannten, hier ins Dasein rufen und nach Möglichkeit die Wunden heilen wollte, die der Dreißigjährige Krieg diesen schwer geprüften Landesteilen geschlagen hatte. Kolonisten wurden ins Land gezogen, Häuser gebaut, Vorwerke angelegt und alle zur Landwirtschaft gehörigen Einzelheiten alsbald mit Emsigkeit betrieben. Eine Meierei entstand, und Gärten und Anlagen faßten alsbald das Schloß ein, in denen der Gemüsebau, die Baum- und Blumenzucht ebenso das Interesse der Kurfürstin wie die Arbeit der Kolonisten in Anspruch nahmen. Sie war eine sehr fromme Frau (ihr Leben und ihre Lieder zeugen in gleicher Weise dafür), aber ihre Frömmigkeit war nicht von der bloß beschaulichen Art und neben dem »bete« stand ihr das »arbeite«. Mild und wohlwollend, wie sie war, duldete sie doch keine Nachlässigkeit, und in diesem Sinne schrieb sie z. B. am 27. April 1657 nach Oranienburg, daß es schimpflich für alle Beamten und geradezu unverantwortlich sei, daß in allen Gärten nicht so viel Hopfen gewonnen werde, wie zum Brauen erforderlich, und könne daran nichts als eine schändliche Faulheit die Schuld sein.

Eine Musterwirtschaft nach holländischem Vorbild sollte hier entstehen, aber die Hauptaufmerksamkeit der hohen Frau war doch dem Schloßbau, der Gründung eines Waisenhauses und der Aufführung einer Kirche zugewendet. Von dem Schloßbau werden wir ausführlicher zu sprechen haben; nur die Kirche sei schon hier in aller Kürze erwähnt. Mit großer Munifizenz ausgestattet, war sie nur wenig über hundert Jahre eine Zierde der Stadt. Im Jahre 1788 brannte sie nieder, und nichts blieb übrig oder wurde aus dem Trümmerhaufen gerettet als ein kleiner Sandstein, der als einzige Inschrift die Buchstaben trägt: L.C.Z.B.G.P.V.O., A. MDCLVIII (Luise, Kurfürstin zu Brandenburg, geborene Prinzessin von Oranien 1658). Diesen Sandstein hat man bei Aufführung des kümmerlichen Neubaues, der seitdem an die Stelle der alten Kirche getreten ist, in die Außenwand, nahe dem Eingang, eingefügt. Insoweit gewiß mit Unrecht, als er nunmehr die irrige Vorstellung weckt, daß *dieser* Bau es sei, den die fromme Werktätigkeit der Kurfürstin habe entstehen lassen.

Waisenhaus und Kirche entstanden unter der christlichen Fürsorge Luise Henriettens, aber früher als beide entstand ihr Wohnsitz, das Schloß selber. Die Frage drängt sich uns auf: Wie war dies Schloß? Es war, nach allgemeiner Annahme, ein drei Stock hohes, fünf Fenster breites Gebäude von Würfelform, das nur mittelst eines stattlichen Frontispizes den Charakter eines Schlosses erhielt. Dies Frontispiz war drei Fenster breit und vier Stock hoch, so daß es nicht nur das Hauptstück der ganzen Front bildete, sondern auch den übrigen Teil des Gebäudes turmartig überragte. Auf dem flachen Dache befand sich ein mit einer Galerie umgebener Altan, auf dem sich in der Mitte ein hoher und an jeder der vier Ecken ein kleinerer Turm erhob. Der Schloßhof war mit einem bedeckten Gange umgeben, auf dessen Plattform zur Sommerzeit zahlreiche Orangenbäume standen. So war Schloß Oranienburg in den Jahren, die seiner Gründung unmittelbar folgten. […]

Schloß Oranienburg, wie es jetzt vor uns liegt, zeigt nichts mehr von dem Bau, den ich vorstehend […] beschrieben habe. Weder Frontispiz noch Säulengänge, weder Altan noch Türme bieten sich zur Zeit dem Auge dar, und die Umwandlung, die im Laufe von zwei Jahrhunderten erfolgt ist, ist eine so vollständige gewesen, daß es zweifelhaft bleibt, ob auch nur eine einzige Außenwand des oranischen Schlosses stehengeblieben und dem Neubau, der 1688 begann, zugute gekommen ist. Ein ähnliches Schicksal hat über allem gewaltet, was die fromme Kurfürstin hier entstehen ließ. Jegliches ging zugrunde, meist durch Feuer, und existiert nur noch dem Wort und Wesen, aber nicht mehr seiner ursprünglichen Form nach. Das Schloß, die Kirche, das Waisenhaus von damals, und wenn wir von einem, übrigens in seiner Echtheit ebenfalls anfechtbaren Porträt absehen, so findet sich an Ort und Stelle nichts mehr, was sich mit Bestimmtheit auf die Zeit der Oranierin zurückführen ließe. Das ihr seitens der Stadt errichtete Denkmal, eine Neuschöpfung, stammt erst aus dem Jahre 1858. Es ist ein überlebensgroßes Bildnis in Erz, aus der Hand Wilhelm Wolffs hervorgegangen, und führt die Inschrift: »Der hohen Wiederbegründerin dieser Stadt, Louise Henriette, Kurfürstin von Brandenburg, geb. Prinzessin von Oranien, zum dauernden Gedächtnis die dankbare Bürgerschaft Oranienburgs.«

Und dieser Dank war Pflicht. Was Luise Henriette schuf, es hat das Kleid gewechselt, aber die Dinge blieben, und der Segen lebt fort.

Die Zeit Friedrichs III.
von 1688 bis 1713

Schloß Oranienburg war, wie wir es geschildert haben, ein Bau von mäßigen Dimensionen (nur fünf Fenster breit), als 1688, nach dem Tode des Großen Kurfürsten, der prachtliebende

Friedrich III. zur Regierung kam. Es war eine Zeit für die bildenden Künste in unserem Lande, wie vielleicht keine zweite,* zumal wenn man die verhältnismäßig bescheidenen Mittel in Anschlag bringt, die dem fürstlichen Bauherrn zur Verfügung standen. Schloß Köpenick, wo der Kurfürst die letzten Jahre vor seiner Thronbesteigung zugebracht hatte, wurde zuerst beendet; dann folgte, mit einer Munifizenz, die noch weit über das hinausging, was in Köpenick geleistet worden war, der Ausbau des Oranienburger Schlosses. Ob der Kurfürst damals die Absicht hatte, das Schloß an der Oberhavel zu seinem bevorzugten Aufenthalt zu machen, oder ob er seiner Stiefmutter, der holsteinschen Dorothea, in nicht mißzuverstehender Weise zeigen wollte, wie heilig, wie wert ihm die Schöpfung und Hinterlassenschaft seiner rechten Mutter sei, gleichviel, Schloß Oranienburg wuchs alsbald aus seiner engen Umgrenzung heraus, und ein Prachtbau stieg empor, wie die Marken damals, mit alleiniger Ausnahme des Schlosses zu Cölln an der Spree, keinen zweiten aufzuweisen hatten. Von 1688 bis 1704 dauerte der Bau, und das Schloß nahm im wesentlichen die Gestalt und Dimensionen an, worin wir es noch jetzt erblicken. An ein reich ornamentiertes Mittelstück (corps de logis) lehnten sich zwei Vorder- und zwei Hinterflügel, zwischen denen ein nach einer Seite hin geöffneter Hofraum lag. Ganz wie jetzt. Am Ende jedes der vier Flügel erhob sich ein Pavillon, und das corps de logis trug zwischen dem Dach und den Fenstern des dritten Stockes die Frontalinschrift: A Ludovica princip. Auriac. matre optima exstruct. et nom. gentis insignit. aedes Friedericus Tertius Elector in memoriam Parentis piissimae ampliavit, ornavit, auxit MDCXC. (Dies von der besten Mutter, der Prinzessin von Oranien, Luise, gebaute und durch den Namen ihres Geschlechtes ausgezeichnete Schloß hat der Kurfürst Friedrich III. zum Gedächtnis der frömmsten Mutter erweitert und geschmückt im Jahre 1690.) Diese Inschrift existiert noch.

* Die Zahl der Baumeister, Bildhauer und Maler belief sich damals im Brandenburgischen auf hundertdreiundvierzig.

Es kann nicht Zweck dieser Zeilen sein, mit Hilfe noch vorhandener Aufzeichnungen den Leser durch eine lange Reihe von Prachtzimmern und Galerien, von Sälen und Porzellankabinetten zu führen, von denen, mit Ausnahme weniger Zimmer, die ich gegen den Schluß des Aufsatzes hin zu beschreiben gedenke, auch jede Spur verlorengegangen ist; nur einiges werde ich hervorzuheben haben, um wenigstens eine Andeutung von dem Reichtum zu geben, der innerhalb dieser Mauern heimisch war. In dem Treppenhaus, das fast die halbe Breite des corps de logis einnahm, sprang eine Fontäne und trieb den Wasserstrahl bis in das dritte Stock hinauf; die Treppe selbst aber war unten mit vier Jaspis- und weiter oben mit vier Marmorsäulen geschmückt. An der gewölbten Decke waren die vier Laster des Hofes: Gleisnerei, Verleumdung, Neid und Habsucht dargestellt, wie sie von ebenso vielen Engeln aus dem Himmel gestürzt werden. Deckengemälde, zum Teil ähnlichen symbolischen Inhalts, zeigen sich in fast allen größeren Sälen. [...]

So waren Säle und Treppenhaus. Fast noch prächtiger war die Kapelle: die Wände waren mit Marmor bekleidet und die Decke mit Kirchenbildern geziert, während der Altartisch auf vier vergoldeten Adlern ruhte. Bischof Ursinus hielt hier 1704 die Einweihungsrede. Nun ist alles hin, alles verweht und zerstoben. Nur Orgel, Kanzel und königliche Loge existieren noch, sind aber nach Französisch-Buchholz hin verpflanzt worden und zieren dort die Kirche bis diesen Tag.

So war Schloß Oranienburg in den Tagen, die der oranischen Prinzessin unmittelbar folgten. Wir fragen weiter, wie war das Leben in diesen Räumen? Darüber liegen leider wenige Aufzeichnungen vor, und wir müssen auf Umwegen und durch Schlüsse zu einem Resultat zu gelangen suchen. Daß der Kurfürst häufig hier verweilte, geht weniger aus der Reichtumsfülle hervor, mit der er das Schloß ausstattete (eine prächtige Ausstattung verrät noch keine persönliche Teilnahme, keine Herzensbeziehungen), als aus dem Eifer, mit dem er die Herrschaft Oranienburg zu erweitern und einige der im Umkreis gelegenen Dörfer in einen gewissen Einklang mit dem Schlosse selbst zu bringen suchte. Diese sorgliche Fassung, die er dem Edelsteine gab, bewies am besten, wie sehr er an demselben hing. So wurden Grabsdorf und Lehnitz, Kossebant und Perwenitz, vier in der Nähe befindliche Güter, angekauft und in Vorwerke oder Koloniedörfer umgewandelt. Grabsdorf erhielt ein Jagdschloß, das innerhalb seiner schmucklosen Mauern bis diesen Augenblick noch die eiförmigen Zimmer zeigt, die, nach damaliger Mode, ihm gegeben wurden. Dabei wurde der Name Grabsdorf, der an unbequeme Dinge erinnern mochte, beiseite getan und in »Friedrichsthal« umgewandelt, unter welcher Bezeichnung Dorf und Jagdschloß bis diesen Tag noch vorhanden sind. Auch Kossebant verlor seinen alten Namen und trat die Erbschaft des vakant gewordenen Namen »Bötzow« an. Das heutige Bötzow hat also nichts gemein mit Burg und Stadt Bötzow, die bis 1650 anstelle des jetzigen Oranienburg zu finden waren, sondern ist ein in der Nähe gelegenes Dorf, das bis 1694 den Namen Kossebant führte.

Diese Neuschöpfungen, mit denen der Kurfürst Schloß Oranienburg umgab, beweisen genugsam, daß dies Havelschloß, dies Vermächtnis von der Mutter her, ein bevorzugter Aufenthalt des Kurfürsten und spätern Königs war […].

Die Zeit des Prinzen August Wilhelm
von 1744 bis 1758

Der Tod König Friedrichs I. traf keinen Punkt des Landes härter als Oranienburg; bis dahin ein Lieblingssitz, wurde es jetzt von der Liste der Residenzen so gut wie gestrichen. Dem Soldatenkönige, dessen Sinn auf andere Dinge gerichtet war als auf Springbrunnen und künstliche Grotten, genügte es nicht, die Schöpfung seines Vaters sich selbst zu überlassen, er griff auch festen und praktischen Sinnes ein, um die in seinen Augen halb nutzlose, halb kostspielige Hinterlassenschaft nach Möglichkeit zu verwerten. Bauten wurden abgebrochen und die Materialien verkauft; die Fasanerie, das Einzige, woran er als Jäger ein Interesse hatte, kam nach Potsdam; die 1029 Stück eiserne Röhren aber, die der Wasserkunst im Schlosse das Wasser zugeführt hatten, wurden auf neun Oderkähnen nach Stettin geschafft.

Schloß und Park verwilderten. Wie das Schloß im Märchen, eingesponnen in undurchdringliches Grün, lag Oranienburg da, als einunddreißig Jahre nach dem Tode des ersten Königs sein Name wieder genannt wurde. Im Jahre 1744 war es, wo Friedrich II. in betreff seiner Brüder allerhand Ernennungen und Entscheidungen traf. Prinz Heinrich erhielt Rheinsberg, Prinz Ferdinand das Palais und den Garten in Neu-Ruppin, der älteste Bruder August Wilhelm aber, unter gleichzeitiger Erhebung zum Prinzen von Preußen, wurde mit Schloß Oranienburg belehnt. [...]

Die Beziehungen der drei jüngern Prinzen: August Wilhelm, Heinrich und Ferdinand, zu ihrem älteren Bruder, dem Könige, waren damals noch kaum getrübt. Es ist wahr, sie lebten, zumal wenn sie in Potsdam, also in unmittelbarer Nähe Friedrichs waren, unter einem gewissen Drucke, aber man fand diesen Druck gleichsam in der Ordnung; er war der älteste, der begabteste und – der König. Dabei ließ er es seinerseits, um strengen Forderungen ein Gegengewicht zu geben, an Huldigungen nicht fehlen, und besonders war es der Prinz von Preußen, für den er die zartesten Aufmerksamkeiten hatte. Er widmete ihm sein großes Gedicht »Die Kriegskunst«, er widmete ihm ferner »die Geschichte seines Hauses« und sprach es in der meisterhaften Einleitung dieses Werkes vor der ganzen Welt und vor der Zukunft aus, warum er diesen seinen Bruder, der ihn einst beerben solle, als Freund und Fürsten besonders liebe. »Die Milde, die Humanität Ihres Charakters ist es, die ich so hoch schätze; ein Herz, das der Freundschaft offen ist, ist über niedern Ehrgeiz erhaben; Sie kennen kein anderes Gebot, als das der Gerechtigkeit, und keinen andern Willen, als den Wunsch, die Hochschätzung der Weisen zu verdienen.«

So war das Verhältnis zwischen den beiden Brüdern, als die schweren Tage, die dem Unglückstage von Kolin folgten, diesem schönen Einvernehmen plötzlich ein Ziel setzten. Prinz August Wilhelm erhielt bekanntlich den Oberbefehl über diejenigen Truppen, die ihren Rückzug nach der Lausitz nehmen sollten; Winterfeldt wurde ihm beigegeben. Die Sachen gingen schlecht, und bei endlicher Wiederbegegnung der beiden Brüder fand jene furchtbare Szene statt, die Graf Schwerin, der Adjutant Winterfeldts, mit folgenden Worten beschrieben hat: »Ein Parolekreis wurde geschlossen, in dem der Prinz und alle seine Generale standen. Nicht der König trat in den Kreis, sondern Winterfeldt statt seiner. Im Auftrage des Königs mußte er sagen: ›Sie hätten alle verdient, daß über ihr Betragen ein Kriegsrat gehalten würde, wo sie dann dem Spruch nicht entgehen könnten, die Köpfe zu verlieren; indes wolle der König es nicht so weit treiben, weil er im General auch den Bruder nicht vergesse.‹ Der König stand unweit des Kreises«, so fährt Graf Schwerin fort, »und horchte, ob Winterfeldt sich auch strikte der ihm anbefohlenen Ausdrücke bediene. Winterfeldt tat es, aber mit Schaudern, und er konnte den Eindruck seiner Worte sogleich sehen, denn der Prinz trat augenblicklich aus dem Kreise und ritt, ohne den König zu sprechen, nach Bautzen.«

Im Spätherbst desselben Jahres finden wir den Prinzen wieder in Oranienburg, an selbiger Stelle, wo er uns zuerst als liebenswürdiger und aufmerksamer Sohn und geübt in der Kunst sinniger Überraschungen entgegentrat. Aber wir finden ihn jetzt in Einsamkeit und gebrochenen Herzens. Ob er sich in seiner Liebe zum König oder in seiner eigenen Ehre schwerer getroffen fühlte, ist schwer zu sagen. Gleichviel, unheilbare Krankheit hatte sich seiner bemächtigt, und er litt an Leib und Seele. Über die letzten Momente seines Lebens ist nichts Bestimmtes aufgezeichnet, doch verdanke ich den Mitteilungen einer Dame, die noch den Hof des Prinzen Heinrich und diesen selbst gekannt hat, allerlei Züge und Andeutungen, aus denen genugsam erhellt, daß der Ausgang so erschütternd wie möglich war. Die Gemütskrankheit hatte schließlich die Form eines nervösen Fiebers angenommen, und die Bilder von Personen und Szenen, die seine Seele seit jenem Unglückstage nicht los geworden war, traten jetzt aus seiner Seele heraus, nahmen Gestalt an und stellten sich wie faßbar und leibhaftig an sein Lager. Den Schatten Winterfeldts rief er an, und als sich die Gestalt nicht bannen ließ, sprang er auf, um vor dem Gehaßten und Gefürchteten zu fliehen. Das waren die letzten Momente Prinz August Wilhelms; er starb im Fieber, am 12. Juni 1758, im Schlosse zu Oranienburg. Der König war bei der Nachricht von seinem Tode tiefgebeugt; im Volke hieß es, er sei vor Gram gestorben. 1790 errichtete ihm sein jüngerer Bruder Heinrich den oft beschriebenen Obelisken, gegenüber dem Rheinsberger Schloß, nachdem die sterblichen Überreste des Prinzen schon früher im Rheinsberger Parke beigesetzt worden waren. [...]

An jenem Tage, als der Prinz August Wilhelm aus dem Schloßportal getragen wurde und fünfzig Bürger dem Sarge folgten, um ihm bis Havelhausen das Geleit zu geben, an jenem Tage schloß das Leben in Schloß Oranienburg überhaupt. Auf ein Jahrhundert voll Glanz und lachender Farben folgte ein anderes voll Öde und Verwahrlosung. Andere Zeiten kamen; der Geschmack ging andere Wege – Schloß Oranienburg war vergessen.

1802 wurde der prächtige alte Bau, dessen zahlreiche Deckengemälde allein ein bedeutendes, wenn auch freilich totes Kapital repräsentierten, für zwölftausend Taler mit all und jeglichem Zubehör verkauft und der Käufer nur zur Herausgabe der eingangs erwähnten vier Jaspis- und vier Marmorsäulen (im Treppenhause) verpflichtet. Schloß Oranienburg wurde eine Kattunmanufaktur. Wo die Edeldamen auf Taburetts von rotem Damast gesessen und der Vorlesung des alten Pöllnitz gelauscht hatten, während die Königinmutter Goldfäden aus alten Brokaten zog, klapperten jetzt die Webstühle und lärmte der alltägliche Betrieb. Aber noch tristere Tage kamen, Krieg und Feuer, bis endlich in den zwanziger Jahren ein chemisches Laboratorium, eine Schwefelsäurefabrik, hier einzog. Die Schwefeldämpfe ätzten und beizten den letzten Rest alter Herrlichkeit hinweg. Ich entsinne mich der Jahre, wo ich als Kind dieses Weges kam und von Platz und Brücke aus ängstlich nach dem unheimlichen alten Bau herüberblickte, der, grau und verkommen, in Qualm und Rauch

dalag, wie ein Gefängnis oder Landarmenhaus, aber nicht wie der Lieblingssitz Friedrichs I.
Nun ist das alte Schloß der Kolben und Retorten wieder los und ledig, und frisch und neu, beinahe sonntäglich, blickt es drein. Aber es ist das moderne Allerweltskleid, das es trägt; die Borten und Kanten sind abgetrennt, und der Königsmantel ist ein Bürgerrock geworden. Noch wenige Wochen, und das alte Schloß von ehedem wird neue Gäste empfangen: Wie Schloß Köpenick ist es bestimmt, als Schullehrerseminar in sein drittes Jahrhundert einzutreten. Sei es. In den neuen Bewohnern wird wenigstens ein Bewußtsein davon zu wecken sein, welcher Stelle sie angehören, und, leise berührt von der Macht und dem Zauber historischer Erinnerungen, werden sie später den Namen und die Geschichte Schloß Oranienburgs in ihre Berufskreise mit hinübernehmen.

Unter den Linden des Gasthofes, während der Sommerwind die Tropfen von den Bäumen schüttelte, habe ich dem Leser die Geschichte des alten Schlosses erzählt, die Bilder aufgerollt seines Glanzes und seines Verfalls. Die Frage bleibt noch übrig: Haben die letzten hundert Jahre alles zerstört? Haben Krieg und Feuer, Retorte und Siedepfanne von dem alten Glanze kein Restchen übriggelassen? Ist alles hin, bis auf die letzte Spur? Der Pietät des hohen Herrn, der nun vorm Altar seiner Friedenskirche in Frieden ruht, der Pietät Friedrich Wilhelms IV., dem es so oft zum Verbrechen angerechnet wurde, daß er das wahren wollte, was des Wahrens wert war, diesem hohen Liebessinne, der auf das Erhalten gerichtet war, haben wir allein es zu danken, daß wir der aufgeworfenen Frage mit einem »Nein« entgegentreten können – es ist nicht alles hin, es existieren noch Spuren, gerettete Überbleibsel aus alter Zeit her, und ihnen gilt zum Schluß unser Besuch.
Wir verweilen nicht bei zerstreuten Einzelheiten, die da, wo sie zufällig verlorengingen, auch zufällig aufgelesen und in die Wand oder den Fußboden, als wär' es ein Relief- oder Mosaikstück, eingelegt wurden – wir gehen an diesen Einzelheiten ohne Aufenthalt vorüber und treten in den nach West und Nor-

den zu gelegenen Hinterflügel ein, wo wir noch einer zusammenhängenden Zimmerreihe aus der Zeit König Friedrichs I. begegnen. Daraus, daß das vorzüglichste dieser Zimmer an den vier Ecken des Plafonds mit ebenso vielen Sternen des Hosenbandordens geschmückt ist, auf dessen Besitz König Friedrich I. einen ganz besonders hohen Wert legte, würde sich mit einiger Bestimmtheit ableiten lassen, wann dieser Teil des Schlosses ausgebaut wurde. Es sind sechs Zimmer, von denen zunächst zwei durch ihre Ausschmückung unser Interesse in Anspruch nehmen. Sie bilden die beiden Grenzpunkte der ganzen Reihe, so daß das eine (das kleinere) dem corps de logis, also dem Mittelpunkte des Schlosses zu gelegen ist, während das andere am äußersten Ende des Flügels liegt und den Blick ins Freie auf Fluß und Wiesen hat. Das kleinere Zimmer bildete entweder einen Teil der seinerzeit viel berühmten und von Touristen jener Epoche oft beschriebenen Porzellangalerie oder war ein Empfangs- und Gesellschaftszimmer, wo die fürstlichen Personen unter Herzuziehung ihres Hofstaats den Tee einzunehmen pflegten. Das Deckengemälde, das ich gleich näher beschreiben werde, scheint mit seinen vielen Porzellangerätschaften für die erstere Annahme zu sprechen; ein schärferes Eingehen aber macht es beinahe zweifellos, daß es das Teezimmer war. In der Mitte des Deckenbildes erblicken wir nämlich eine starke, blühend aussehende Frauensperson mit roten Rosen im Haar; in ihrer ganzen Erscheinung einer holländischen Teeschenkerin sehr ähnlich. Mit der linken Hand drückt sie eine blau- und weißgemusterte Teebüchse fest ans Herz, während sie mit der Rechten einen ebenso gemusterten porzellanenen Teetopf einer gleichfalls wohlbeleibten, blonden, hochrot gekleideten Dame entgegenstreckt. Diese, ihrerseits durch die Schlange, die sich um ihren weißen Arm ringelt, als Hygieia charakterisiert, hält der Teeschenkerin einen Spiegel entgegen, als ob sie ihr zurufen wolle: »Erkenne dich selbst und schrick zurück, wenn du dich als Lügnerin, d. h. deinen Tee als schlecht und unecht erkennst.«

Die Malerei ist vortrefflich, man erkennt durchaus die gute

holländische Schule, und viele unserer Maler werden von Glück sagen können, wenn ihre Deckengemälde sich nach 150 Jahren und länger in ähnlich guter Weise präsentieren. Auch die diesen Bildern zugrunde liegenden Ideen, denen es an Humor und Selbstpersiflage nicht fehlt, sind leichter zu verspotten als besser zu machen. Es sind doch immerhin Ideen, mit denen total gebrochen zu haben wir häufig zur Unzeit stolz sind.
Das am entgegengesetzten Ende liegende Zimmer ist aller Wahrscheinlichkeit nach das ehemalige Wohn- und Lieblingszimmer Friedrichs I., dasselbe, in das [...] am 15. April 1745 die Königin Sophie Dorothea eintrat und am Abend durch das prächtige Feuerwerk überrascht wurde, das wie eine Flammenlaube mitten aus dem Dunkel des Parks emporwuchs. Dies Zimmer, das nach drei Seiten hin Balkone hat, von denen aus man nach Gefallen den Park, das offene Feld oder den Hofraum überblickt, ist sehr geräumig, dreißig Fuß im Quadrat, und mit acht marmorierten Säulen derart umstellt, daß sie, an den vier Wänden entlang, einen deutlich markierten Gang oder Rahmen bilden, der nun das kleiner gewordene Viereck des Saales umspannt. Der Zweck dieser Einrichtung ist schwer abzusehen. Vielleicht diente das Zimmer auch als Tanzsaal, und die Tänzer und Tänzerinnen hatten den inneren Raum für sich, während die plaudernden oder sich ausruhenden Paare wohlgeborgen unter dem Säulengange standen. Das Wichtigste ist auch hier das Deckengemälde. Ich schicke zunächst die bloße Beschreibung vorauf. In der Mitte des Bildes befindet sich eine weiße, hochbusige Schönheit mit pechschwarzem Haar, welches von Perlenschnüren durchzogen ist; in der Linken hält sie eine Art Zauberlaterne, in der Rechten einen kleinen Ölkrug. Allerhand pausbackige Genien halten Tafelgerät und Kannen empor, andere entschweben mit leeren Schüsseln, noch andre kommen mit Teegeschirr herbei und gießen den Tee in kleine Schälchen. Diese Szenen füllen zwei Drittel des Bildes. Links in der Ecke hält Apoll mit seinen Sonnenrossen, vor ihm her schwebt bereits Aurora, das Haupt des Sonnengottes selbst strahlt aber nicht, sondern ist noch von einer dunklen Scheibe umhüllt. Es ist nun allerdings fraglich, ob das Schwinden des

Tages und das volle Platzgreifen von Abend und Nacht oder umgekehrt das Schwinden der bis dahin herrschenden Nacht vor dem hereinbrechenden Tage angedeutet sein soll. Das letztere ist aber das wahrscheinlichere.

Neben diesem Staatszimmer, demselben, das den Stern des Hosenbandordens in seinen vier Ecken zeigt, befindet sich ein sehr kleines Gemach, nicht viel größer als ein altmodisches Himmelbett. Dies ist das Sterbezimmer des Prinzen August Wilhelm. Die Wände sind schmucklos, ebenso die Decke, nur an der Hohlkante zwischen beiden zieht sich eine schmale Borte von schwarzem Holz entlang. Sie ist wie ein Trauerrand, der dieses Zimmer einfaßt, und mahnt deutlich an die letzten, in Dunkel gehüllten Stunden eines liebenswürdigen und unglücklichen Prinzen.

Aus diesem engen Raume, der so trübe Bilder weckt, treten wir, da die übrigen Zimmer unserer Betrachtung nichts mehr bieten, wieder in den Korridor und über den noch immer imposanten Vorflur endlich ins Freie hinaus.

Der Ball der untergehenden Sonne hängt am Horizont, leise Schleier liegen über dem Park, und die Abendkühle weht von Fluß und Wiesen her zu uns herüber. Wir sitzen wieder auf der Treppe des Gasthofs und blicken durch die Umrahmung der Bäume in das Bild abendlichen Friedens hinein. Musikanten ziehen eben am Hause vorüber, auf die Havelbrücke zu und in die Vorstadt hinein; hinter den Musikanten allerlei Volk. Was ist es? »Das Theater fängt an; die Stadtkapelle macht sich auf den Weg, um mit dabei zu sein.« Und wir lesen erst jetzt den Theaterzettel, der, in gleicher Höhe mit uns, an einen der Baumstämme geklebt ist. »Das Testament des Großen Kurfürsten, Schauspiel in fünf Aufzügen.« Wir lieben das Stück, aber wir kennen es, und während die Sonne hinter Schloß und Park versinkt, ziehen wir es vor, in Bilder und Träume gewiegt, auf »Schloß Oranienburg« zu blicken, eine jener wirklichen Schaubühnen, auf der die Gestalten jenes Stücks mit ihrem Haß und ihrer Liebe heimisch waren.

POTSDAM UND UMGEBUNG

Die Havelschwäne

Die Havel, um es noch einmal zu sagen, ist ein aparter Fluß; man könnte ihn seiner Form nach den norddeutschen oder den Flachlands-Neckar nennen. Er beschreibt einen Halbkreis, kommt von Norden und geht schließlich wieder gen Norden, und wer sich aus Kindertagen jener primitiven Schaukeln entsinnt, die aus einem Strick zwischen zwei Äpfelbäumen bestanden, der hat die geschwungene Linie vor sich, in der sich die Havel auf unseren Karten präsentiert. Das Blau ihres Wassers und ihre zahllosen Buchten (sie ist tatsächlich eine Aneinanderreihung von Seen) machen sie in ihrer Art zu einem Unikum. Das Stückchen Erde, das sie umspannt, eben unser Havelland, ist [...] die Stätte ältester Kultur in diesen Landen. Hier entstanden, hart am Ufer des Flusses hin, die alten Bistümer Brandenburg und Havelberg. Und wie die älteste Kultur hier geboren wurde, so auch die neueste. Von Potsdam aus wurde Preußen aufgebaut, von Sanssouci aus durchleuchtet. Die Havel darf sich einreihen in die Zahl deutscher Kulturströme.

Aber nicht von ihren Großtaten gedenke ich heute zu erzählen, nur von einer ihrer Zierden, von den Schwänen.

Die Schwäne sind auf dem ganzen Mittellauf der Havel zu Hause. Die zahlreichen großen Wasserbecken, die sich hier finden: der Tegler See, der Wannsee, der Schwielow, die Schlänitz, die Wublitz, sind ihre Lieblingsplätze. Ihre Gesamtzahl beträgt zweitausend. In früheren Jahren war es nicht möglich, diese hohe Zahl zu erreichen. Während der Franzosenzeit waren sie, als ein bequemes Jagdobjekt, zu Hunderten getötet worden; später wurden die großstädtischen Eiersammler ihrer Vermehrung gefährlich. Erst die Festsetzung strenger Strafen machte diesem Übelstande ein Ende. Seitdem ist ihre Zahl in einem steten Wachsen begriffen. Wie mächtige weiße Blumen blühen sie über die blaue Fläche hin; ein Bild stolzer Freiheit.

Ein Bild der Freiheit. Und doch stehen sie unter Kontrolle, in Sommertagen zu der Menschen, in Wintertagen zu ihrem eigenen Besten. Im Sommer werden sie eingefangen, um gerupft, im Winter, um gefüttert zu werden. So bringt der Hofstaat oder vielleicht der Fiskus, dem sie zugehören, seine sommerliche Untat durch winterliche Guttat wieder in Balance. Auf die Prozedur des Einfangens kommen wir weiterhin zurück.

Die zweitausend Schwäne zerfallen in Schwäne der Ober- und Unterhavel; das Gebiet der einen reicht von Tegel bis Potsdam, das der anderen von Potsdam bis Brandenburg. Die Glienicker Brücke zieht die Grenze. Die Schwäne der oberen Havel stehen unter der Herrschaft der Spandauer, die Schwäne der unteren Havel unter der der Potsdamer Fischer. Man könnte dies die Einteilung der »Provinz Havelschwan« in zwei Regierungsbezirke nennen. Diese großen Bezirke aber zerfallen wieder in ebenso viele Kreise, als es Haveldörfer gibt, besonders auf der Strecke von Potsdam bis Brandenburg. Die Ützer Fischer beherrschen die Wublitz, die Marquardter Fischer den Schlänitzsee, die Fischer von Kaputh den Schwielow usw. Auf der Unterhavel allein befinden sich gewiß zwanzig solcher Arrondissements, alle mit gewissen Rechten und Pflichten ausgerüstet, aber alle den beiden Hauptstädten dienstbar, alle in Abhängigkeit von Potsdam und Spandau.

Wir wenden uns nun dem Sommerfang der Schwäne zu. Er erfolgt zweimal und hat den doppelten Zweck: den Jungschwan zu lähmen und den Altschwan zu rupfen. Über die Lähmung ist nicht viel zu sagen; ein Flügelglied wird weggeschnitten, damit ist es getan. – Desto komplizierter ist der Prozeß des Rupfens. Er geschieht an zwei verschiedenen Stellen. Die Schwäne der Oberhavel werden auf dem Pichelswerder, die Schwäne der Unterhavel auf dem »Depothof« bei Potsdam gerupft. Das Verfahren ist an beiden Orten dasselbe. Wir geben es, wie wir es auf dem Depothof sahen.

Der »Schwanenmeister«, Gesamtbeherrscher des ganzen Volkes *cygnus* zwischen Tegel und Brandenburg, gibt die Order: »Am 20. Mai (der Tag wechselt) wird gerupft.« Nun beginnt das Einfangen. Die Fischer der verschiedenen Haveldörfer machen sich auf, treiben die auf ihrem Revier schwimmenden Schwäne in eine Bucht oder Ecke zusammen, fahren dann mit einem zehn Fuß langen Hakenstock in die Schwanenmassen hinein, legen den Haken, der wie bei dem Schäferstock eine halboffene Öse bildet, geschickt um den Hals des Schwanes, ziehen ihn heran und in ihr Fahrzeug hinein. Dies geschieht mit großer Schnelligkeit, so daß binnen ganz kurzer Zeit das Boot mit dicht nebeneinander hockenden Schwänen besetzt ist, und zwar derart, daß die langen Hälse der Schwäne, über die Bootkante fort, nach außen blicken. Ein sehr eigentümlicher, grotesker Anblick.

In dieser Ausrüstung treffen nun die Boote aus wenigstens zwanzig Dörfern auf dem Depothof ein und liefern ihre Schwanenfracht in die dort befindlichen Hürden ab, von wo sie nach und nach zur Rupfbank geschleppt werden.

Die Rupfbank ist ein langer Tisch, der in einem mächtigen Schuppen steht. An der einen Seite des Tisches entlang, mit scharfem Auge und flinker Hand, sitzen die Rupfweiber, meist Kiezfischer-Frauen. Ein Schwanenknecht trägt nun Stück auf Stück die Schwäne herein, reicht sie über den Tisch, die Frauen packen zu und klemmen den Hals zwischen die Beine ein, während der Knecht den auf dem Tische liegenden Schwan festhält. Nun beginnt das Rupfen mit ebenso viel Vorsicht wie Virtuosität. Erst die Federn, dann die Daunen; kein Fleck von Fleisch darf sichtbar werden. Nach Beendigung der Prozedur aber nimmt der Schwanenknecht den Schwan wieder in seinen Arm, trägt ihn zurück und wirft ihn mit Macht in die Havel. Der Schwan taucht nieder und segelt nun mit aller Gewalt quer über den Fluß, um seinen Quälern zu entfliehen. Bald aber friert ihn, und zunächst sonnige Ufer- und Inselstellen aufsuchend, eilt er erst den zweiten oder dritten Tag wieder seinen Heimatplätzen im Schwielow oder Schlänitz zu.

Einen ganz anderen Zweck, wie schon angedeutet, verfolgt das Einfangen im Winter, wenn die Havel zugeht. Die schönen Tiere würden im Eise umkommen. Sie werden also abermals zusammengetrieben und eingesammelt, um an solche Havelstellen gebracht zu werden, die nie zufrieren, oder doch fast nie zufrieren. Der Prozeß des Einfangens ist derselbe wie im Sommer, aber nicht der Transport an die eisfreien Stellen, welche letzteren sich glücklicherweise bei Potsdam selbst fast mitten in der Stadt befinden. Die Überführung in Booten ist jetzt unmöglich, da schon ganze Partien des Flusses durch Eis geschlossen sind; so treffen sie denn in allerhand Gefährt, in Bauer- und Möbelwagen, selbst in Eisenbahnwaggons, in ihrem Potsdamer Winterhafen ein.

Sie haben nun wieder sicheres Wasser unter den Füßen, die Gefahr des Erfrierens ist beseitigt, aber die Gefahr des Verhungerns – 2000 Schwäne auf allerkleinstem Terrain – würde jetzt um so drohender an sie herantreten, wenn nicht durch Fütterung für sie gesorgt würde. Diese erfolgt in den Wintermonaten täglich zweimal, morgens um acht Uhr und nachmittags um drei Uhr, immer an derselben Stelle, und zwar in der Nähe des Stadtschlosses.

Unmittelbar hinter der Eisenbahnbrücke, am Ende des Lustgartens, ist eine Stelle, welche wegen des starken Stromes nur selten zufriert. Diese ist Rendezvous. Wir geben die Drei-Uhr-Fütterung.

Schon um Mittag ziehen sich die Schwäne von allen noch offenen Stellen der Havel und aus den Kanälen der Stadt in der Nähe der Eisenbahnbrücke zusammen. Unruhig, ziehen sie nicht einzeln, sondern zu Hunderten, neben- und hintereinander, am Ufer hin und her, die alten und erfahreneren aber unter dem letzten Bogen der Eisenbahnbrücke hindurch, auf eine Stelle zu, von wo sie mit hochaufgerecktem Halse über die Uferbrüstung hinweg den langen Wallweg hinuntersehen können, auf dem der Schwanenmeister mit seinem Kornkarren heranfahren muß. Sie kennen ihn auch schon in weitester Entfernung, und kaum taucht seine Mütze zwischen den Bäumen auf, so fährt eine ganz besondere Unruhe in das zahlreiche Rudel. In höchster Anstrengung rudern sie sofort unter der Eisenbahnbrücke hindurch nach dem Futterplatze, und wenn sie ihn dort noch nicht angekommen sehen, wieder zurück zu der Stelle, wo sie seine Annäherung beobachten können. Diese unruhige Wanderung wiederholt sich so lange, bis der Schwanenmeister mit Karre und Gerstensack an der Brücke angekommen ist. Nun entsteht ein wahrer Tumult unter den Tieren. Alles stürzt übereinander und nebeneinander hin und reckt die Hälse, um nur ja keine Bewegung ihres Hüters zu übersehen und den ersten Schaufelwurf nicht zu versäumen. Noch ist es indessen nicht so weit. Der Schwanenmeister geht erst auf die Brücke, um in langgezogenen Tönen sein »Hans! Hans!« zu rufen, auf welchen Ruf die etwa noch Verspäteten von allen Seiten herbeischwimmen. Solange dies Rufen dauert, halten sich die Schwäne in der Nähe der Brücke. Hört es aber auf, und wendet der Rufende sich zu dem eigentlichen Fütterungsplatze, so rauscht das ganze Schwanenheer in einer großen, blendend weißen Masse, drängend wie ein Keil und gewaltsam wie die Räder eines Dampfschiffs, im Wasser neben dem am Ufer gehenden Schwanenmeister her. Während der Sack aufgebunden wird, schroten sich einige der Gierigsten über die Eisschollen und Ränder am Ufer auf das feste Land, watscheln unbehilflich zum Karren, um womöglich die ersten zu sein, die etwas erhalten. Ihre Berechnung wird aber jedesmal getäuscht, denn, wenn recht viele aus dem Wasser heraus und andere im Begriff sind, ihnen zu folgen, wird der Gerstenkarren rasch auf die entfernteste Stelle des Futterplatzes geschoben. Kaum sehen die ans Land gekommenen Schwäne, daß ihnen ihre Eile nichts hilft, so stürzen sie sich so rasch wie möglich in das Wasser zurück; aber es hält schwer, in der dichtgedrängten Masse der schwimmenden Schwäne ein Fleckchen zu finden, wo sie noch Platz hätten. Mit einer unglaublichen Gewaltsamkeit drängen die Hintersten gegen das Ufer. Nun erfolgt der erste Wurf weit ins Wasser hinein, und wo die Gerste das Wasser berühren kann, verschwinden im Nu alle Hälse, und man sieht plötzlich Hunderte von Zuckerhüten auf dem Wasser schwimmen. Unmittelbar am Ufer aber gelangt die Gerste gar nicht ins Wasser, sondern bleibt auf den dicht aneinander gedrängten Rücken der Schwäne liegen. Um sie aufzulesen, verschlingen die langen Hälse sich hin und wieder zu Knoten, so daß es oft den Anschein hat, als könnten sie kaum wieder auseinander kommen. Soweit jeder Wurf reicht, tritt für einige Augenblicke eine gewisse Ruhe ein; desto unruhiger und drängender geht es ringsumher zu. Mit Bissen und Flügelschlägen suchen sich die Entferntesten Bahn in den dichten Haufen zu brechen; aber vergebens, denn es kann keines der Tiere Platz machen, wenn es auch wollte, aber es will auch nicht, sondern beißt und schlägt abwehrend auf seinen Angreifer los. Wieder kommt ein Wurf, und wieder beruhigt sich eine Gruppe; ein dritter, ein vierter – der letzte ist aber noch nicht geschehen, und schon kommen die, welche zuerst gefressen, wieder herbeigerauscht und drängen die Fressenden zu einem dichten Knäuel zusammen. Wild treibende Eisschollen, vom Föhn durcheinandergewälzte Schneemassen können kein seltsameres Bild geben als diese blendend weißen, belebten Körper auf dem dunklen Wasser der Havel, rings von Eis und Schnee umgeben, so daß man kaum unterscheiden kann, wo das Eis des Ufers aufhört und der Schwanenknäuel anfängt.

Täglich werden auf diese Weise drei Scheffel Gerste verfüttert. Vergleicht man indessen das Volumen all dieser herzudrängenden Schwäne mit den anderthalb Scheffeln, die ihnen morgens und ebenso viel nachmittags zugeworfen werden, so begreift man, daß die Tiere beim Weggehen ihres Pflegers noch ziemlich ebenso lange Hälse machen wie bei seinem Kommen. Eine Zeitlang verweilen sie noch; erst wenn sie Gewißheit haben, daß alles Warten nicht mehr fruchtet, schwimmen sie langsam fort. Zurück bleiben nur noch die Kranken, die jetzt einen Versuch machen, eine kümmerliche Nachlese zu halten und die letzten Körnchen zu entdecken.

Zu der Havelschönheit tragen die Schwäne ein sehr Erhebliches bei. Sie geben dem Strom auf seiner breiten Fläche eine königliche Pracht, und eine schönere Einfassung aller dieser Schlösser und Residenzen ist kaum denkbar. In neuerer Zeit hat man diesen Zauber dadurch noch gesteigert, daß man, durch Unterlassung der Flügellähmung, den Wildschwan wieder hergestellt hat. Man wurde dazu durch verschiedene Rücksichten bestimmt. Das Nächstbestimmende war die größere Schönheit des wilden

Schwans; er ziert die Fläche mehr, die er durchschwimmt, und sein Flug durch die Luft, den er wenigstens gelegentlich macht, gewährt einen imposanten Anblick. Was aber mehr als diese Schönheitsrücksicht den Ausschlag gab, war der Wunsch, einen neuen jagdbaren Vogel, einen neuen Sport zu schaffen. Es werden jetzt von Zeit zu Zeit Wildschwanenjagden abgehalten.

Anfangs, wo man diese Jagden in unmittelbarer Nähe Potsdams abhielt, scheiterten sie. Die Tiere, zu den zahmen Schwänen sich haltend, waren zahm und vertraulich wie diese und entzogen sich kaum der Büchse des Schützen, wenn auch einzelne von ihnen schon dem Blei des letzteren erlegen waren – das war keine Jagd, das war bloßes Totschießen, und man stand auf dem Punkt, die Sache wieder aufzugeben. Da entdeckte man indessen plötzlich, daß der Wildschwan bei Potsdam und der Wildschwan flußabwärts auf den weiten, einsamen Flächen des Schwielow, der Schlänitz und der Wublitz ein ander Ding sei, und eine erste Jagd auf den großen Seen wurde abgehalten. Sie schlug ein. Hier war der Schwan noch scheu und, speziell auf der stillen, abgelegenen Wublitz, auf der bloß die gelben Mummeln und die weißen Schwäne zu Hause sind, bot er ein treffliches Jagdrevier. Sooft das Boot durch Schilf und Rohr heranschlich, horchte der Wildschwan auf, hier hatte er noch den Instinkt der Gefahr, und wenn der erste Schuß fiel, erhoben sich fünfzig der majestätischen Vögel und rauschten mit schwerem Flügelschlage durch die Luft.

Die Schönheit und Poesie dieses Tieres aber, vor allem die mächtige Schußfläche, die es bietet, werden sehr wahrscheinlich immer ein Hindernis bleiben, die Schwanenjagd in Jägeraugen zu etwas besonders Wünschenswertem zu machen. Es unterbricht nur mal den gewöhnlichen Lauf der Dinge. Ein Zwischengericht, das willkommen ist.

Die Schwäne der Havel bilden auch einen Versandartikel. Viele, von näher gelegenen Punkten zu schweigen, gehen bis Petersburg und nach den großen Städten der Union. Mannigfach sind die Versuche, ihn auch an andern Stellen einzubürgern. Es mag indessen lange dauern, ehe der Havelschwan übertroffen wird.

Der Limfjord, auf jenen weiten Wasserbassins, wo Tausende von Möwen wie weiße Nymphäen schwimmen, bietet ein ähnliches Bild. Aber doch nur ein ähnliches. Die Möwe ist eben kein Schwan.

Noch ist die Havel mit ihren zweitausend Schwänen unerreicht.

Bornstädt

Bornstädt und seine Feldmark bilden die Rückwand von Sanssouci. Beiden gemeinsam ist der Höhenzug, der zugleich sie trennt: ein langgestreckter Hügel, der in alten Topographien den Namen »der Galberg« führt. Am Südabhange dieses Höhenzuges entstanden die Terrassen von Sanssouci; am Nordabhange liegt Bornstädt. Die neuen Orangeriehäuser, die auf dem Kamme des Hügels in langer Linie sich ausdehnen, gestatten einen Überblick über beide, hier über die Baum- und Villenpracht der königlichen Gärten, dort über die rohrbedeckten Hütten des märkischen Dorfes; links steigt der Springbrunnen auf und glitzert siebenfarbig in der Sonne, rechts liegt ein See im Schilfgürtel und spiegelt das darüber hinziehende weiße Gewölk.
Dieser Gegensatz von Kunst und Natur unterstützt beide in ihrer Wirkung. Wer hätte nicht an sich selbst erfahren, wie frei man aufatmet, wenn man aus der kunstgezogenen Linie auch des frischesten und natürlichsten Parkes endlich über Graben und Birkenbrücke hinweg in die weitgespannte Wiesenlandschaft eintritt, die ihn umschließt! Mit diesem Reiz des Einfachen und Natürlichen berührt uns auch Bornstädt. Wie in einem grünen Korbe liegt es da.
Aber das anmutige Bild, das es bietet, ist nicht bloß ein Produkt des Kontrastes; zu gutem Teile ist es eine Wirkung der pittoresken Kirche, die in allen ihren Teilen deutlich erkennbar, mit Säulengang, Langschiff und Etagenturm, aus dem bunten Gemisch von Dächern und Obstbäumen emporwächst. Diese Kirche ist eine aus jener reichen Zahl von Gotteshäusern, womit König Friedrich Wilhelm IV. Potsdam gleichsam umstellte, dabei von dem in seiner Natur begründeten Doppelmotiv geleitet: den Gemeinden ein christliches Haus, sich selber einen künstlerischen Anblick zu gewähren. Auch für Bornstädt wählte er die Basilikaform.

Über die Zulässigkeit dieser Form, speziell für unser märkisches Flachland, ist viel hin und her gestritten worden, und es mag zugestanden werden, daß sie, samt dem daneben gestellten Kampanile, vorzugsweise ein coupiertes Terrain und nicht die Ebene zur Voraussetzung hat. Deshalb wirken diese Kirchen in den flachen und geradlinigen Straßen unserer Residenzen nicht eben allzu vorteilhaft, und der unvermittelt aufsteigende, weder durch Baumgruppen noch sich vorschiebende Bergkulissen in seiner Linie durchschnittene Etagenturm tritt – an die Porzellantürme Chinas erinnernd – in einen gewissen Widerspruch mit unserem christlichen Gefühl. Mit unseren baulichen Traditionen gewiß! Aber so unzweifelhaft dies zuzugestehen ist, so unzweifelhaft sind doch die Ausnahmen, und eine solche bietet Bornstädt. Es wird hier ein so malerischer Effekt erzielt, daß wir nicht wissen, wie derselbe überboten werden sollte. Der grüne Korb des Dorfes schafft eine glückliche Umrahmung, und während das Hochaufragende des Etagenturms etwas von dem Poetisch-Symbolischen der alten Spitztürme bewahrt, wird doch zugleich dem feineren Sinn eine Form geboten, die mehr ist als der Zuckerhut unserer alten Schindelspitzen. Der Ruf dieser hat sich nur, *faute de mieux*, im Zeitalter der Laternen- und Butterglockentürme entwickeln können.

Die Bornstädter Basilika samt Säulengang und Etagenturm ist ein Schmuck des Dorfes und der Landschaft; aber was doch weit über die Kirche hinausgeht, das ist ihr Kirchhof, dem sich an Zahl berühmter Gräber vielleicht kein anderer Dorfkirchhof vergleichen kann. Wir haben viele Dorfkirchhöfe gesehen, die um ihres landschaftlichen oder überhaupt ihres poetischen Zaubers willen einen tieferen Eindruck auf uns gemacht haben; wir haben andere besucht, die historisch den Bornstädter Kirchhof insoweit in Schatten stellen, als sie ein Grab haben, das mehr wiegt als alle Bornstädter Gräber zusammengenommen; aber wir sind nirgends einem Dorfkirchhofe begegnet, der solche Fülle von Namen aufzuweisen hätte.

Es hat dies einfach seinen Grund in der unmittelbaren Nähe von Sanssouci und seinen Dependenzien. Alle diese Schlösser und

Villen sind hier eingepfarrt, und was in Sanssonci stirbt, das wird in Bornstädt begraben – in den meisten Fällen königliche Diener aller Grade, näher und ferner stehende, solche, deren Dienst sie entweder direkt an Sanssouci band, oder solche, denen eine besondere Auszeichnung es gestattete, ein zurückliegendes Leben voll Tätigkeit an dieser Stätte voll Ruhe beschließen zu dürfen. So finden wir denn auf dem Bornstädter Kirchhofe Generale und Offiziere, Kammerherren und Kammerdiener, Geheime Räte und Geheime Kämmeriere, Hofärzte und Hofbaumeister, vor allem – Hofgärtner in Bataillonen.

Der Kirchhof teilt sich in zwei Hälften, in einen alten und einen neuen. Jener liegt hoch, dieser tief. Der letztere (der neue) bietet kein besonderes Interesse.

Der alte Kirchhof hat den freundlichen Charakter einer Obstbaumplantage. Die vom Winde abgewehten Früchte, reif und unreif, liegen in den geharkten Gängen oder zwischen den Gräbern der Dörfler, die in unmittelbarer Nähe der Kirche ihre letzte Rast gefunden haben. Erst im weiteren Umkreise beginnt der Fremdenzuzug, gewinnen die Gäste von Sanssouci her die Oberhand, bis wir am Rande des Gemäuers den Erbbegräbnissen begegnen. Wir haben also drei Zirkel zu verzeichnen: den Bornstädter-, den Sanssouci- und den Erbbegräbniszirkel.

An einige Grabsteine des mittleren, also des Sanssoucizirkels, treten wir heran; nicht an solche, die berühmte Namen tragen (obschon ihrer kein Mangel ist), sondern an solche, die uns zeigen, wie wunderbar gemischt die Toten hier ruhen. Da ruht zu Füßen eines Säulenstumpfes Demoiselle Maria Theresia Calefice. Wer war sie? Die Inschrift gibt keinen Anhalt: »Gott und Menschen lieben, Gutes ohne Selbstsucht thun, den Freund ehren, dem Dürftigen helfen – war ihres Lebens Geschäft.« Ein beneidenswertes Los. Dazu war sie in der bevorzugten Lage, diesem »Geschäft« zweiundachtzig Jahre lang obliegen zu können. Geboren 1713, gestorben 1795. Wir vermuten eine reponierte Sängerin.

Nicht weit davon lesen wir: »Hier ruht in Gott Professor Samuel Rösel, geboren in Breslau 1769, gestorben 1843. Tretet leise an sein Grab, ihr Männer von edlem Herzen, denn er war euch nahe verwandt.« Wer war er? Ein gußeisernes Gitter, einfach und doch zugleich abweichend von allem Herkömmlichen, schließt die Ruhestätte ein; um die rostbraunen Stäbe winden sich Vergißmeinnichtranken, und zu Häupten steht eine Hagerose.

Noch ein dritter Fremder an dieser Stelle: Heinrich Wilhelm Wagenführer, geboren zu Neuwied 1690. Er wurde vom Rhein an die Havel verschlagen, wie es scheint zu seinem Glück. Der Grabstein nennt ihn mit Unbefangenheit »einen vornehmen Kauf- und Handelsmann zu Potsdam«. Diese Inschrift, mit den Daten, die sie begleiten, ist nicht leicht zu entziffern, denn ein alter Ulmenbaum, der zur Seite steht, hat sein Wurzelgeäst derart über den Grabstein hingezogen, daß es aussieht, als läge eine Riesenhand über dem Stein und mühe sich, diesen an seiner Grabesstelle festzuhalten. Gespenstisch am hellen, lichten Tag!

Wir gehen vorbei an allem, was unter Marmor und hochtönender Inschrift an dieser Stelle ruht, ebenso an den Erbbegräbnissen des dritten Zirkels und treten in eine nach links hin abgezweigte Parzelle dieses Totenackers ein, die den Namen des »Selloschen Friedhofs« führt. Die Sellos sind Sanssoucigärtner seit über hundert Jahren. Ihre Begräbnisstätte bildet eine Art vorspringende Bastion; ein niedriges Gitter trennt sie von dem Rest des Kirchhofs. Hier ruhen, außer der »Dynastie Sello«, mit ihnen verschwägerte oder befreundete Sanssoucimänner, die »Eigentlichsten«.

Karl Timm, Geheimer Kämmerer, gestorben 1839.

Emil Illaire, Geheimer Kabinettsrat, gestorben 1866.

Peter Josef Lenné, Generaldirektor der königlichen Gärten, gestorben 1866.

Friedrich Ludwig Persius, Architekt des Königs, gestorben 1845.

Ferdinand von Arnim, Hofbaurat, gestorben 1866.

Denkmal an Denkmal hat diese Begräbnisstätte der Sellos zugleich zu einer Kunststätte umgeschaffen: Marmorreliefs in der Sprache griechischer und christlicher Symbolik sprechen zu uns; hier weist der Engel des Friedens nach oben; dort, aus dem weißen Marmorkreuz hervor, blickt das Dornenantlitz zu uns nieder, das zuerst auf dem Schweißtuche der heiligen Veronika stand. Nur die Sellos, die eigentlichen Herren des Platzes, haben den künstlerischen Schmuck verschmäht: einfache Feldsteinblöcke tragen ihre Namen und die Daten von Geburt und Tod.

Sie haben den künstlerischen Schmuck verschmäht, nur nicht den, der ihnen zustand. Die alten Gärtner wollten in einem Garten schlafen. So viele Gräber, so viele Beete – das Ganze verandaartig von Pfeilern und Balkenlagen umstellt. Die Pfeiler wieder hüllen sich in Efeu und wilden Wein, Linden und Nußbäume strecken von außen her ihre Zweige weit über die Balkenlagen fort, zwischen den Gräbern selbst aber stehen Taxus und Zypressen, und die brennende Liebe der Verbenen spinnt ihr Rot in das dunkelgrüne Gezweig.

Aus der Selloschen Begräbnisparzelle sind wir auf den eigentlichen Kirchhof zurückgeschritten.

Noch *ein* Denkmal verbleibt uns, an das wir heranzutreten haben: ein wunderliches Gebilde, das, in übermütigem Widerspruch mit Marmorkreuz und Friedensengel, den Ernst dieser Stunde wie ein groteskes Satyrspiel beschließt. Es ist dies das Grabdenkmal des bekannten Freiherrn Paul Jakob von Gundling, der Witz und Wüstheit, Wein- und Wissensdurst, niedere Gesinnung und stupende Gelehrsamkeit in sich vereinigte, und der, in seiner Doppeleigenschaft als Trinker und Hofnarr, in einem Weinfaß begraben wurde. In der Bornstädter Kirche selbst, in der Nähe des Altars. Über seinem Grabe ließ König Friedrich Wilhelm I. einen Stein errichten, der trotz des zweifachen Neubaus, den die Kirche seitdem erfuhr, derselben erhalten blieb. Dies Epitaphium, ein Kuriosum ersten Ranges, bildet immer noch die Hauptsehenswürdigkeit der Kirche. Hübsche Basiliken gibt es viele; ein solches Denkmal gibt es nur einmal. Ehe wir eine Beschreibung desselben versuchen, begleiten wir den Freiherrn durch seine letzten Tage, auf seinem letzten Gange. Wir benutzen dabei, mit geringen Abweichungen, einen zeitgenössischen Bericht:

»Von Gundling wurde vor Ostern des Jahres 1731 krank und starb den 11. April auf seiner Stube im königlichen Schlosse zu

Potsdam. Sein Körper ward sogleich auf einem Brette nach dem Witwenhause der Lakaienfrauen getragen und hier von den Wundärzten geöffnet. In seinem Magen fand man ein Loch.

Sein Leichenbegängnis war äußerst lustig und seinem geführten Lebenswandel völlig angemessen. Schon vor zehn Jahren hatte ihm der König seinen Sarg in Form eines Weinfasses verfertigen lassen. Es war schwarz angestrichen und auf dem obern Teile mit einem weißen Kreuze geschmückt, welches nach allen vier Seiten heruntering. Es wird erzählt, daß Gundling sich schon bei Lebzeiten öfters in diesen Sarg gelegt und zur Ergötzung des Hofes ein Glas Wein darin getrunken habe. Nachdem er tot war, legte man ihn in seinem rotsamtenen, mit blauen Aufschlägen besetzten Kleide, desgleichen mit roten seidenen Strümpfen und einer großen Staatsperücke, in dasselbe hinein. Umher stellte man zwölf Gueridons mit brennenden weißen Wachskerzen. In dieser Parade ward er jedermann öffentlich gezeigt. Besonders kamen viele Fremde nach Potsdam, um ihn zu sehen.

Nachdem der Kastellan des Schlosses vom Könige den Befehl erhalten hatte, alles zum Begräbnis Erforderliche zu besorgen, ward dem Verstorbenen die Kirche zu Bornstädt als Ruhestätte bestimmt. Zur Leichenbegleitung wurden mehr als fünfzig Offiziere, Generale, Obersten und andere angesehene Kriegsbediente, die Geistlichen, die Potsdamer Schule, die königlichen Kabinettssekretäre, Kammerdiener, Küchen- und Kellereibediente eingeladen. Hierzu kam noch der Rat und die Bürgerschaft der Stadt, welche sich sämtlich, mit schwarzen Mänteln angetan, bei dieser Handlung einfinden mußten. Alle diese Begleiter waren bereit und willig, Gundling die letzte Ehre zu erweisen, bis auf die lutherischen und reformierten Geistlichen, die zu erscheinen sich weigerten. Da sie um die Ursache befragt wurden, schützten sie die Gestalt des Sarges vor, welche nicht erlaube, daß sie dabei ohne Anstoß erscheinen könnten. Man fand nicht für gut, sie weiter zu nötigen, und ließ sie weg.

Nun stellte sich aber ein zweiter Umstand dar, welcher neue Schwierigkeiten hervorbrachte. Da die Geistlichkeit, von der ein lutherisches Mitglied die Parentation halten sollte, nicht erschien, so war man verlegen, wer dies Geschäft nun übernehmen würde. Nachdem man hin und her gesonnen hatte, verfiel man endlich auf des Verstorbenen Erzfeind, auf David Faßmann. Dieser übernahm es und hielt wirklich die Leichenrede.

Nach Schluß derselben wurden Lieder gesungen und alle Glocken geläutet. Der bis dahin offen gestandene Sarg ward zugemacht, ein Bahrtuch darüber geworfen, und so ging es in bester Ordnung und unter fortgesetztem Läuten bis vor den Schlagbaum von Potsdam hinaus. Hier blieb die Prozession zurück, und nur wenige folgten der Leiche, die auf einen Wagen gesetzt und nach Bornstädt gefahren wurde. Hier wurde sie abgeladen und inmitten der Kirche eingesenkt. – Ein großer, zierlich ausgehauener Leichenstein erhielt folgende Inschrift:

Allhier liegt begraben der weyland Hoch- und Wohlgeborne

Herr,

Herr Jakob Paul Freiherr von Gundling,

Sr. K. Majestät in Preußen Hochbestallt gewesener Ober-Ceremonienmeister, Kammerherr, Geh. Ober-Appellations-, Kriegs-, Hof-, Kammer-Rath, Präsident der K. Societät der Wissenschaften, Hof- und Kammergerichtsrath, auch Historiographus etc., welcher von Allen, die ihn gekannt haben,

wegen seiner Gelehrsamkeit bewundert,
wegen seiner Redlichkeit gepriesen,
wegen seines Umgangs geliebt und
wegen seines Todes beklagt worden.

Anno 1731.

Darunter befindet sich groß und in sauberer Ausführung das freiherrliche Wappen.«

So etwa der zeitgenössische Bericht.

Des Wappens auf dem Leichensteine wird nur in aller Kürze Erwähnung getan, und doch ist dasselbe von besonderem Interesse. Es zeigt, daß des Königs Geneigtheit, an Gundling seinen Spott zu üben, auch über den Tod des letztern fortdauerte. Hatte er schon früher durch Erteilung eines freiherrlichen Wappens, auf dem die angebrachten drei Pfauenfedern die Eitelkeit des Freiherrn geißeln sollten, seinem Humor die Zügel schießen lassen, so ging er jetzt, wo es sich um die Ausmeißelung eines Grabsteins für Gundling handelte, noch über den früheren Sarkasmus hinaus, und das Grabsteinwappen erhielt zwei neue Schildhalter: eine Minerva und einen aufrecht stehenden Hasen. Die Hieroglyphensprache des Grabsteins sollte ausdrücken: Er war klug, eitel, feige.

Dieser interessante Stein lag ursprünglich im Kirchenschiff; jetzt ist er senkrecht in die Frontwand eingemauert und wirkt völlig wie ein errichtetes Denkmal.

Wenn der weiße Marmor so vieler Gräber draußen längst zerfallen sein und kein rotdunkles Verbenenbeet den Verandabegräbnisplatz der Sellos mehr schmücken wird, wird dies wunderliche Wappendenkmal, mit den Pfauenfedern und dem aufrechtstehenden Hasen, noch immer zu unsern Enkeln sprechen, und das Märchen von »Gundling und dem Weinfaßsarge« wird dann wundersam klingen wie ein grotesk-heiteres Gegenstück zu den Geschichten vom Oger.

DER SCHWIELOW UND SEINE UMGEBUNGEN

Der Schwielow

Der Schwielow ist eine Havelbucht im großen Stil wie der Tegler See, der Wannsee, der Plauesche See. Allesamt sind es Flußhaffe, denen man zu Ehre oder Unehre den Namen »See« gegeben hat. In etwaige Rangstreitigkeiten treten wir nicht ein; sie mögen unentschieden bleiben wie andere mehr.
Unter allen Havelbuchten, welchen Namen sie immer führen mögen, ist der Schwielow die größte und sehr wahrscheinlich auch die neueste. Vielleicht zählt dies weite Wasserbecken noch keine tausend Jahre, keinenfalls geht es weit in die Vorgeschichte zurück. Mannigfachen Anzeichen nach ging in den ersten Jahrhunderten unserer Zeitrechnung die südliche Ausbuchtung der Havel nur etwa eine Meile über Potsdam hinaus, und ein Erdwall, über dessen Ausdehnung und Beschaffenheit es nutzlos wäre zu konjekturieren, schob sich etwa in der Höhe des Dorfes Kaputh trennend zwischen die höher gelegene Havel im Norden und ein tiefer gelegenes Moorland im Süden. Da, in einer Sturmnacht, staute ein Südwest die ihm entgegenfließenden Havelwasser bis an die Potsdamer Enge zurück, und plötzlich umschlagend in einen eisigen Nord-Nord-Ost stieß er die aufgetürmte Wassermasse mit solcher Gewalt gegen den Erdwall, daß dieser zerbrach und die bis dahin abgedämmten Havelwasser wie aus einem Schleusenwerk sich in das tiefer gelegene Moorbecken ergossen. In jener Nacht wurde der Schwielow geboren.
Im Einklange hiermit ist es, daß die weite Wasserfläche, die jetzt diesen Namen führt, mehr durch ihre Masse als durch ihre Tiefe imponiert: Der Schwielow hat ganze Striche, wo man Grund fühlen, noch andere, wo man ihn durchwaten kann. Unter allen unsren Seen kommt er dem Müggelsee am nächsten. An Fläche und Ausdehnung diesem Könige der märkischen Gewässer nah verwandt, weicht er im Charakter doch völlig von ihm ab. Die

Müggel ist tief, finster, tückisch – die alten Wendengötter brauen unten in der Tiefe; der Schwielow ist breit, behaglich, sonnig und hat die Gutmütigkeit aller breit angelegten Naturen. Er hält es mit leben und leben lassen; er haßt weder die Menschen noch das Gebild aus Menschenhand; er ist das Kind einer andern Zeit, und der Christengott pochte vielleicht schon an die Tore, als er ins Dasein trat.

Der Schwielow ist gutmütig, so sagten wir; aber wie alle gutmütigen Naturen kann er heftig werden, plötzlich, beinahe unmotiviert, und dann ist er unberechenbar. Eben noch lachend, beginnt ein Kräuseln und Drehen, nun ein Wirbel, ein Aufstäuben, ein Gewölk – es ist, als führe eine Hand aus dem Trichter, und was über ihm ist, muß hinab in die Tiefe. In solchen Augenblicken gibt er der Müggel nichts nach. Es gibt ganze Linien, wo die gescheiterten Schiffe liegen.

Ihn zu befahren in seiner ganzen Breite war seit lange mein Wunsch. Heute bot sich die Gelegenheit. Der Wind war gut, ein regelrechter Südost. An der Fährstelle zu Kaputh lag das Boot; grün und weiß die Planken und Ruder; das Segel war noch an den Mast gebunden. Wir stiegen ein zu dritt, mit uns die Söhne des Fährmannes, drei junge Kaputher Midshipmen zwischen zehn und vierzehn, die auf dem Schwielow für den vaterländischen Dienst sich vorbereiten, wie einst der Peipus die hohe Schule war für die werdende russische Flotte. Sie hatten bereits die Ruhe des Seemanns; dazu blaue Mützen mit Goldstreif und dem Anker daran. Der Älteste nahm den Platz am Steuer; nun los die Bänder, der Wind fuhr in das flatternde Segel, und wie ein Pfeil glitten wir über die breite Fläche hin. Der Fährmann, eine prächtige Gestalt, stand am Ufer und wünschte gute Fahrt. Wir gaben Antwort mit Hohiho und Mützenschwenken.

Eine Weile ging das Geplauder, aber bald wurden wir still. Wir waren jetzt in der Mitte des Sees, die Sonne stand hinter einem Gewölk, so daß alles Glitzern und Blenden aufhörte, und nach links hin lag jetzt in Meilentiefe der See. Ein Waldkranz, hier und da von einzelnen Pappeln und Ziegelessen überragt, faßte die weiten Ufer ein; vor uns, unter Parkbäumen, Petzow und Baum-

gartenbrück, nach links hin, an der Südspitze des Sees, das einsame Ferch.
Dieser einsame Punkt war mit unter den Lieblingsplätzen Friedrich Wilhelms IV., der in Sommertagen, wenn er abends zu Schiff in die Havelseen hinausfuhr, gern hier anlegte und seine Teestunde im engsten Kreise verplauderte. Noch zeigt eine umfriedete Stelle den Platz am Abhang, wo er zu sitzen und das schöne Bild zu überblicken liebte.
Jetzt lag die Breite des Sees hinter uns; noch durch einen Schilfgürtel hindurch, und wir glitten das schlammige Ufer hinauf; nur der Stern des Kahns lag noch im Wasser. Hügelan steigend suchten wir eine schattige Stelle unter dem Dach zweier halb zusammengewachsener Akazienbäume und sahen nun hinaus auf die blanke Fläche, auf das Spiel wechselnder Farben und auf das stille Leben, das darüber hinglitt. Blaue Streifen zogen sich durchs Grau, dann umgekehrt, und quer durch diese Linien, über die das Licht hinglitzerte, kamen und gingen die Schiffe. Die Segel standen blendend weiß in der Sonne.
Stunde und Stimmung waren günstig zum Plaudern. Unser Schwielowführer nahm das Wort, und an den Rand des Schattens tretend, der unsern Platz umzirkelte, hob er jetzt geschäftig an: »Dort, wo Sie den grauen Streifen sehen, fast in der Mitte, aber mehr nach Kaputh zu, dort liegen die Schiffe, die der Schwielow hinabgerissen; was er hat, das hält er fest; er gibt sie schwer wieder heraus. Und doch soll er's und doch wird er darum angegangen. Die Versicherungsgesellschaften setzen ihm scharf zu und fragen nicht lange, ob er will oder nicht. Es ist noch nicht lange, da haben sie's wieder versucht. In Kaputh gibt es immer einen Freudentag; ob's glückt oder nicht, es bringt uns Geld ins Dorf.«
»Wie werden denn diese Hebungsversuche gemacht?«
»Das ist einfach genug. Eines Tages erscheinen zwanzig Mann oder mehr, und mit ihnen kommen zwei große, starke Havelkähne, mit hohen Wänden, zugleich mit allerhand Maschinen und Hebevorrichtungen an Bord. Nun legen sich die beiden Havelkähne zu seiten des untergegangenen Schiffes, von einem Kahn zum andern werden drei starke Bohlenbrücken gelegt und

auf diese Brücken drei Drehbassen gestellt. Ein Assekuranz-Taucher, der immer mit zur Stelle ist und zu den Hauptfunktionären zählt, tritt nun seine Niederfahrt an, und unter dem Rumpf des gesunkenen Schiffes hinweg – an den Stellen, die oben den drei Brückenlagen entsprechen – zieht er jetzt drei eiserne Ketten, die nunmehr jede einzelne zusammengeknotet und an dem Kranhaken befestigt werden. Nun beginnen die Drehbassen ihr Werk. Geht alles gut und denkt der Schwielow bei sich: ›nun meinetwegen‹, so bringen sie das Schiff heraus und halten es zwischen den beiden gesunden Kähnen fest, bis die Ladung geborgen ist; ist aber der Schwielow schlechter Laune und weiß er's dahin einzurichten, daß der eine Kran schärfer anzieht als der andere, so ist alles verloren: das Schiff zerbricht, die Ladung geht in die Tiefe, und die Trümmer treiben umher. Wie es mit dem Strandrecht am Schwielow steht, kann ich nicht sagen.«
So ging die Rede. Noch manches Wort fiel, vom Ziegelbetrieb, von Maulbeerbäumen und Seidenzucht, vom Kornhandel nach Sachsen, vom Weinbau, der einst an diesen Hügelhängen blühte, zuletzt von der Jagd und den Wilderern am Schwielow hin.
»Sie treiben's arg«, hob unser Erzähler wieder an. »In den kleinen Ortschaften, da, südlich über Ferch hinaus, da sitzen sie; jeder kennt sie, aber keiner kann es beweisen. In Kittel oder Joppe geht es zum Tore hinaus, tausend Schritt weiter hin, unter einem dichten Wacholderbusch, hat er seine Büchse vergraben; nun holt er sie aus Moos und Erde hervor und – der Wilderer ist fertig. Ja, Ihr Herren Berliner – und dabei hob er scherzhaft den Finger gegen mich – um Euren Festbraten säh' es schlecht aus, wenn die Wilderer nicht wären und ihren Hals dran setzten. Wenn der Rehrücken erst auf der Tafel steht, schmeckt's keiner mehr, wessen Blei ihn getroffen. Manch einem mundet's auch wohl um so besser, je mehr er weiß, es ist so was wie verbotene Frucht. Aber sie zu pflücken ist mühevoll; das muß wahr sein. Der Förster da unten ist ihnen zu hart auf der Spur, der versteht keinen Spaß, ›du oder ich‹; zwei haben's schon bezahlen müssen, und beide Male haben ihn die Gerichte freigesprochen. Es ist ein eigen Ding um Menschenblut. Ich hätt's nicht gern an meinen

Händen. Aber am Ende, wenn es hieße: meins oder deins, ich dächt' auch lieber: deins.«

Unser Auge hatte sich unwillkürlich nach Ferch hinübergerichtet; ein Schuß, der in den weiten Waldungen widerhallte, durchzitterte uns leise. Die Sonne neigte sich; in einer Viertelstunde mußte sie unter sein. Wir eilten zu unserm Boot und nahmen, uns rückwärts setzend, unseren Blick gegen Westen, um vom Wasser aus dem Schauspiel folgen zu können.

Noch eh' wir die Mitte des Sees erreicht, hing der rote Ball über dem Sparren- und Schattengerüst der Zugbrücke von Baumgartenbrück, während das glühende Spiegelbild der Sonne nur drei Handbreit tiefer stand. Die eine Sonne dicht über dem Horizont, die andere dicht über dem Wasser, und nur der schwarze Streifen des Brückengebälks zwischen beiden!

Nun unter. Die Nebel fingen an leise zu brauen. Ein Schleier über Wasser und Wald; Ferch dämmerte immer unbestimmter herauf; nur am Kaputher Ufer war es noch hell.

Welch Bild jetzt! Da, wo das »Gemünde«, das tiefgehende eigentliche Fahrwasser, das aus der Havel in den Schwielow führt, sich als ein blauer Streifen markiert, zogen in langen Rudeln die Havelschwäne; zu beiden Seiten des »Gemündes« aber, an den einfassenden seichten Stellen Spalier bildend, blühten in dichten Girlanden die weißen Teichrosen aus dem Wasser auf. In einiger Entfernung war es nicht zu unterscheiden, wo das Blühen aufhörte und das Ziehen und Schwimmen begann. Und durch all das Weiß hin, das eben jetzt einen leisen Schimmer der scheidenden Abendröte trug, schob sich unser Kahn an die Kaputher Fähre heran, und der Fährmann, am Ufer unser harrend, hieß uns willkommen und beglückwünschte uns als »wieder zurück vom Schwielow«.

Kaputh

Die Sonne war eine halbe Stunde unter, als wir wieder diesseits des Schwielow standen; es war keine Zeit mehr für Kaputh; die schmale Mondessichel reichte nicht aus; – die Stunde war verpaßt. So sahen wir uns denn vor die Alternative gestellt, ob wir, mit der Chance, den letzten Zug zu versäumen, unseren Rückweg antreten oder *coûte que coûte* in Kaputh übernachten wollten. Ich tat die entsprechende Frage, meine Bedenken hinsichtlich des Nachtlagers nicht verschweigend.

Unser Führer (der Leser wird sich freundlichst seiner entsinnen) sah mich leise vorwurfsvoll an und erwiderte dann ruhig: »Sie kennen Boßdorf nicht.«

»Nein.«

»Nun, es ist Liebhaberei, daß er hier festsitzt. Er hat das beste Bier und die besten Betten. Von allem andern rede ich gar nicht. Boßdorf ist ein Name in diesen Gegenden.«

»Gut denn. Also Boßdorf!«

Diese Unterredung war zwischen Fährstelle und Dorf geführt worden; als wir eben schlüssig geworden, hielten wir vor dem Gegenstand unseres Gesprächs. Er reichte vielleicht nicht voll an die Höhe heran, die ihm der Lokalpatriotismus unseres Freundes anzuweisen trachtete, aber er hatte doch, wie ich auf der Stelle wahrnehmen konnte, die unerläßlichste aller Wirtseigenschaften: Er war freundlich. Sein Bier und seine Rede lullten mich ein, und ich schlief bis an den hellen Tag. Nur einmal wacht' ich auf; ich glaubte in einem Trichter zu liegen (was auch zutraf) und hatte geträumt, der Schwielow habe mich in seine Tiefe gezogen.

Unter einem Lindenbaum in Front des Hauses wurde der Kaffee genommen; die Spatzen musizierten über mir; endlich, als sie ihren Mann durchschaut, hüpften sie vom Gezweige nieder auf den Tisch und nahmen, nach dem Maße meiner Guttat, an meinem Frühstück teil. Ich konnte es ohne Opfer tun; es waren

Semmeln in großem Format. Jenseit des Staketenzaunes ging das Leben des Dorfes stillgeschäftig seinen Gang: junges Volk, die Sense auf der Schulter, eilte zur Mahd hinaus; Kinder mit Erdbeeren kamen aus dem Walde; Schiffersleute, in weiten Teerjacken, schritten auf den See zu. Ein anmutiges Bild. Ich verstand jetzt Boßdorf vollkommen und warum er hier festsitzt.

Ein Wagen fuhr vor, ein vollgestopfter Kremser. Vormittagsgäste; unverkennbar eine animierte Gesellschaft. Ältliche Herren, junge Damen; aber nicht zu jung.

Boßdorf sprang an den Wagen. Als er wieder an mir vorbei wollte, suchte ich ihn zu fassen und fragte leise: »Potsdamer?« Er aber – mit einer Handbewegung, in der sich eine Welt widerstreitender Empfindungen: Diensteifer und Geschmeicheltsein, Verlegenheit und ironische Schelmerei aussprach – antwortete im Vorüberfliegen: »Berliner.«

Berliner. Es gereichte meiner Menschenkenntnis wenig zur Ehre, diese Tatsache auch nur einen Augenblick verkannt zu haben. Es war Vollblut. Dabei unverkennbar auf einer sogenannten »ernsten Partie« begriffen.

Dieser Ausdruck mag einzelne meiner Leser überraschen; aber es hat seine Richtigkeit damit. Es gibt zwei Arten von Landpartien. Da sind zunächst die heiteren. Sie sind weithin kenntlich durch ihren starken Prozentsatz an Kindern; nie weniger als die Hälfte. In dem Moment der Landung, wo immer es sei, scheint die Welt aus lauter weißgekleideten kleinen Mädchen mit Rosaschleifen zu bestehen. Die Väter bestellen den Kaffee; das Auge der Mutter gleitet befriedigt über die glücklichen Gänseblümchen hin, von denen immer drei auf den Namen Anna und sechs auf den Namen Martha hören. Nun geht es in die Wiese, den Wald. Die Parole ist ausgegeben: Erdbeeren suchen. Alles ist Friede; die ganze Welt ein Idyll. Aber schon beginnen die dunklen Wetter zu brauen. Mit dem Eintritt in den Wald sind die weißen Kleider ihrem Verhängnis verfallen. Martha I. ist an einem Wacholderstrauch hängengeblieben, Martha II. hat sich in die Blaubeeren gesetzt – wie Schneehühner gingen sie hinein, wie Perlhühner kommen sie wieder heraus. Der Sturm bricht los. Wer je Berliner

Mütter in solchen Augenblicken gesehen, wird die kriegerische Haltung der gesamten Nation begreiflich finden. Die Väter suchen zu intervenieren. Unglückliche! Jetzt ergießt sich der Strom in sein natürliches Bett.

Und doch sind dies die heiteren Landpartien, denen wir die ernsten entgegenstellen. An diesen letzteren nehmen Kinder nie teil. Es gibt auch rote Schleifen, aber das Rosa ist Ponceau geworden. Man spricht in Pikanterien, in einer Art Geheimsprache, für die nur der Kreis der Eingeweihten den Schlüssel hat. Bowle und Jeu lösen sich untereinander ab; unglaubliche Toaste werden ausgebracht, und längst begrabene Gottheiten steigen triumphierend wieder auf. Sonderbar. Auf den heiteren Landpartien wird immer geweint, auf den ernsten Landpartien wird immer nur gelacht.

Vor mir, am Staket, hielt eine ernste Landpartie. Zwei Herren, Fünfziger, mit großen melierten Backenbärten, Lebemänner aus der Schicht der allerneuesten Torf- und Ziegelaristokratie, sprangen mit berechneter Leichtfüßigkeit vom Wagen und gaben dadurch Gelegenheit, das im Wagen verbliebene Residuum der Gesellschaft besser überfliegen zu können. Das meiste war Staffage, bloße Najaden und Tritonen, die als Beiwerk, auch wohl als Folie notwendig da sein müssen, wenn Venus aus den Wellen steigt. Wem die Rolle der letztern oblag, darüber konnte kein Zweifel sein. Sie war dreißig, überthronte das Ganze, trug das Haar kurz geschnitten à la Rosa Bonheur und hielt eine große italienische Laute auf ihren Knien. Übrigens war sie wirklich hübsch; alles im Brunhildenstil; dieselbe weiße Hand, die jetzt auf der Laute ruhte, hätte auch jeden beliebigen Stein fünfzig Ellen weit geschleudert.

In diesem Moment, ehe ich noch den Kremser völlig durchmustert hatte, erschien Boßdorf mit einem großen Tablett. Es war ein Morgenimbiß, der für den Rest des Tages einige Perspektiven eröffnete: vier Kulmbacher, vier Werdersche, mehrere Kognaks und eine Pyramide von Butterbroten. Alle Macht ist ein Magnet – Boßdorf präsentierte der Lautenschlägerin zuerst. Diese, ohne weiteres, machte eine halbe Schwenkung, glitt, nicht ohne einen Anflug von Entsagung, über die kleinen Gläser hin, nahm eine

Kulmbacher, prüfte das Verhältnis von Schaum und Saft und trank aus. Ohne abzusetzen. Als ihr Boßdorf die Butterbrotseite des Tabletts zudrehte, nickte sie abwehrend.

In kürzester Frist war übrigens das Tablett leer, nicht alle waren wählerisch; die Entrepreneurs eilten zu ihren Plätzen; die Pferde zogen an. Ein Lindenzweig streifte noch huldigend die Stirn der Primadonna; im nächsten Augenblicke verschwand der Kremser in einer Querstraße des Dorfes. Ich horchte ihnen nach. Es war mir, als trüge der Wind herüber: »Im Wald, im schönen, grünen Wald« und dazwischen verlorene Lautenklänge.

Ich war nun wieder allein und wollte bereits – was immer einen äußersten Grad von Verlegenheit ausdrückt – zu den »Territorien der Mark Brandenburg«, einer Art märkischem Bädeker, meine Zuflucht nehmen, als das Erscheinen unseres freundlichen Führers vom Tage vorher meiner Verlegenheit ein Ende machte und mich aus der toten Aufzeichnung in das frisch pulsierende Leben stellte. Wir schlenderten am See hin, das Dorf entlang, an Schloß und Park vorbei; es war eine anmutige Vormittagsstunde, anregend, lebendig, lehrreich.

Kaputh ist eines der größten Dörfer der Mark, eines der längsten gewiß; es mißt wohl eine halbe Meile. Daß es wendisch war, besagt sein Name. Was dieser bedeutet, darüber existieren zu viele Hypothesen, als daß die eine oder andere viel für sich haben könnte. So zweifelhaft indes die Bedeutung seines Namens, so unzweifelhaft war in alten Zeiten die Armut seiner Bewohner. Kaputh besaß keinen Acker, und die große Wasserfläche, Havel samt Schwielow, die ihm vor der Tür lag, wurde von den Potsdamer Kiezfischern, deren alte Gerechtsame sich über die ganze Mittelhavel bis Brandenburg hin erstreckten, eifersüchtig gehütet und ausgenutzt. So stand es schlimm um die Kaputher; Ackerbau und Fischerei waren ihnen gleichmäßig verschlossen. Aber die Not macht erfinderisch, und so wußten sich denn schließlich auch die Bewohner dieses schmalen Uferstreifens zu helfen. Ein doppeltes Auskunftsmittel wurde gefunden; Mann und Frau teilten sich, um von zwei Seiten her anfassen zu können. Die Männer wurden Schiffer, die Frauen verlegten sich auf Gartenbau.

Die Nachbarschaft Potsdams, vor allem das rapide Wachstum Berlins, waren dieser Umwandlung, die aus dem Kaputher Tagelöhner einen Schiffer oder Schiffsbauer machte, günstig, riefen sie vielleicht hervor. Überall an Havel und Schwielow hin entstanden Ziegeleien, und die Millionen Steine, die Jahr aus, Jahr ein am Ufer dieser Seen und Buchten gebrannt wurden, erforderten alsbald hunderte von Kähnen, um sie auf den Berliner Markt zu schaffen. Dazu boten die Kaputher die Hand. Es entstand eine völlige Kahnflotte, und mehr als sechzig Schiffe, alle auf den Werften des Dorfes gebaut, befahren in diesem Augenblicke den Schwielow, die Havel, die Spree. Das gewöhnliche Ziel, wie schon angedeutet, ist die Hauptstadt. Aber ein Bruchteil geht auch havelabwärts in die Elbe und unterhält einen Verkehr mit Hamburg.

Kaputh – das Chicago des Schwielowsees – ist aber nicht bloß die große Handelsempore dieser Gegenden; nicht bloß End- und Ausgangspunkt der Zauche-Havelländischen Ziegeldistrikte, nein, es ist auch Stationspunkt, an dem der ganze Havelverkehr vorüber muß. Der Umweg durch den Schwielow ist unvermeidlich; es gibt vorläufig nur diese eine fahrbare Straße. Eine Abkürzung des Weges durch einen Nordkanal ist geplant, aber noch nicht ausgeführt. So wird denn das aus eigenen Mitteln eine Kahnflotte hinaussendende Kaputh, das, wenn es sein müßte, sich selbst genügen würde, zugleich zu einem allgemeinen See- und Handelsplatz, zu einem Hafen für die Schiffe anderer Gegenden, und die Flottillen von Rathenow, Plaue, Brandenburg, wenn eine Havarie sie trifft oder ein Orkan im Anzuge ist, laufen hier an und werfen Anker. Am lebendigsten aber ist es auf der Kaputher Reede, wenn irgendein großer Festtag einfällt und alte gute Sitte die Weiterfahrt verbietet. Das ist zumal um Pfingsten. Dann drängt alles hier zusammen; zu beiden Seiten des »Gemündes« liegen hundert Schiffe oder mehr, die Wimpel flattern, und hoch oben vom Mast, ein entzückender Anblick, grüßen hundert Maienbüsche weit in die Ferne.

Das ist die große Seite des Kaputher Lebens; daneben gibt es eine kleine. Die Männer haben den Seefahrerleichtsinn; das in Monaten Erworbene geht in Stunden wieder hin, und den Frauen fällt nun die Aufgabe zu, durch Bienenfleiß und Verdienst im kleinen die Rechnung wieder ins gleiche zu bringen.

Wie wir schon sagten, es sind Gärtnerinnen; die Pflege, die der Boden findet, ist die sorglichste, und einzelne Kulturen werden hier mit einer solchen Meisterschaft getrieben, daß die »Kaputhschen« imstande sind, ihren Nachbarn, den »Werderschen«, Konkurrenz zu machen. Unter diesen Kulturen steht die Erdbeerzucht obenan. Auch ihr kommt die Nähe der beiden Hauptstädte zustatten, und es gibt kleine Leute hier, mit einem halben Morgen Gartenland, die in drei bis vier Wochen hundertundzwanzig Taler für Ananaserdbeeren einnehmen. Dennoch bleiben es kleine Leute, und man kann auch in Kaputh wieder die Wahrnehmung machen, daß die feineren Kulturen es nicht zwingen und daß fünfzig Morgen Weizacker nach wie vor das Einfachste und das Beste bleiben. –

Unter Gesprächen, deren Inhalt ich in vorstehendem zusammenzufassen gesucht habe, hatten wir das Dorf nach Norden hin passiert und hielten jetzt an einer Havelstelle, von wo aus wir über einen parkartigen, grüngemusterten Garten hinweg auf das Herrenhaus sehen konnten, einen Hochparterrebau mit Souterrain und zweiarmiger Freitreppe.

Dia Herrenhaus führt den Namen »Schloß«, und trotz bescheidener Dimensionen immer noch mit einem gewissen Recht, wenigstens seiner inneren Einrichtung nach. Man geht in der Mark etwas verschwenderisch mit diesem Namen um und hilft sich nötigenfalls (wie beispielsweise in Tegel) durch das Diminutivum: Schlößchen.

Schloß Kaputh war in alten Zeiten Rochowsch. Im Dreißigjährigen Kriege zerfiel es oder wurde zerstört, und erst von 1662 an erstand hier ein neues Leben. In diesem Jahre ging Kaputh, Dorf wie Schloß, in den Besitz des Großen Kurfürsten über und verblieb, ein kurzes Vorspiel abgerechnet, auf das wir des weiteren zurückkommen (wir meinen die Zeit de la Chiezes), hundertundfünfzig Jahre lang bei der Krone. Eine lange Zeit. Aber die Zeit seines Glanzes war um so kürzer und ging wenig über ein

Menschenalter hinaus. Mit dieser Glanzepoche, unter Weglassung alles dessen, was vorausging und was folgte, werden wir uns in nachstehendem zu beschäftigen haben. Auch diese vorübergehende Glanzesära gliedert sich in verschiedene Zeitabschnitte, und zwar in die Zeit des Generals de la Chieze bis 1671, die Zeit der Kurfürstin Dorothea bis 1689 und die Zeit Sophie Charlottens und König Friedrichs I. bis 1713.

General de la Chieze
von 1662 bis 1671

Der Große Kurfürst, nachdem er 1662 Schloß und Gut Kaputh erstanden, entäußerte sich, wie in der Kürze bereits angedeutet, desselben wieder und schenkte es »mit allen Weinbergen, Schäfereien und Karpfenteichen« seinem Kammerjunker und Generalquartiermeister de la Chieze. Philipp de la Chieze, dessen Familie aus Piemont stammte, war 1660 aus schwedischem in brandenburgischen Dienst getreten. Er war Oberingenieur, ein bedeutender Baumeister und hatte für den Großen Kurfürsten eine ähnliche Bedeutung, wie sie Rochus von Lynar, hundert Jahre früher, für Joachim II. gehabt hatte. Er beherrschte den Schönbau wie den Festungsbau, führte das Hauptgebäude des Potsdamer Stadtschlosses auf, leitete den Berliner Schloßbau, beteiligte sich an der Ausführung des Friedrich-Wilhelm-Kanals, besserte und erweiterte die Festungen des Landes.
Dies war der Mann, dem die Gnade des Kurfürsten das nur in leisen Zügen noch an alte Kulturtage erinnernde Kaputh übergab. Er konnte es in keine besseren Hände geben. Das in Trümmern liegende Schloß – mutmaßlich ein spätgotischer Bau – wurde in modernem Stile wieder aufgeführt und dem ganzen Gebäude im wesentlichen das Gepräge gegeben, das es noch aufweist. Namentlich der »große Saal« erhielt bereits seine gegenwärtige Gestalt, wie wir aus einer alten Notiz ersehen, in der es heißt: »Im Obergeschoß (Hochparterre) befand sich zu seiten des Flurs ein großer Saal durchs ganze Schloß hin, mit zwei Fen-

stern nach Süden und zweien nach Norden.« – Der Kurfürst war hier oft zu Besuch, namentlich wenn ihn die Jagden nach dem Kunersdorfer Forste führten. Auch den jungen Prinzen wurde zuweilen gestattet, der Einladung des alten de la Chieze zu folgen und einen halben Tag, frei von der strengen Aufsicht ihres Hofmeisters, in Kaputh herumzuschwärmen. Die Parkanlagen waren damals noch unbedeutend; der Garten nur mit Obstbäumen besetzt.

Kurfürstin Dorothea
von 1671 bis 1689

Der alte de la Chieze starb 1671 oder 1673; Kaputh fiel an den Kurfürsten zurück, und er verschrieb es nunmehr seiner Gemahlin Dorothea, die es – insonderheit nach dem Tode ihres Gemahls (1688) – zu ihrem bevorzugten Wohnsitz machte. –

Das Schloß, um seinem neuen Zwecke zu dienen, mußte eine erhebliche Umgestaltung erfahren. Was für den in Kriegszeiten hart gewordenen de la Chieze gepaßt hatte, reichte nicht aus für eine Fürstin; außerdem wuchsen damals – unter dem unmittelbaren Einflusse niederländischer Meister – rasch die Kunstansprüche in märkischen Landen. Erst fünfzig Jahre später, unter Friedrich Wilhelm I. – obwohl er sich rühmte, ein »treu-holländisch Herz« zu haben –, hörten diese Einflüsse wieder auf, und wir verfielen, auf geraume Zeiten hin, in die alte Nacht.

Schloß Kaputh rüstete sich also zum Empfang einer neuen Herrin. Die Grundform blieb, aber Erweiterungen fanden statt; zwei kleine Eckflügel entstanden, vor allem wurde die innere Einrichtung eine andere. Eine Halle im Souterrain, wo man den Jagdimbiß zu nehmen pflegte, wurde an Wand und Decke mit blaugrünen holländischen Fliesen ausgelegt, die Zimmer des Obergeschosses mit Tapeten behängt und mehrere mit Plafondschildereien geziert. Besonders bemerkenswert war die Ausschmückung des »großen Saales«, ein Deckengemälde, das seinem Gedankengange nach an spätere Arbeiten Antoine Pesnes erinnert. Minerva mit Helm, Schild und Speer führt die Künste: Baukunst, Skulptur und Malerei, in die brandenburgischen Lande ein; ein gehörntes Ungetüm, halb Luzifer, halb Kaliban, entweder den Krieg oder die Roheit oder beides zugleich darstellend, entweicht ins Dunkel vor dem aufgehenden Licht. Ähnlich wohlerhalten präsentiert sich ein zweites Bild, im sogenannten »Grünen Zimmer«. Zwei geflügelte Genien halten die umkränzten Bilder von Kurfürst und Kurfürstin in Händen: die Fama bläst mit einer Doppeltuba den Ruhm beider in die Welt hinaus; eine andere geflügelte Gestalt zeigt auf die Chronik ihrer Taten. In einem dritten Gemach, das den Namen des Schlafzimmers der Kurfürstin führt, begegnen wir einem Deckenschmuck aus wahrscheinlich eben dieser Zeit. Außer einem Mittelbilde zeigt er zwei weibliche Figuren: die Nacht, ein Fackellicht tragend, und den Morgen, Rosen streuend, in leicht angehauchtem Gewölk.

Sophie Charlotte und König Friedrich I. *bis 1713*

Kurfürstin Dorothea starb 1689; beinahe unmittelbar nach ihrem Hinscheiden wurde Schloß Kaputh von Kurfürst Friedrich III. erworben, der es nunmehr seiner Gemahlin, der gefeierten Sophie Charlotte, zum Geschenk machte. Es geschah nun Ähnliches wie nach dem Tode von de la Chieze. Die Ansprüche an Glanz und Luxus waren innerhalb der letzten zwanzig Jahre abermals gewachsen, nirgends mehr als am Hofe des prachtliebenden Friedrichs III. Wie das Schloß de la Chiezes nicht reich genug gewesen war für Kurfürstin Dorothea, so waren die Einrichtungen dieser wiederum nicht reich genug für die jetzt einziehende Sophie Charlotte. Auch jetzt, wie während der siebziger Jahre, berührten die Ummodelungen, die vorgenommen wurden, weniger die Struktur als das Ornamentale, und wieder waren es in erster Reihe die Deckenbilder, diesmal in allen Räumen, die den ohnehin reichgeschmückten Bau auf eine höchste Stufe zu heben trachteten. Dies Betonen des Koloristischen lag ja im Wesen der Renaissance, die, selbst malerisch in ihren Formen wie kein anderer Baustil, es liebt, die Farbe sich dienstbar zu machen.

Ob Kurfürstin Sophie Charlotte noch Zeuge dieser letzten Neugestaltung wurde, die das Schloß in seiner inneren Einrichtung erfuhr, ist mindestens fraglich. Bis 1694 – wo der Stern Charlottenburgs aufging, der zugleich den Niedergang Kapuths bedeutete – konnte die Fülle dieser Deckenbilder nicht vollendet sein; die kurze Zeitdauer verbot es. Aber auch der Inhalt dessen, was gemalt wurde, wenigstens jenes hervorragendsten Bildes, das sich in der »großen Porzellankammer« befindet, scheint dagegen zu sprechen. Es stellt dar: wie Afrika der Borussia huldigt. Diese, auf Wolken thronend, trägt eine Königskrone und neigt sich einer Mohrenkönigin, zugleich einer Schar heranschwebender schwarzer Genien zu, die mit Geflissentlichkeit die Schätze Indiens und Chinas: Teebüchsen und Ingwerkrüge, sogar ein Teeservice mit Tassen und Kanne, der auf Wolken thronenden Borussia entgegentragen.

Die Königskrone der Borussia, falls es die Borussia ist, deutet unverkennbar auf einen Zeitpunkt nach 1701. Andererseits ist es freilich nicht ganz leicht, in dieser, mit einer gewissen souveränen Verachtung der Länder- und Völkerkunde auftretenden Symbolik, die nichts so sehr haßt als Logik und Konsequenz, sich zurechtzufinden.

Kurfürstin Sophie Charlotte verließ schon 1694 Kaputh. Aber bis zu ihrem Tode (1705) und noch darüber hinaus, bis zum Tode ihres Gemahls, blieb Kaputh ein bevorzugtes Schloß, eine Sehenswürdigkeit von Ruf. Man setzte Summen an seine Instandhaltung, sei es nun, um vorübergehend hier eine Villeggiatur zu nehmen, oder sei es – insonderheit nachdem seine Ausschmückung vollendet war –, um es etwaigem, bei Hofe eintreffendem Besuche als ein kleines märkisches Juwel zeigen zu können.

Eine solche Gelegenheit bot sich 1709. Wir finden darüber Folgendes. Als in den ersten Julitagen eben genannten Jahres König Friedrich IV. von Dänemark und Friedrich August von Polen auf Einladung Friedrichs I. von Preußen in Potsdam eine persönliche

Zusammenkunft hielten (ein großes Staatsbild im Charlottenburger Schlosse stellt diese Begegnung der »drei Friedriche« dar), war der prachtliebende Friedrich, an dessen Hofe diese Vereinigung stattfand, bemüht, seinen Gästen eine Reihe von Festen zu geben. Unter andern ward am 8. Juli auf der prächtigen Jacht, welche im Bassin des Lustgartens lag und mit zweiundzwanzig Kanonen ausgerüstet war, eine Lustfahrt nach Kaputh unternommen. Dieses überaus prächtige Schiff, das mit allem nur erdenklichen Luxus ausgestattet war und in der Tat an die Prachtschiffe der alten Phönizier und Syrakuser erinnerte, war in Holland nach Angaben des Königlichen Baumeisters und Malers Madersteg erbaut worden. Man schätzte allein die goldenen und silbernen Geräte, die sich in seinem Innern aufgestellt befanden, auf hunderttausend Taler. Auf diesem Schiffe, das eigens dazu gebaut war, die Havel zu befahren, glitten die drei Könige stromabwärts nach dem Lustschlosse von Kaputh. Man erging sich in dem inzwischen zu einer baumreichen und schattigen Anlage gewordenen Parkgarten und kehrte gegen Abend zu Tafel und Ball nach Schloß Potsdam zurück.

Wenn dieser Tag in dem historischen Leben Kapuths der glänzendste war, so war er auch der letzte. Der König, früh alternd, schloß sich mehr und mehr in seine Gemächer ein; der Sinn für Festlichkeiten erlosch, er begann zu kränkeln; am 25. Februar 1713 starb er. Alle Schlösser standen leer; sie sollten bald noch leerer werden.

Dem prachtliebenden Könige folgte ein Sparsamkeitskönig. Die holländische Jacht im Potsdamer Bassin wurde gegen einige Riesen vertauscht und ging nach Rußland zum Zaren Peter; die großen Schlösser zu Köpenick und Oranienburg, beides Schöpfungen des eben verstorbenen Fürsten, wurden vom Etat gestrichen; was verkaufbar war, wurde verkauft – konnte man sich wundern, daß, bei so veränderten Verhältnissen, das wenigstens seiner Größe und äußeren Erscheinung nach ungleich bescheidenere Kaputh mit auf die Liste der Proskribierten gesetzt wurde? Es sank zu einem bloßen Jagdhause herab, an dem alsbald der mit holländischen Fliesen ausgelegte Souterrainsaal, weil sich's drin wie in einem Weinkeller pokulieren ließ, das Beste war. Von seinem alten Bestande über der Erde blieben dem Schlosse nur der Kastellan und die Bilder, wahrscheinlich weil mit beiden nichts anzufangen war. Der Kastellan war ein alter Türke, das rettete ihn; die Deckengemälde aber – in den Schlössern waren ihrer ohnehin mehr denn zuviel, und wenn die Schlösser sie nicht aufnehmen konnten, wer damals in brandenburgischen Landen hätte sein Geld an die sinnbildliche Verherrlichung der Künste, an Minerva und Kaliban, an Borussia und die Mohrenkönigin gesetzt! Auch heute noch sind ihrer nicht viele.

So viel über die historischen vierzig Jahre. Wir schicken uns jetzt an, in das Schloß selbst einzutreten.

Die doppelarmige Freitreppe, wir erwähnten ihrer bereits (schon Sophie Charlotte schritt über diese Stufen hin), ist von Efeusenkern des Hauses derart umrankt und eingesponnen, daß jeden Tragstein ein zierlich-phantastischer Rahmen von hellgrünen Blättern schmückt. Die Wirkung dieses Bildes ist sehr eigentümlich. Eine Treppe in Arabeskenschmuck! Natur nahm der Kunst den Griffel aus der Hand und übertraf sie.

Die Tür des Gartensalons öffnet sich. Freundliche Worte begrüßen uns; wir sind willkommen.

Von einem kleinen zeltartigen Raume aus, der unmittelbar hinter der Freitreppe liegt, treten wir nunmehr unseren Rundgang an. Die Zimmer führen noch zum Teil die Bezeichnungen aus der Kurfürstlichen Zeit her: Vorgemach, Schlafzimmer, Kabinett des Kurfürsten, auf dem andern Flügel ebenso der Kurfürstin; dazu Saal, Porzellankammer, Teezimmer. Die meisten Räume quadratisch und groß. Alle haben sie jene Patina, die alten Schlössern so wohl kleidet und angesichts welcher es gleichgültig ist, ob Raum und Inhalt sich in Epoche und Jahreszahlen einander decken. Nicht wie alt die Dinge sind, sondern ob alt überhaupt, das ist es, was die Entscheidung gibt. So auch hier. Die verblaßten oder auch verdunkelten Tapeten, die Gerätschaften und Nippsachen – es sind nicht Erinnerungsstücke genau aus jener Zeit Kaputhschen Glanzes, aber sie haben doch auch ihr Alter, und wir nehmen sie hin wie etwa einen gotischen Pfeiler an einem romanischen Bau. Beide haben ihr Alter überhaupt, das genügt; und unsere Empfindung übersieht es gern, daß zwei Jahrhunderte zwischen dem einen und dem andern liegen.

Die Tapeten, das Mobiliar, die hundert kleinen Gegenstände häuslicher Einrichtung, sie sind weder aus den Tagen der strengen, noch aus den Tagen der heitern Kurfürstin, die damals hier einander ablösten; die Hand der Zerstörung hat mitleidlos aufgeräumt an dieser Stelle. Aber wohin die Hand der Zerstörung buchstäblich nicht reichen konnte – die hohen Deckengemälde, sie sind geblieben und sprechen zu uns von jener Morgenzeit brandenburgischer Macht und brandenburgischer Kunst. Die großen Staatsbilder haben wir bereits in dem kurzen historischen Abriß, den wir gaben, beschrieben, aber viel reizvoller sind die kleinen. Ich schwelgte im Anblick dieser wonnigen Nichtigkeiten. Kaum ein Inhalt und gewiß keine Idee, und doch, bei so wenigem, so viel! Ein bequemes Symbolisieren nach der Tradition; in gewissem Sinne fabrikmäßig; alles aus der Werkstatt, in der die Dinge einfach gemacht wurden ohne besondere Anstrengung. Aber wie gemacht! Welche Technik, welche Sicherheit und Grazie. Wie wohltuend das Ganze, wie erheiternd. Jetzt setzen die Künstler ihre Kraft an eine Idee und bleiben dann, neunmal von zehn, hinter dieser und oft auch hinter sich selbst zurück. Wie anders damals. Die Maler konnten malen und gingen ans Werk. Kam ihnen nichts, nun, so war es immer noch eine hübsche Tapete; erwies sich aber die Stunde günstig, so war es ein Geschenk der Götter.

So Großes fehlt hier; aber auch das Kleine genügt. Genien und wieder Genien, blonde und braune, geflügelte und ungeflügelte, umschweben und umschwirren uns, und die Girlanden, die sich zwischen den Fingerspitzen der lachenden Amoretten hinziehen, sie haben eine Pracht und Wahrheit der Farbe, daß es ist, als fielen noch jetzt die Rosen in vollen roten Flocken auf uns nieder. Im Teezimmer bringt eine dieser geflügelten Kleinen ein Tablett mit blaugerändertem Teezeug – selbst Boßdorf, als er sein Riesentablett der Lautenschlägerin präsentierte, hätte von diesem Liebling der Grazien lernen können.

Diese Zeit sinnlich blühender Renaissance, sie ist dahin. Was wir jetzt haben, mit allen unsren Prätentionen, wird nach zweihundert Jahren schwerlich gleiche Freude und Zustimmung wecken.

Es war Mittag, als wir wieder auf die Freitreppe hinaustraten. Der Himmel hatte sich bezogen und gestattete jetzt einen unbehinderten Blick auf das weite Wasserpanorama.

Die Holländische Jacht mit drei Königen und einem ganzen Silbertresor an Bord steuerte nicht mehr havelabwärts; aber statt ihrer schwamm eine ganze Flottille von Havelkähnen heran, und am Horizonte stand in scharfen Linien steifgrenadierhaft die Garnisonkirche von Potsdam: das Symbol des Jüngstgeborenen im alten Europa, des Militärstaats Preußen.

Petzow

Wie Buda-Pest oder wie Köln und Deutz ein Doppelgestirn bilden, so auch Kaputh und Petzow. Sie gehören zusammen. Zwar ist die Wasserfläche, die die beiden letzteren voneinander trennt, um ein Erhebliches breiter als Rhein und Donau zusammengenommen, aber nichtsdestoweniger bilden auch diese beiden »Residenzen diesseit und jenseit des Schwielow« eine höhere Einheit. Eine Einheit, so verschieden sie untereinander sind. Sie ergänzen sich. Kaputh ist ganz Handel, Petzow ist ganz Industrie. Dort eine Wasserstraße, eine Werft, ein Hafenverkehr; hier die Tag und Nacht dampfende Esse, das nie erlöschende Feuer des Ziegelofens. Schönheit der Lage ist beiden gemeinsam; doch ist Petzow hierin weit überlegen, sowohl seiner eigenen unmittelbaren Erscheinung als dem landschaftlichen Rundblick nach, den es gestattet.

Die etwas unregelmäßig über einen Hügelrücken sich hinziehende Dorfstraße folgt im wesentlichen dem Schwielowufer; zwischen Dorf und See aber ist ein ziemlich breites, schräg abfallendes Stück Land verblieben, in das Schloß und Park sich teilen. Beides sind Schöpfungen dieses Jahrhunderts; Vater und Großvater des gegenwärtigen Besitzers, des Amtsrats von Kähne, riefen sie ins Leben. Die genannte Familie sitzt nachweisbar seit 1630 an dieser Stelle; vielleicht viel länger. Die Kähnes waren damals schlichte Bauern. In genanntem Jahre, also während des Dreißigjährigen Krieges, erwarben sie das Lehnschulzengut und hielten es nicht nur fest, sondern wußten auch ihren Besitz derart zu erweitern, daß im Jahre 1740 der damalige Träger des Namens in den Adelsstand und fünf Jahre später (1745) der Gesamtbesitz zu einem kreistagsfähigen Rittergute erhoben wurde.

Ein Beispiel derartigen Aufdienens »von der Pike«, wie es die Familie Kähne gibt, ist sehr selten; viel seltener, als man glaubt. Ein Blick auf die Geschichte der Rittergüter belehrt uns darüber. Was in den altadeligen Grundbesitz als Neuelement einrückt oder gar durch Zusammenlegung von Bauerngütern (und selbstverständlich unter schließlicher Ernennung seitens des Landesherrn) neue Rittergüter kreiert, das sind entweder selbst wieder prosperierende, ihren Besitz erweiternde Adelige, die für jüngere Söhne einen ebenbürtigen Neubesitz stiften, oder aber – und das ist das Häufigere – es sind Geldleute, Städter, Repräsentanten einer modernen Zeit, die den Handels- und Industriegeist in die Landwirtschaft hineintragen. Der Bauer folgt selten dem Beispiel; er ist stabil, er bleibt, was er ist. Wenn er nichtsdestoweniger zu spekulieren beginnt, so tut er es auf seine Weise. Es reizt ihn dann weit mehr das Geld als das Wachsen der Ackerfläche. Er erweitert sich nicht innerhalb seiner eigenen Sphäre; er wird eben einfach ein anderer.

Die Familie Kähne bezeichnet einen Ausnahmefall.

Schloß und Park, so sagten wir, sind Schöpfungen dieses Jahrhunderts.

Das Schloß, in seiner gegenwärtigen Gestalt, wurde nach einem Schinkelschen Plane ausgeführt. Es zeigt eine Mischung von italienischem Kastell- und englischem Tudorstil, denen beiden die gotische Grundlage gemeinsam ist. Der Bau, wie er sich unter Efeu und Linden darstellt, wirkt pittoresk genug, ohne daß er im übrigen besonders zu loben wäre. Es ist bemerkenswert, daß alles Gotische oder aus der Gotik Hergeleitete auf unserm märkischen Boden seit Wiederbelebung dieses Stils (eine Epoche, die kaum zwei Menschenalter zurückliegt) nicht gelingen wollte. Im Beginn dieses Jahrhunderts hatten wir uns zu entscheiden, nach welcher Seite hin die Entwickelung gehen sollte; irgendeine »Renaissance« war dem herrschenden Ungeschmack gegenüber geboten, es konnte sich nur darum handeln, ob das Vorbild bei der Antike oder beim Mittelalter zu suchen sei. Schinkel selbst – was jetzt so oft vergessen wird – schwankte; der einzuschlagende Weg war ihm keineswegs von Anfang an klar. Auch er hatte eine Epoche, wo das Malerische des Gewölbebaues, wo Strebepfeiler und Spitzbogenfenster ihn reizten. Hätte er sich damals, wie das bei den rheinischen Baumeistern der Fall war, für Gotik entschieden, so würde die bauliche Physiognomie unserer alten Provinzen, Berlins ganz zu geschweigen, überhaupt eine andere geworden sein. Wir würden die Gotik, nach einzelnen gescheiterten Versuchen, aufs neue gelernt haben, wie die Rheinländer und Engländer sie wieder lernten und, beim Kirchenbau (zu dem es uns an Gelegenheit nicht gefehlt haben würde) uns wieder vertraut machend mit der alten Technik, den zerrissenen Faden der Tradition wieder auffindend, würden wir alsbald auch verstanden haben, unsern Privatbau danach zu modeln und unsere Schlösser und Landhäuser im Kastell- oder Tudorstil aufzuführen. Dies wurde versäumt, weil – so wollen wir, halb aus Courtoisie, halb aus Überzeugung annehmen – ein Besseres an die Stelle trat. Wie die Dinge liegen, wird zwar auch jetzt noch gelegentlich der Versuch gemacht, es mit der Gotik und ihren Dependenzien zu wagen; aber diese Versuche scheitern jedesmal, wenigstens für das Auge dessen, der die Originale oder auch nur das kennt, was mit immer wachsendem Verständnis unsere westdeutschen Neugotiker danach bildeten.

Auch das Herrenhaus zu Petzow ist ein solcher gescheiterter Versuch. Was daran anmutend wirkt, ist, wie schon angedeutet, das malerische Element: nicht seine Architektur. Diese, soweit man überhaupt von einer Architektur sprechen kann, datiert aus dem Anfang der zwanziger Jahre, ist also kaum fünfzig Jahre alt. Dies gilt auch besonders von den angebauten Flügeln. Und doch, als wir diese näher besichtigten, nahmen wir an den Fenstern des Erdgeschosses kunstvoll geschmiedete Eisengitter wahr, die sich unschwer auf die Mitte des vorigen Jahrhunderts zurückführen ließen. Dies verwirrte uns. Das Rätsel sollte sich indes in Kürze lösen. Diese Gitterfenster wurden nämlich in Potsdam bei einem Häuserabbruch erstanden und hierher verpflanzt. Hier prangen nun die einhundertfünfzigjährigen an einer erst fünfzigjährigen Front. Wir erzählen das lediglich zu dem Behuf, um zu zeigen, wie man durch Beurteilung von Einzeldingen, von denen man dann Schlüsse aufs Ganze zieht, erheblich irregeleitet werden kann. Nichts war verzeihlicher hier als ein Rechenfehler von hundert Jahren.

Der Park ist eine Schöpfung Lennés. An einem Hügelabhang gelegen wie Sanssouci, hat er mit diesem den Terrassencharakter gemein. In großen Stufen geht es abwärts. Wenn aber Sanssouci bei all seiner Schönheit einfach eine große Waldterrasse mit Garten und Wiesengründen bietet, so erblickt man von dem Hügelrücken des Petzower Parkes aus eine imposante Wasserterrasse, und unser Auge, zunächst ausruhend auf dem in Mittelhöhe gelegenen, erlenumstandenen Parksee, steigt nunmehr erst auf die unterste Treppenstufe nieder – auf die breite Wasserfläche des Schwielow.

Der Park umschloß früher auch die Kirche des Dorfes. Alt, baufällig, unschön wie sie war, gab man sie auf, und auf einem weiter zurückgelegenen Hügel wurde 1841 eine neue Kirche aufgeführt. König Friedrich Wilhelm IV., das Patronat ist bei der Landesherrschaft, ordnete an, daß der Neubau im romanischen Stile erfolgen solle. Stüler entwarf die Zeichnungen; die Ausführung folgte rasch. So reihte sich denn die Petzower Kirche in den Kreis jener neuen schönen Gotteshäuser ein, mit denen der kirchliche und zugleich der feine landschaftliche Sinn des verstorbenen Königs Potsdam und die Havelufer umstellte. Wir nennen nur: Bornstädt, Sakrow, Kaputh, Werder, Glindow. Ihre Zahl ist um vieles größer.

Der Gottesdienst, die Gemeinde, vor allem die Szenerie, gewannen durch diese Neubauten; aber die Lokalgeschichte erlitt erhebliche Einbuße, weil alles Historische, was sich an den alten Kirchen vorfand, meist als Gerümpel beseitigt und fast nie in den Neubau mit hinübergenommen wurde.

Unter allen Künstlern – diese Bemerkung mag hier gestattet sein – sind die Architekten die pietätslosesten, zum Teil weil sie nicht anders können. Maler, Skulptoren treffen mit ihrem Vorgänger meist wie auf breiter Straße zusammen; sie haben Raum nebeneinander; die Lebenden und die Toten, sie können sich dulden, wenn sie wollen. Nicht so der Baumeister. In den meisten Fällen soll das neue Haus, die neue Kirche an der Stelle der alten stehen. Er hat keine Wahl. Und es sei. Wir rechten zudem mit keiner Zeit darüber, daß sie sich für die klügste und beste hält. Aber darin geht die jedesmalig modernste (die unsrige kennt wenigstens Ausnahmen) zu weit, daß sie auch das zerstört, was unbeschadet des eignen Lebens weiter leben könnte, daß sie sozusagen unschuldigen Existenzen, von denen sie persönlich nichts zu befahren hätte, ein Ende macht. Der moderne Basilika-Erbauer mag ein gotisches Gewölbe niederreißen, das nun einmal schlechterdings in die gestellte Aufgabe nicht paßt; aber das halbverblaßte Freskobild, die Inschrifttafel, der Grabstein mit der Plattenrüstung, – ihnen hätte er auch in dem Neubau ein Plätzchen gönnen können. Er versagt dies Plätzchen ohne Not, er versagt es, und daran knüpfen wir unsern Vorwurf. Die historische Pietät ist fast noch seltener als die künstlerische. So entstehen denn entzauberte Kirchen, die helle Fenster und gute Plätze haben, die aber den Sinn kalt lassen, weil mit der Vergangenheit gebrochen wurde. Ein »gefälliger Punkt in der Landschaft« ist gewonnen, eine vielversprechende Schale, aber, in den meisten Fällen, eine Schale ohne Kern.

Zu diesen in historischer Beziehung »tauben Nüssen« gehört auch die Petzower Kirche. Aber so leer und kahl sie ist, und so verstimmend diese Kahlheit wirkt, so gewiß ist es doch auch, daß man im Hinaustreten auf das Flachdach des Turmes diese Verstimmung plötzlich und wie auf Zauberschlag von sich abfallen fühlt. Sie geht unter in dem Panorama, das sich hier bietet. Die »Grelle«, eine tiefe Flußbucht, liegt uns zu Füßen; unmittelbar neben ihr der Glindower See. Die Havel und der Schwielow, durch Landzungen und Verschiebungen in zahlreiche blaue Flächen zerschnitten, tauchen in der Nähe und Ferne auf und dehnen sich bis an den Horizont, wo sie mit dem Blau des Himmels zusammenfließen. Dazwischen Kirchen, Dörfer, Brücken – alles, nach zwei Seiten hin, umrahmt von den Höhenzügen des Havellandes und der Zauche. Das Ganze ein Landschaftsbild im großen Stil; nicht von relativer Schönheit, sondern absolut. Man darf hier getrost hinaustreten, ohne sich des Vergleichssinnes zu entschlagen.

Eine Viertelstunde später, und wir schritten dorfan, um der »Grelle« und ihren Anwohnern einen Besuch zu machen. Der

Weg dahin führt durch eine Akazienallee und demnächst an einer ganzen Plantage von Akazien vorbei. Schon vorher war mir der besondere Reichtum des Dorfes an dieser Baumart aufgefallen. Man begegnet der Akazie überhaupt häufig in den Havelgegenden, aber vielleicht nirgends häufiger als hier. Es ist ein dankbarer Baum, mit jedem Boden zufrieden, und in seiner arabischen Heimat nicht verwöhnt, scheint er sich auf märkischem Sande mit einer Art Vorliebe eingelebt zu haben. Alle Akazien in Spree- und Havelland rühren mittelbar von Sanssouci her, wo der Ur-Akazienbaum, der Stammvater vieler tausend Enkel und Urenkel an der Bornstädter Straße gegenüber dem Triumphbogen steht. Die Akazie, ursprünglich als Zier- und Parkbaum gehegt, hat übrigens längst aufgehört eine exzeptionelle Stelle einzunehmen; sie ist, wie das ihrer anspruchslosen Natur entspricht, Nutzholz geworden und bildet einen nicht unerheblichen Handelsartikel dieser Gegenden. Ich erfuhr darüber folgendes:

Zu bestimmten Zeiten kommen Händler aus den Nordseehäfen, aus Hamburg, Stade, Bremerhaven, auch von der Jade her, bereisen die Akaziengegenden, kaufen an und markieren die Bäume, die zunächst gefällt werden sollen. Ein Hauptpunkt für diese Händler ist Petzow. Einige Wochen später erscheint ein Elbkahn von Hamburg oder den andern genannten Plätzen und hat eine kleine Armee von Holzfällern und Holzspaltern an Bord. Es sind Geschwisterkinder der Schindelmacher. Wie diese haben sie es zu einer Virtuosität gebracht; sie fällen, zersägen, spalten; während der Schindler aber ein Flachholz herstellt, stellt dieser nordische Holzspalter ein zylinderförmiges Langstück her, das später, als beste Sorte Schiffsnägel, auf den Werften der Seestädte eine Rolle spielt. Wenn der Kahn mit diesen Schiffsnägeln gefüllt ist, wird die Rückfahrt angetreten, und die Petzower Akazien schwimmen ein Jahr später auf allen Meeren und halten die Planken der deutschen Flotte zusammen. –

Wir hatten inzwischen »die Grelle« und damit zugleich den großen Ziegelofen erreicht, der sich hier am Ufer der tief einschneidenden Havelbucht erhebt. Dieser Ziegelofen ist weit bekannt in Havelland und Zauche; er ist der ältesten einer, und schon im vorigen Jahrhundert umgab ihn eine Kolonie von Ziegelstreichern und Ziegelbrennern, die sich hier in Hütten und Häusern angesiedelt hatten. Diese übertrugen den Namen, den sie hier vorfanden, alsbald auf die ganze Anlage, so daß mit dem Worte »Grelle« nunmehr ebenso oft das Etablissement wie die seeartige Einbuchtung bezeichnet wird. Der alte historische Ziegelofen modernisierte sich im Laufe der Jahre, vielleicht auch die Häuser, die ihn umstanden, aber sie blieben immerhin kümmerlich genug. Auf eins derselben, dem man ersichtlich vor kurzem erst ein neues Stockwerk aufgesetzt hatte, schritten wir jetzt zu. Der Eingang war vom Hofe her.

Ein alter knorriger Birnbaum, der ziemlich unwirsch aussah, legte sein Gezweig nach links hin auf das niedrige Hausdach, nach rechts hin über ein Konglomerat unsagbarer Örtlichkeiten: Verschläge, Ställe, Kofen. Zwischen ihnen das gemeinschaftliche Gestade eines Sumpfes. Alles ärmlich, unsauber; selbst das Weinlaub, dem man dürftig und kunstlos ein Spalier zusammengenagelt hatte, spann sich verdrießlich an der Hinterwand des Hauses aus. Ein unpoetischer, selbst ein unmalerischer Ort! Aber aus dem Weinlaub hervor schimmerte eine weiße Tafel mit der Inschrift: »Hier ward Zelter geboren am 11. Dec. 1758.«

Beuth, wenn mir recht berichtet, hat seinem Freunde Zelter diese Tafel errichten lassen. Der Schüler und zweite Nachfolger des berühmten »Sohns der Grelle« aber war – Grell. Auch der Zufall liebt es, gelegentlich mit Wort und Namen zu spielen.

Werder

Die Insel und ihre Bevölkerung. Stadt und Kirche. »Christus als Apotheker«

Der Reisende, den von Berlin aus sein Weg nach Westen führt, sei es um angesichts des Kölner oder auch schon des Magdeburger Domes zu landen, hat – wie immer ablehnend er sich gegen die Schönheiten der Mark Brandenburg verhalten möge – wenigstens zu Beginn seiner Fahrt, solange die grünen Hänge von Potsdam ihm zur Seite bleiben, einige Partien zu durchfliegen, die er nicht Anstand nehmen wird, als Oasen gelten zu lassen. Wenn aber all die lachenden Bilder zwischen Schloß Babelsberg und dem Pfingstberg, zwischen der Pirschheide und dem Golmer Bruch ihn unbekehrt gelassen hätten, so würde doch das prächtige See- und Flußpanorama ihn entzücken müssen, das die große Havelbrücke eine Meile westwärts von Potsdam vor ihm auftut und das ihm nach rechts hin eine meilenbreite, segelbedeckte Fläche, nach links hin eine giebelreiche, rot und weiß gemusterte, in dem klaren Havelwasser sich spiegelnde gotische Kirche zeigt. Um sie herum ein dichter Häuserkranz: Stadt Werder.

Stadt Werder, wie ihr Chronist Ferdinand Ludwig Schönemann in einem 1784 erschienenen Buche erzählt, liegt auf einer »gänzlichen Insel«. Diese umfaßt sechsundvierzig Morgen. »Zur Sommerzeit, wenn das Wasser zurückgetreten ist, kann man die Insel in einer Stunde umschreiten; sie aber zu umfahren, sei es in einem Kahn oder einer Schute, dazu sind zwei Stunden erforderlich. Ein solches Umfahren der Insel an schönen Sommerabenden gewährt ein besonderes Vergnügen, zumal wenn des Echos halber die Fahrt von einem Waldhornisten begleitet wird.« Der Chronist hat hier eine romantische Anwandlung, die wir hervorgehoben haben wollen, weil sie in seinem Buche die einzige ist.

Der Boden der Insel ist fruchtbar, größtenteils fett und schwarz;

nur ein geringer Strich, von sehr unpoetischem Namen, ist morastig. Was die Entstehung der Stadt angeht, so heißt es, daß sich die Bewohner eines benachbarten Wendendorfes, nach dessen Zerstörung durch die Deutschen, vom Festlande auf die Insel zurückgezogen und hier eine Fischerkolonie gegründet hätten. »Doch beruht – wie Schönemann sinnig hervorhebt – die Gewißheit dieser Meinung bloß auf einer unsicheren Überlieferung.«

Unsicher vielleicht, aber nicht unwahrscheinlich. Das umliegende Land wurde deutsch, die Havelinsel blieb wendisch. Die Gunst der Lage machte aus dem ursprünglichen Fischerdorfe alsbald einen Flecken (als solchen nennt es bereits eine Urkunde aus dem Jahre 1317), und abermals hundert Jahre später war aus dem Flecken ein Städtchen geworden, dem Kurfürst Friedrich II. bereits zwei Jahrmärkte bewilligte. So blieb es in allmählichem Wachsen, und seine Insellage wurde Ursache, daß keine Rückschläge erfolgten und Stadt Werder durch allen Zeitenwirrwarr hindurchgehen konnte, ohne die Kriegsrute zu empfinden, die für das umliegende Land wie für alle übrigen Teile von Mark Brandenburg oft so hart gebunden war. Der Dreißigjährige Krieg zog wie ein Gewitter, »das nicht über den Fluß kann«, an Werder vorüber; die Brücke war weislich abgebrochen, jedes Fahrzeug geborgen und versteckt, und wenn der scharf eintretende Winterfrost die im Sommer gewahrte Sicherheit zu gefährden drohte, so ließen sich's die Werderaner nicht verdrießen, durch beständiges Aufeisen der Havel ihre insulare Lage wieder herzustellen. So brachen nicht Schweden, nicht Kaiserliche in ihren Frieden ein, und es ist selbst fraglich, ob der »schwarze Tod«, der damals über das märkische Land ging, einen Kahn fand, um vom Festland nach der Insel überzusetzen.

Das war der Segen, den die Insellage schuf, aber sie hatte auch Nachteile im Geleit und ließ den von Anfang an vorhanden gewesenen Hang, sich abzuschließen, in bedenklichem Grade wachsen. Man wurde eng, hart, selbstsüchtig; Werder gestaltete sich zu einer Welt für sich, und der Zug wurde immer größer, sich um die Menschheit draußen nur insoweit zu kümmern, als man Nutzen aus ihr ziehen konnte. Diese Exklusivität hatte schon in den Jahren, die dem Dreißigjährigen Kriege vorausgingen oder mit ihm zusammenfielen, einen hohen Grad erreicht. In Aufzeichnungen aus jener Zeit finden wir folgendes. »Die Menschen hier sind zum Umgange wenig geschickt und gar nicht aufgelegt, vertrauliche Freundschaften zu unterhalten. Sie hassen alle Fremden, die sich unter ihnen niederlassen, und suchen sie gern zu verdrängen. Vor den Augen stellen sie sich treuherzig, hinterm Rücken sind sie hinterlistig und falsch. Von außen gleißen sie zwar, aber von inwendig sind sie reißende Wölfe. Sie sind sehr abergläubisch, im Gespenstersehen besonders erfahren, haben eine kauderwelsche Sprache, üble Kinderzucht, schlechte Sitte und halten nicht viel auf Künste und Wissenschaften. Arbeitsamkeit und sparsames Leben aber ist ihnen nicht abzusprechen. Sie werden selten krank und bei ihrer Lebensart sehr alt.«

War dies das Zeugnis, das ihnen um 1620 oder 1630 ein unter ihnen lebender »Stadtrichter«, also eine beglaubigte Person, ausstellen mußte, so konnten einhundertundfünfzig Jahre weiterer Exklusivität in Gutem wie Bösem keinen wesentlichen Wandel schaffen, und in der Tat, unser mehr zitierter Chronist bestätigt um 1784 nur einfach alles das, was Stadtrichter Irmisch (dies war der Name des 1620 zu Gericht sitzenden) so lange Zeit vor ihm bereits niedergeschrieben hatte. [...]

Wir haben uns bis hierher ausschließlich mit den Bewohnern beschäftigt; es erübrigt uns noch, in die Stadt selbst einzutreten und, soweit wir es vermögen, ein Bild ihres Wachstums, dann ihrer gegenwärtigen Erscheinung zu geben.

Der nur auf das Praktische gerichtete Sinn, der nichts Höheres als den Erwerb kannte, dazu eine Abgeschlossenheit, die alles Lernen fast mit Geflissentlichkeit vermied, all diese Züge, wie wir sie aus doppelter Schilderung kennengelernt haben, waren begreiflicherweise nicht imstande, aus Werder einen Prachtbau zu schaffen. Es hatte seine Lage und seine Kirche, beide schön, aber die Lage hatte ihnen Gott und die Kirche hatten ihnen die Lehniner Mönche gegeben. An beiden waren die Werderschen unschuldig. Was aus ihnen selbst heraus entstanden, was ihr ei-

genstes war, das ließ allen Bürgersinn vermissen und erinnerte an den Lehmkatenbau der umliegenden Dörfer.
Noch zu Anfang des vorigen Jahrhunderts bestanden die Häuser aus Holz, Lehm und gestakten Wänden, die hölzernen Schornsteine zeigten einen riesigen Umfang, und die Giebelfronten waren derart, daß immer eine Etage vorspringend über die andere hing. Die Häuser waren groß, aber setzten sich zu wesentlichstem Teile aus Winkeln, Kammern und großen Böden, selbst aus unausgebauten Stockwerken zusammen, so daß die Familie meist in einer einzigen Stube hauste, die freilich groß genug war, um dreißig Personen bequem zu fassen. Im Einklang damit war alles übrige: die Brücke baufällig, die Straßen ungepflastert, so daß, in den Regenwochen des Herbstes und Frühjahrs, die Stadt unpassierbar war und der Verkehr von Haus zu Haus auf Stelzen oder noch allgemeiner auf Kähnen unterhalten werden mußte.
In allem diesem schaffte endlich das Jahr 1736 Wandel. – Dieselben beiden Faktoren: »das Königtum und die Armee«, die überall hierzulande aus dem kümmerlich Gegebenen erst etwas machten, waren es auch hier, die das Alte abtaten und etwas Neues an die Stelle setzten. Die Armee, wie unbequem sie dem einen oder andern sein mochte, damals wie heute, sie sicherte, sie bildete, sie baute auf. So auch in Werder.
Es war im Spätsommer genannten Jahres (1736), als das eben damals in Brandenburg garnisonierende 3. Bataillon Leibgarde Befehl erhielt, zur Revue nach Potsdam zu marschieren, und zwar über Werder. Der Befehl lautete so bestimmt wie möglich; so blieb nichts anderes übrig, als dem Könige rund und nett zu erklären, daß die Brücke zu Werder unfähig sei, das 3. Bataillon Leibgarde zu tragen. Die Gardemänner aber, etwa im Gänsemarsch, einzeln in die Stadt einrücken zu lassen, dieser Vorschlag wurde gar nicht gewagt; Friedrich Wilhelm I. würde ihn als einen Affront geahndet haben. So gab es denn nur einen Ausweg, eine – neue Brücke. Der König ließ sie aus Schatullengeldern in kürzester Frist herstellen.
Eine neue Brücke war nun da; aber auch in der Stadt selber sollte es anders werden. Ein Kommando des Leibregiments, aus Grün-

den, die nicht ersichtlich, war in Werder geblieben, und im Spätherbst erschien Se. Majestät in der Inselstadt, um über seine einhundertundfünfzig Blauen eine Spezialrevue abzuhalten. Es war die unglücklichste Jahreszeit: Die Karosse des Königs blieb mitten auf dem Markt im Moraste stecken, ein Parademarsch wurde zu einem Unding, und die Ungnade des Königs, wenn dergleichen nicht wieder vorkommen sollte, wandelte sich von selbst in eine Gnade um: Werder wurde gepflastert.

Die Kirche »Zum heiligen Geist«, auf der höchsten Stelle der Insel malerisch gelegen, war schon zwei Jahre vorher einem Neubau unterzogen worden; ob sie schönheitlich dadurch gewonnen hatte, wird zu bezweifeln sein; die Lehniner Mönche verstanden sich besser auf Kirchenbau als der Soldatenkönig. Jedenfalls verbietet sich jetzt noch eine Entscheidung in dieser Frage, da die Renovation von 1734 längst wieder einem neuen Umbau gewichen ist, einer wiederhergestellten, spitzenreichen Gotik, die, in der Nähe vielleicht mannigfach zu beanstanden, als Landschaftsdekoration aber, wie eingangs dieses Kapitels bereits hervorgehoben wurde, von seltener Schönheit ist.

Dieser letzte Umbau, und wir treten damit in die Gegenwart ein, hat die Kirche erweitert, gelichtet, geschmückt; jene königliche Munifizenz Friedrich Wilhelms IV., die hier überall, an der Havel und den Havelseen hin, neue Kirchen entstehen, die alten wiederherstellen ließ, hat auch für Werder ein Mannigfaches getan. Dennoch, wie immer in solchen Fällen, hat das geschichtliche Leben Einbuße erfahren, und Bilder, Grabsteine, Erinnerungsstücke haben das Feld räumen müssen, um viel sauberern, aber viel uninteressanteren Dingen Platz zu machen. Zum Glück hat man für das »historische Gerümpel«, als das man es angesehen zu haben scheint, wenigstens eine »Rumpelkammer« übriggelassen, wenn es gestattet ist, eine Sakristeiparzelle mit diesem wenig ehrerbietigen Namen zu bezeichnen.

Hier befindet sich unter andern auch ein ehemaliges Altargemälde, das in Werder den überraschenden, aber sehr bezeichnenden Namen führt: »Christus als Apotheker«. Es ist so abnorm, so einzig in seiner Art, daß eine kurze Beschreibung desselben hier am Schlusse unseres Kapitels gestattet sein möge. Christus, in rotem Gewande, wenn wir nicht irren, steht an einem Dispensiertisch, eine Apothekerwaage in der Hand. Vor ihm, wohlgeordnet, stehen acht Büchsen, die auf ihren Schildern folgende Inschriften tragen: Gnade, Hilfe, Liebe, Geduld, Friede, Beständigkeit, Hoffnung, Glauben. Die Büchse mit dem Glauben ist die weitaus größte; in jeder einzelnen steckt ein Löffel. In Front der Büchsen, als die eigentliche Hauptsache, liegt ein geöffneter Sack mit Kreuzwurz. Aus ihm hat Christus soeben eine Handvoll genommen, um die Waage, in deren einer Schale die Schuld liegt, wieder in Balance zu bringen. Ein zu Häupten des Heilands angebrachtes Spruchband aber führt die Worte: »Die Starken bedürfen des Arztes nicht, sondern die Kranken. Ich bin kommen, die Sünder zur Buße zu rufen und nicht die Frommen.« (Matthäi 9, Vers 12.)

Die Werderaner, wohl auf Schönemann gestützt, haben dies Bild bis in die katholische Zeit zurückdatieren wollen. Sehr mit Unrecht. Die katholische Zeit hat solche Geschmacklosigkeiten nicht gekannt. In diesen Spielereien erging man sich, unter dem nachwirkenden Einfluß der zweiten Schlesischen Dichterschule, der Lohensteins und Hofmannswaldaus, zu Anfang des vorigen Jahrhunderts, wo es Mode wurde, einen Gedanken, ein Bild in unerbittlich-konsequenter Durchführung zu Tode zu hetzen. Könnte übrigens inhaltlich darüber noch ein Zweifel sein, so würde die malerische Technik auch diesen beseitigen.

1734, in demselben Jahre, in dem die alte Zisterzienser-Kirche renoviert wurde, erhielt Werder auch eine Apotheke. Es ist höchst wahrscheinlich, daß der glückliche Besitzer derselben sich zum Donator machte und das Bildkuriosum, das wir geschildert, dankbar und – hoffnungsvoll stiftete.

Teil IV

SPREELAND

In den Spreewald

Eine Nachtpost fährt oder fuhr wenigstens zwischen Berlin und Lübbenau.

Mit Tagesanbruch haben wir Lübben, die letzte Station, erreicht und fahren nunmehr am Rande des hier beginnenden Spreewaldes hin, der sich anscheinend endlos, und nach Art einer mit Heuschobern und Erlen bestandenen Wiese, zur Linken unseres Weges dehnt. Ein vom Frühlicht umglühter Kirchturm wird sichtbar und spielt eine Weile Versteckens mit uns; aber nun haben wir ihn wirklich und fahren durch einen hochgewölbten Torweg in Lübbenau »die Spreewald-Hauptstadt« ein.

Lübbenau

Es ist Sonntag, und die Stille, die wir vorfinden, verrät nichts von dem sonst hier herrschenden lebhaften Verkehr. Die Spreewaldprodukte haben nämlich in Lübbenau ihren vorzüglichsten Stapelplatz und gehen erst von hier aus in die Welt. Unter diesen Produkten stehen die Gurken obenan. In einem der Vorjahre wurden seitens eines einzigen Händlers 800 Schock pro Woche verkauft. Das würde nichts sagen in Hamburg oder Liverpool, wo man gewohnt ist, nach Lasten und Tonnen zu rechnen, aber »jede Stelle hat ihre Elle«, was erwogen für diese 800 Schock eine gute Reputation ergibt. Im übrigen verweilt Lübbenau nicht einseitig bei dem Verkauf eines Artikels, der schließlich doch vielleicht den Spott herausfordern könnte, Kürbis und Meerrettich schließen sich ebenbürtig an und vor allem die Sellerie, hinsichtlich deren Vorzüge die Meinungen nicht leicht auseinandergehen.

Wir halten nun vor dem geräumigen Gasthofe »Zum braunen Hirsch«, darin das Amt eines Kellners noch ausschließlich durch eine Spreewaldsschönheit verwaltet wird, und nachdem wir Toilette gemacht und einen Imbiß genommen haben, brechen wir auf, um keine der spärlich zugemessenen Stunden zu verlieren. Ein Leichenzug kommt über den Platz, und acht Träger tragen den Sarg, über den eine schwarze, tief herabhängende Sammetdecke gebreitet ist, aus dem Kirchenportal aber, daran der Zug eben vorüberzieht, erklingt Orgel und Gesang, und wir treten ein, um eine wendische Gemeinde, lauter Spreewaldsleute, versammelt zu sehen.

Es bot sich uns ein guter Übersichtsplatz; Männer und Frauen saßen getrennt, und nur die Frauen, soviel ich wahrnehmen konnte, trugen noch ihr spezielles Spreewaldkostüm. In jedem Einzelpunkte das Spezielle darin nachzuweisen ist eine Aufgabe, der ich mich nicht gewachsen fühle. Der kurze faltenreiche Friesrock, das knappe Mieder, das Busentuch, die Schnallenschuhe, selbst die bunten seidenen Bänder, die, mit großem Luxus gewählt, über die Brust fallen, sind aller Orten in wenigstens ähnlicher Weise vorkommende Dinge, wogegen mir der Kopfputz und die Halskrause von dem sonst Herkömmlichen abweichend erschienen. Die Halskrause wird nicht allgemein getragen; wo sie sich findet, erinnert sie lebhaft an die getollten Ringkragen auf alten Pastorenbildern: steife Jabots, die dem, der sie trägt, immer etwas von dem Ansehen eines kollernden Truthahns geben. Allgemein aber ist der spreewäldlerische Kopfputz, und ich versuche seine Beschreibung. Eine zugeschrägte Papier- oder Papphülse bildet das Gestell, darüber legen sich Tüll und Gaze, Kanten und Bänder und stellen eine Art Spitzhaube her. Ist die Trägerin eine Jungfrau, so schließt die Kopfbekleidung hiermit ab, ist sie dagegen verheiratet, so schlingt sich noch ein Kopftuch um die Haube herum und verdeckt sie je nach Neigung halb oder ganz. Diese Kopftücher sind ebenso von verschiedenster Farbe wie von verschiedenstem Wert. Junge, reiche Frauen schienen schwarze Seide zu bevorzugen, während sich ärmere und ältere mit krapprotem Zitz und selbst mit ockerfarbenem Kattun begnügten.

Die wendische Predigt entzieht sich unserer Kontrolle, das

Schluchzen aber, das laut wird, ist wenigstens ein Beweis für die gute Praxis des Geistlichen. Er steht zudem in der Liebe seiner Gemeinde, und wo diese Liebe waltet, ist auch unschwer das Wort gefunden, das eine Mutter, die den Sohn, oder eine Witwe, die den Mann begrub, zu den ehrlichsten Tränen hinreißt.

Und nun schweigt die Predigt, und eine kurze Pause tritt ein, während welcher der Geistliche langsam und sorglich in seinen Papieren blättert. Endlich hat er beisammen, was er braucht, und beginnt nun die Aufgebote, die Geburts- und Todesanzeigen zu lesen, alles in deutscher Sprache. Bemerkenswert genug. Die Predigt, die mehr dem Ideale dient, durfte noch wendisch sein; aber sowie sich's um ausschließlich praktische Dinge zu handeln beginnt, sowie festgestellt werden soll, was im Spreewalde lebt und stirbt, wer darin heiratet und getauft wird, so geht es mit dem Wendischen nicht länger. Der Staat, der bloß mit deutschem Ohre hört und nicht Zeit hat, in aller Eil auch noch wendisch zu lernen, tritt mit der nüchternsten Geschäftsmiene dazwischen und verlangt deutsches Aufgebot und deutsche Taufscheine.

Wer wollt' ihm das Recht dazu bestreiten?

Und nun ist der Gottesdienst aus, und steif und stattlich gehen die Männer und Frauen an uns vorüber. Ihre Köpfe sind charaktervoll, aber nicht hübsch; ihre Haltung voll Würde. Wir warteten die letzten ab und kehrten dann erst in unsern Gasthof zurück, wo wir uns eine halbe Stunde später durch Kantor Klingestein – eine Spreewaldsautorität, an die wir von Berlin her empfohlen waren – begrüßt sahen.

Er übernahm unsere Führung.

Lehde

Er übernahm unsere Führung, sagt' ich, und nach kurzem Gange durch Stadt und Park erreichten wir den Hauptspreearm, auf dem die für uns bestimmte Gondel bereits im Schatten eines Buchenganges lag. Drei Bänke mit Polster und Rücklehne versprachen möglichste Bequemlichkeit, während ein Flaschenkorb von bemerkenswertem Umfang – aus dem, sooft der Wind das Decktuch ein wenig zur Seite wehte, verschiedene rot und gelb gesiegelte Flaschen hervorlugten – auch noch für mehr als bloße Bequemlichkeit sorgen zu wollen schien. Am Stern des Bootes, das lange Ruder in der Hand, stand Christian Birkig, ein Fünfziger mit hohen Backenknochen und eingedrückten Schläfen, dem für gewöhnlich die nächtliche Sicherheit Lübbenaus, heut aber der Ruder- und Steuermannsdienst in unserem Spreeboot oblag.

Wir stiegen ein, und die Fahrt begann. Gleich die erste halbe Meile ist ein landschaftliches Kabinettstück und wird insoweit durch nichts Folgendes übertroffen, als es die Besonderheit des Spreewaldes: seinen Netz- und Inselcharakter, am deutlichsten zeigt. Dieser Netz- und Inselcharakter ist freilich überall vorhanden, aber er verbirgt sich vielfach, und nur derjenige, der in einem Luftballon über das vieldurchschnittene Terrain hinwegflöge, würde die zu Maschen geschlungenen Flußfäden allerorten in ähnlicher Deutlichkeit wie zwischen Lübbenau und Lehde zu seinen Füßen sehen.

Der Boden dieses Inselgewirrs ist fast überall eine Gartenerde. Der reiche Viehstand der Dörfer schuf hier von alters her einen Düngeruntergrund, auf dem dann die Mischungen und Verdünnungen vorgenommen werden konnten, wie sie dieses oder jenes Produkt des Spreewaldes erforderte.

Die Wassergewächse, die von beiden Seiten her uns stromaufwärts begleiten, bleiben dieselben; *Butomus* und *Sagittaria* lösen sich untereinander ab, und nur hier und da gesellt sich, unter dem überhängenden Rande geborgen, eine wuchernde Vergißmeinnicht-Einfassung hinzu.

Es ist Sonntag, die Arbeit ruht, und die große Fahrstraße zeigt sich verhältnismäßig leer; nur selten treibt ein mit frischem Heu beladener Kahn an uns vorüber, und Burschen handhaben das Ruder mit großem Geschick. Sie sitzen weder auf der Ruderbank noch schlagen sie taktmäßig das Wasser, vielmehr stehen sie grad' aufrecht am Hinterteile des Boots, das sie nach Art der Gondoliere vorwärts bewegen. Dies Aufrechtstehen und mit ihm zugleich ein beständiges Anspannen all ihrer Kräfte hat dem ganzen

Volksstamm eine Haltung und Straffheit gegeben, die man bei der Mehrzahl unserer sonstigen Dorfbewohner vermißt. Und zwar in den armen Gegenden am meisten. Der Knecht, der vornüber im Sattel hängt oder auf dem Strohsack seines Wagens sitzend mit einem schläfrigen »Hoi« das Gespann antreibt, kommt kaum je dazu, seine Brust und Schulterblätter zurechtzurücken oder sein halb krummgebogenes Rückgrat wieder geradezubiegen, der Spreewäldler aber, dem weder Pferd noch Wagen ein Sitzen und Ausruhen gönnt, befindet sich eigentlich immer auf dem *Qui vive*. Das Ruder in der Hand steht er wie auf Posten und kennt nicht Hindämmern und Halbarbeit.

Wenn es schon ein reizender Anblick ist, diese schlanken und stattlichen Leute in ihren Booten vorüberfahren zu sehn, so steigert sich dieser Reiz im Winter, wo jeder Bootfahrer ein Schlittschuhläufer wird. Das ist dann die eigentliche Schaustellung ihrer Kraft und Geschicklichkeit. Dann sind Fluß und Inseln eine gemeinschaftliche Eisfläche, und ein paar Bretter unter den Füßen, die halb Schlitten halb Schlittschuh sind, dazu eine sieben Fuß lange Eisstange in der Hand, schleudert sich jetzt der Spreewäldler mit mächtigen Stößen über die blinkende Fläche hin. Dann tragen sie auch ihr nationales Kostüm: kurzen Leinwandrock und leinene Hose, beide mit dickem Fries gefuttert, und Spreewaldstiefel, die fast bis an die Hüfte reichen.

Es ist Sonntag, sagt' ich, und die Arbeit ruht. Aber an Wochentagen ist die Straße, die wir jetzt still hinauffahren, von früh bis spät belebt, und alles nur Denkbare, was sonst auf Knüppeldamm und Landstraße seines Weges zieht, das zieht dann auf dieser Wasserstraße hinab und hinauf. Selbst die reichen Herden dieser Gegenden wirbeln keinen Staub auf, sondern werden ins Boot getrieben und gelangen in ihm von Stall zu Stall oder von Wiese zu Wiese. Der tägliche Verkehr bewegt sich auf diesem endlosen Flußnetz und wird nur momentan unterbrochen, wenn auf blumengeschmücktem Kahn, Musik vorauf, die Braut zur Kirche fährt, oder wenn still und einsam, von Leidtragenden in zehn und zwanzig Kähnen gefolgt, ein schwarzverhangenes Boot stromabwärts gleitet.

Einzelne Häuser werden sichtbar; wir haben Lehde, das erste Spreewaldsdorf, erreicht. Es ist die Lagunenstadt in Taschenformat, ein Venedig, wie es vor 1500 Jahren gewesen sein mag, als die ersten Fischerfamilien auf seinen Sumpfeilanden Schutz suchten. Man kann nichts Lieblicheres sehen als dieses Lehde, das aus ebenso vielen Inseln besteht, als es Häuser hat. Die Spree bildet die große Dorfstraße, darin schmalere Gassen von links und rechts her einmünden. Wo sonst Heckenzäune sich ziehn, um die Grenzen eines Grundstockes zu markieren, ziehen sich hier vielgestaltige Kanäle, die Höfe selbst aber sind in ihrer Grundanlage meistens gleich. Dicht an der Spreestraße steht das Wohnhaus, ziemlich nahe daran die Stallgebäude, während klafterweis aufgeschichtetes Erlenholz als schützender Kreis um das Inselchen herumläuft. Obstbäume und Düngerhaufen, Blumenbeete und Fischkasten teilen sich im übrigen in das Terrain und geben eine Fülle der reizendsten Bilder. Das Wohnhaus ist jederzeit ein Blockhaus mit kleinen Fenstern und einer tüchtigen Schilfdachkappe; das ist das Wesentliche; seine Schönheit aber besteht in seiner reichen und malerischen Einfassung von Blatt und Blüte: Kürbis rankt sich auf, und Geißblatt und *Convolvulus* schlingen sich mit allen Farben hindurch. Endlich zwischen Haus und Ufer breitet sich ein Grasplatz aus, an den sich ein Brückchen oder ein Holzsteg schließt, und um ihn herum gruppieren sich die Kähne, kleiner und größer, immer aber dienstbereit, sei es um bei Tag einen Heuschober in den Stall zu schaffen oder am Abend einem Liebespaare bei seinem Stelldichein behilflich zu sein.

»Die Leber ist von einem Hecht«

Die letzten Häuser von Lehde liegen hinter uns, und wieder dehnen sich Wiesen zu beiden Seiten aus, nur hier und da durch Erlengruppen oder ein paar einzelnstehende Eichen unterbrochen. In südöstlicher Richtung geht es stroman, eine Biegung noch und jetzt eine zweite, bis sich unser Flachkahn durch allerlei Tang und Kraut in einen schmalen und gradlinigen Kanal einschiebt, der die Verbindungsstraße zwischen den zwei Hauptarmen der Spree bildet.

Dieser Kanal, eine halbe Meile lang, zählt mit zu den besonderen Schönheiten des Spreewaldes. Im allgemeinen wird sich sagen lassen, daß eine mit dem Lineal gezogene Linie landschaftlich ohne Reiz sei, jede Regel aber hat ihre Ausnahme (gewißlich hat sie sie hier), und ein Vergleich mag diese Wasserstraße beschreiben. Jeder kennt die langgestreckten Laubgänge, die sich unter dem Namen »Poetensteige« in allen altfranzösischen Parkanlagen vorfinden. Ein solcher Poetensteig ist nun der Kanal, der eben jetzt in seiner ganzen Länge vor uns liegt, und ein niedriges und dicht gewölbtes Laubdach über uns, so gleiten wir im Boot die Straße hinauf, die nach Art einer Tute sich zuspitzend an ihrem äußersten Ausgang ein phantastisch-verkleinertes und nur noch halb erkennbares Pflanzengewirr zeigt. Alles in einem wunderbaren Licht.

Endlich erreichen wir diesen Ausgang und fahren in abermaliger scharfer Biegung in einen breiten, aber überall mit Schlangenkraut überwachsenen Flußarm ein, der uns in weniger als einer Stunde nach der »Eiche«, einem mitten im Spreewald gelegenen und von der Frau Schenker in gutem Ansehen erhaltenen Wirtshause, führt. Dasselbe zeigt den echten Spreewaldsstil und unterscheidet sich in nichts von den wendischen Blockhäusern des Dorfes Lehde. Nichtsdestoweniger scheinen statt Sorben oder Wenden eingewanderte Sachsen von Anfang an an dieser Stelle heimisch gewesen zu sein, denn nicht nur, daß die fast allzu germanisch klingenden »Schenkers« in dritter Generation schon in diesem Hause haushalten, auch ein alter, mühsam zu entziffernder Spruch über dem Eingange läßt über den deutschen Ursprung der ganzen Anlage keine Zweifel aufkommen. Der Spruch aber lautet:

Wir bauen oftmals feste
Und sind nur fremde Gäste;
Wo wir sollten ewig sein,
Da bauen wir ja ewig ein.

Frau Schenker ist eine freundliche Wirtin und eine stattliche Großmutter; ob deutsch oder wendisch, sie hängt am Spreewald und schreibt der Spree, neben allem sonstigen Guten, auch wirkliche Heil- und Wunderkräfte zu, worüber wir uns in einen scherzhaften Streit mit ihr verwickeln. Inzwischen ist die Tafel gedeckt worden, und wir blicken auf eine reizende Szenerie. Der Tisch mit dem weißen Linnen steht unter einer mächtigen und prächtigen Linde, zwischen uns und dem Fluß aber wölbt sich eine hohe Laube von Pfeifenkraut, vor derem Eingange – wie Puck auf seinem Pilz – Frau Schenkers jüngste Enkelin auf einem Baumstumpf sitzt und das lachende Gesicht unter dem roten Kopftuch halb verborgen in Neugier auf die fremden Gäste herüberblickt.
Und nun das Mahl selber! Das wäre kein echtes Spreewaldsmahl, wenn nicht ein Hecht auf dem Tische stünde.

Die Leber ist von einem Hecht und nicht von einer Schleie,
Der Fisch will trinken, gebt ihm was, daß er vor Durst nicht schreie.

Und mit diesem zeitgemäßen Leberreime ging es an die Entpuppung des Korbes, der bereits während der Fahrt mehr als einen interessierten Blick auf sich gezogen hatte. Das erste Glas galt wie billig der Wirtin, andere folgten, bis zuletzt die Mahlzeit und die lange Reihe der Toaste mit dem Jubelhymnus abschloß:

Die Leber ist von einem Hecht und nicht von einem Störe,
Es lebe Lehrer Klingestein, der Kantor der Kantöre.

AN DER SPREE

Die Müggelberge

Inmitten des quadratmeilengroßen Wald- und Inseldreiecks, das Spree und Dahme kurz vor ihrer Vereinigung bei Schloß Köpenick bilden, steigen die »Müggelberge« beinah unvermittelt aus dem Flachland auf. Sie liegen da wie der Rumpf eines fabelhaften Wassertieres, das hier in sumpfiger Tiefe zurückblieb, als sich die großen Fluten der Vorzeit verliefen.

Die Müggelberge sind alter historischer Grund und Boden und waren schon das »hohe Schloß« dieser Lande, lange bevor die Wendenfürsten in die Spreegegenden kamen und lange bevor sich Brennabor an der Havel erhob. In vorslawischer Zeit, in Zeiten, die noch keine Burgen kannten, waren sie die naturgebaute, wasserumgürtete Feste, die von germanischen Häuptlingen jener Epoche bewohnt wurde – der Sumpf ihr Schutz, der Wald ihr Haus.

Karl Blechen, »der Vater unsrer märkischen Landschaftsmalerei«, wie er gelegentlich genannt worden ist, hat in einem seiner bedeutendsten Bilder die Müggelberge zu malen versucht. Und sein Versuch ist glänzend geglückt. In feinem Sinn für das Charakteristische, ging er über das bloß Landschaftliche hinaus und schuf hier, in die Tradition und Sage der Müggelberge zurückgreifend, eine historische Landschaft. Die höchste Kuppe zeigt ein Semnonenlager. Schilde und Speere sind zusammengestellt, ein Feuer flackert auf, und unter den hohen Fichtenstämmen, angeglüht von dem Dunkelrot der Flamme, lagern die germanischen Urbewohner des Landes mit einem wunderbar gelungenen Mischausdruck von Wildheit und Behagen. Wer die Müggelberge gesehen hat, wird hierin ein richtiges und geniales Empfinden unsres Malers bewundern – er gab dieser Landschaft die Staffage, die ihr einzig gebührt. Ein Reifrock und ein Abbé in die verschnittenen Gänge eines Rokokoschlosses, eine Prozession in das Portal einer gotischen Kirche, aber ein Semnonenlager in das Waldrevier der Müggelberge!

Ihnen gilt jetzt unser Besuch.

Wir kommen von Schloß Köpenick, haben Stadt und Vorstadt glücklich passiert und schreiten nunmehr dem Gehölze zu, das bis über die Müggelberge hinaus das ganze Terrain bedeckt. Es ist ein Forst und eine Heide wie andere mehr; Moos und Fichtennadeln haben dem Weg eine elastische Weiche gegeben, und nur die Baumwurzeln, die grotesk überall hervorlugen und uns wie böswillige Gnomen ein Bein zu stellen suchen, mahnen zur Vorsicht. Eine rechte Herbstesfrische weht durch den Wald. Der herbe Duft des Eichenlaubs mischt sich mit dem Harzgeruch der Tannen, und anheimelnd klingt es, wenn die Eichkätzchen von einem Baum zum andern springen und die Zweige mit leisem Knick zerbrechen. Dann und wann hören wir, vom Fahrweg her, den eigentümlichen Klinker- und Klankerton, an dem ein märkischer Bauernwagen auf hundert Schritt schon erkennbar ist. Die Halskette der beiden magern Braunen rasselt am Deichselhaken, die Sprossen klappern in den Leiterbäumen, die Leiterbäume wieder an den vier Wagenrungen, und gegen die Wagenrungen schrammt das Rad. Dazwischen das Hüh! und Hoh! des Kutschers, und Schwamm-anpinken und Tabaksqualm – und das Begegnungsbild ist fertig, das die märkische Heide zu bieten pflegt.

Schon mehrere solcher Fuhrwerke sind an uns vorübergekommen, und ihre Insassen haben jedesmal unsern Gruß erwidert in trägen, unverständlichen Lauten, wie einer, der aus dem Schlafe spricht. Jetzt aber verlassen wir den Fußweg, der neben der großen Fahrstraße hinlief, und biegen nach rechts hin in einen schmaleren Pfad ein, der leise bergan steigend uns immer tiefer in die weiten und unmittelbar an den Fuß der Müggelberge sich anlehnenden Waldreviere führt. Bald ist völlige Stille um uns her; wir haben in unseren Gedanken von Menschen und Menschenantlitz Abschied genommen und fahren drum erschreckt zusammen, als wir plötzlich dreier Frauengestalten ansichtig werden, die mit halbem Auge von ihrer Arbeit aufblicken und dann langsam-geschäftig fortfahren, das abgefallene Laub zusammenzuharken. Die grauen Elsen, unter denen sie auf- und abschreiten, sehen aus wie die Frauen selbst, und ein banges, gespenstisches Gefühl überkommt uns, als wäre kein Unterschied zwischen ihnen und als rasteten die einen nur, um über kurz oder lang die andern bei ihrer Arbeit abzulösen. Wir fragen endlich, »ob dies der Weg nach den Müggelbergen sei«, worauf sie mit nichts andrem als mit einer gemeinschaftlichen Handbewegung antworten. Einen Augenblick stutzen wir in Erinnerung an die wohlbekannten Drei von der Schottischen Heide, deren Wink oder Zuruf immer nur in die Irre führt; aber uns schnell vergegenwärtigend, daß die Türme Berlins nur ein paar Meilen in unserem Rücken liegen, folgen wir unter Dank und scheuem Kopfnicken der uns angedeuteten Richtung. Und siehe da, noch hundert Schritt, und es lichtet sich der Wald, und vereinzelte Tannen und Eichen umzirken einen Platz, in dessen Mittelpunkt ein Teich, ein See ruht.

Dieser See heißt der »Teufelssee«. Er hat den unheimlichen Charakter aller jener stillen Wasser, die sich an Bergabhängen ablagern und ein Stück Moorland als Untergrund haben. Die leuchtend-schwarze Oberfläche ist kaum gekräuselt, und verwaschenes Sternmoos überzieht den Sumpfgürtel, der uns den Zugang zum See zu verwehren scheint. Er will ungestört sein und nichts aufnehmen als das Bild, das die dunkle Bergwand auf seinen Spiegel wirft. Der Teufelssee hat auch seine Sage von einem untergegangenen Schloß und einer Prinzessin, die während der Johannisnacht aufsteigt und die gelben Teichrosen des Sees an den Saum ihres schwarzen Kleides steckt. Die Kuhjungen aus Müggelsheim, die hier herum ihre Herden durch Wald und Sumpf treiben, haben das alles mehr denn einmal gesehen und das Knistern ihres Seidenkleides gehört; wir aber, die wir die Johannisnacht sträflich versäumt haben und erst um die Mitte Oktober in diese Gegenden kommen, müssen uns begnügen, den drei harkenden Frauen begegnet zu sein, die so trefflich zur Herbstlandschaft stimmten und spukhaft genug waldeinwärts zeigten.

Unmittelbar hinter dem Teufelssee erheben sich die Müggelberge. Wir verschmähen den bequemen Weg, der sich hinaufschlängelt, und nehmen den Berg auf geradestem Wege wie im Sturm. Oft zurückgleitend, wo die abgefallenen Kiennadeln am dichtesten liegen, und im Zurückgleiten einen Birkenstrauch oder eine junge Tanne fassend, so dringen wir mutig vor, jede Stelle preisend, an der raschelndes Eichenlaub statt der glatten Nadeln zu unsern Füßen liegt. Nun aber haben wir's überwunden, das Erdreich wird feuchter, Treppeneinschnitte und Rasenbänke gönnen uns abwechselnd einen Halt und eine Rast, und endlich eine dichte Hecke durchbrechend, die fast schon am Grat des Berges entlang läuft, haben wir das Ziel unserer Wanderschaft erreicht – die Höhe der Müggelberge.

Diese Müggelberge repräsentieren ein höchst eigentümliches Stück Natur, abweichend von dem, was wir sonst wohl in unserem Sand- und Flachlande zu sehen gewohnt sind. Unsere märkischen Berge (wenn man uns diese stolze Bezeichnung gestatten will) sind entweder einfache Kegel oder Plateauabhänge. Nicht so die Müggelberge. Diese machen den Eindruck eines Gebirgsmodells, etwa als hab' es die Natur in heiterer Laune versuchen wollen, ob nicht auch eine Urgebirgsform aus märkischem Sande herzustellen sei. Alles *en miniature*, aber doch nichts vergessen. Ein Stock des Gebirges, ein langgestreckter Grat, Ausläufer, Schluchten, Kulme, Kuppen, alles ist nach Art einer Reliefkarte vor die Tore Berlins gelegt, um die flachländische Residenzjugend hinausführen und ihr über Gebirgsformationen einiges *ad oculos* demonstrieren zu können.

Wir haben den Grat ungefähr in seiner Mitte erreicht, wo er mehr eine muldenartige Vertiefung als eine Erhöhung zeigt. Die Kuppen befinden sich an den vorgeschobeneren Punkten, so daß der ganze Berg einem ausgedehnten alten Schloßbau gleicht, der hohe Erker und Altane, vor allem aber ein paar abgestutzte Ecktürme an seinen zwei Giebelseiten trägt. Diese West- und Ostkuppe der Müggelberge gestatten die weiteste Aussicht ins Land hinein. Besonders die Westkuppe. Über den Rücken des Berges hin schreiten wir dieser letzteren zu.

Der Weg führt durch dichtes Gehölz, das wie ein grüner Wandschirm dasteht und nach keiner Seite hin einen Durchblick gestattet. Die Bäume selbst sind noch jung, und nur alle fünfzig Schritte begegnen wir einigen halberstorbenen Eichen, von denen es schwer zu sagen ist, was sie vor der Axt des Holzschlägers gerettet haben mag, ihr hohes Alter, ihre malerische Schönheit oder eine abergläubisch-pietätsvolle Rücksicht gegen das Geschlecht der Spechte, die darin wohnen und auf den Müggelbergkuppen in ähnlicher Weise heimisch sind wie die Raben und Dohlen auf den Kirchtürmen alter Städte. Sie zimmern sich mit geschäftigem Schnabel ihre soliden Nester in das harte Holz und machen, vielleicht aus Geselligkeitstrieb, jeden einzelnen Stamm zu einer Art Familienhaus. Oft fünfzig Nester in einem Baum. Überall huscht es heraus und hinein, pickt und kreischt, und im Vorübergehen grüßen wir ein paar alte Spechte, die aus ihren Löchern hervorlugen und neugierig sind zu erfahren, ob Freund oder Feind im Anzuge sei.

So erreichen wir nach kurzem Gang unser Ziel, eine kahle, kreisrunde Plattform. In der Mitte liegen verkohlte Scheite von einem Feuer, das erst gestern gebrannt zu haben scheint; sonst alles Sand und Kiennadeln und dicht am Abhang eine einzige Distel. Die Kiefern und Fichten, die bis dahin als dichtes Gebüsch zu beiden Seiten des Weges standen, hier haben sie sich abwärts gezogen und ragen nur noch mit ihren Gipfeln über das Plateau hinweg. In einem Riesenkranze von dunklen Nadeln bewegt sich's um uns her, und nur eine einzige Kiefer, ein schlanker, hellroter Stamm, der stolz wie eine Pinie dasteht, ragt noch hoch auf, als ob es ein Flaggenstock wär', und streckt seine grüne Krone wie ein Wahrzeichen weit ins Land hinein.

Wir lehnen uns an den Stamm des schönen Baumes und blicken westlich auf die Bilder modernen Lebens und lachender Gegenwart. Aus der Sand- und Sumpfwüste früherer Jahrhunderte wurde hier längst ein Park- und Gartenland, und Dörfer und Städte wachsen heiter mit ihren roten Dächern und Giebeln aus allen Schattierungen des Grün hervor. Die Türme der Hauptstadt, die graugelben Wände des Köpenicker Schlosses, beide leuchten im Schein der untergehenden Sonne. Fabrikschornsteine begleiten den Lauf des Flusses, und hoch über den weißen Segeln der Kähne, die geräuschlos stromabwärts ziehen, steht bewegungslos die schwarze Wolke der Essen und Schlote. Leben überall, kein Fuß breit Landes, der nicht die Pflege der Menschenhand verriete.

Wir haben das heitere Bild in Aug und Seele aufgenommen und wenden uns jetzt, um, nach der entgegengesetzten Seite hin, in die halb im Dämmer liegende östliche Landschaft hinein zu blicken. Welch Gegensatz! Die Spree zieht den Müggelsee wie einen breiten Spiegelkristall an ihrem schmalen, blauen Bande auf, und die Dahme buchtet sich immer weiter und breiter landeinwärts und schafft Inseln und Halbinseln, so weit unser Auge reicht. Auf Quadratmeilen hin nur Wasser und Wald. Nichts, was an die Hand der Kultur erinnerte. Nicht Weg, nicht Steg und keine andere Fahrstraße sichtbar als das verwirrende Flußnetz, das sich durch die scheinbar endlosen Forstreviere zieht. Kein Hüttenrauch steigt auf, keine Herde weidet an den Ufern entlang, und nur eine Fischmöwe schwebt satt und langsam über dem Müggelsee. Sand und Sumpf, und Wasser und Wald; es ist hier, wie es immer war, und während jetzt die Abendnebel von den Seen her aufsteigen und ihre Schleier auch um den Rand der Kuppe legen, auf der wir stehen, ist es, als steige die alte Zeit mit aus der Tiefe herauf, und die Müggelberge sind wieder, wie sie die künstlerische Phantasie gesehn. An den knorrigen Ästen hängen wieder Schilde, wie Mulden geformt, und lange Speere von Eschenholz stehen daneben, einzeln und in Gruppen zusammengestellt. Die verkohlten Scheite vor uns sind nicht länger mehr verkohlt, sie treiben wieder Flammen, und um die brennenden Scheite herum lagern, ihre Leiber mit Fellen leicht geschürzt, die Gestalten unsers märkischen Malers und Meisters – die Semnonen.

Wie gebannt hält uns das Bild, bis ein Geräusch uns weckt. Ein Vogel, der in dem Zweigwerk der Fichte gesessen hatte, war aufgestiegen, und sein Geschrei von Zeit zu Zeit wiederholend, flog er jetzt dem dichteren Gehölz des Berges zu. Es war ein Pirol, der nordische Wundervogel. Sein gelbes Gefieder fing die letzten Strahlen der Abendsonne auf; dann stieg er in das unter ihm liegende Dunkel der Tannen nieder.

Das Nebelbild war hin, die Aussicht wieder frei, die Scheite wieder verkohlt; von den Dörfern her aber klang die Betglocke, die den Abend einläutete.

Der Müggelsee

Die Spree, sobald sie sich angesichts der Müggelberge befindet, bildet oder durchfließt ein weites Wasserbecken: die Müggel oder den Müggelsee, der mit zu den größten und schönsten unter den märkischen Seen zählt.

Da, wo die Spree den Müggelsee betritt, und ebenso da, wo sie ihn wieder verläßt – also durch die ganze Länge des Sees voneinander getrennt –, erheben sich die beiden einzigen Dörfer dieser Gegenden: Rahnsdorf und Friedrichshagen, jenes ein altes Dorf, das mutmaßlich bis in die Wendenzeit zurückreicht, dies eine Kolonie aus der Zeit des großen Königs, der es sich zur Aufgabe stellte, die bis dahin unbewohnten Müggelforsten oder, was dasselbe sagen will, die große Waldinsel zwischen der deutschen und wendischen Spree zu kolonisieren.

Rahnsdorf und Friedrichshagen blicken mit ihren schmucken roten Dächern auf den See hinaus, aber es sind nicht eigentliche Seedörfer; sie liegen am Ufer der Spree, nicht am Ufer der Müggel. Am Müggelsee selber, den nichts wie Sandstreifen und ansteigende Fichtenwaldungen einfassen, erhebt sich oder erhob sich wenigstens in den sechziger Jahren, als ich den See zum ersten Male sah, ein einziges Haus: die Müggelbude. Auf einer vorspringenden Sanddüne gelegen, die sich vom Westufer aus in die Müggel hinein erstreckt, ist sie oder war sie der geeignetste Punkt, um den See und seine Ufer zu überblicken.

Eben diese Müggelbude, nach der von Köpenick aus ein reizender Spaziergang durch den Wald führt, ist Leuchtturm, Fischerwohnung und Fährhaus zugleich, aber vor allem ist sie doch Gasthaus. Sie ist es nach jenem überall hervortretenden Gesetze, welches in unwirtbaren Gegenden ein jedes einzeln stehende Haus zum Gasthause macht. Die oft angerufene und oft gewährte Hilfe führt schließlich dazu, die Hilfe zu einem Geschäft zu machen. So auch die Müggelbude. Freilich ist es ein wild-ver-

wogenes Geschlecht, das hier anpocht, um Unterkommen oder Hilfe zu finden, und der Fährmann, der erfahren haben mag, daß uns das Unglück nicht bloß zu seltsamen Schlafkameraden führt, sondern uns auch umgekehrt ebenso seltsame Schlafkameraden bringt, hat wohlweislich Vorkehrungen getroffen, um sein eigentliches Haus vor ihnen sicherzustellen. Seine Müggelbude repräsentiert ein »Gasthaus erster Klasse«; für die Unbekannten und Schlecht-Legitimierten aber hat er abwärts auf dem untersten schmalen Uferstreifen eine Art Schifferghetto aufgeführt. Hier, auf einem Terrain, das sich See und Sand beständig streitig machen, erheben sich flachgewölbte Holzhütten, die sich bei näherer Besichtigung als ausrangierte Schiffskajüten erweisen. Durch die halb offen stehende Tür gewinnt man Einblick in das Innere derselben; auf vier hohen Pfosten ruht ein roh zusammengenagelter Kasten, groß genug für zwei oder drei Schläfer und mit nichts ausgestattet als mit etwas niedergelegenem Stroh. Das ist alles, was die Gastlichkeit der »Dependance« der Müggelbude bietet. Und doch muß es hier ein wunderbares Schlafen sein, wenn in Winternächten die glitzernden Sterne durch die halbhandbreiten Ritzen in dies Schlafgemach hineinblicken und der See, als wollt' er sich warm schlagen, seine Wellen bis an die hochaufgezimmerte Bettlade treibt. Schade nur, die Schifferknechte, die hier einen Unterschlupf suchen und finden, sind wohl die letzten, sich dieses Zaubers zu freun.
Die Müggelbude steht hoch, ihr zu Füßen aber zieht sich ein Sandgürtel, der, nach vorn hin aufs neue steil abfallend, den See in seiner ganzen Ausdehnung umzirkt. Auf diesem Sandgürtel nehmen wir Platz, und eine knorrige Kiefer im Rücken, deren vorgebeugter Schirm schon halb über dem Wasser schwebt, sitzen wir jetzt auf einer Art Moos- oder Erdbank und blicken auf die weite Wasserfläche hinaus, die, leise brandend, ihre Wellchen bis unter unsre Füße schickt. Der See gleicht hier einem Haff, und sooft die Wellen zurückrinnen, blinken die weißen Muscheln, die das bewegte Wasser ans Ufer geworfen.
Es freut das Herz, so an der Müggel zu sitzen und, die leise Musik von Wald und Wasser um sich her, die Stunden zu ver-

träumen. Die Sonne sinkt, und das Bild, das beim ersten Anblick, aller eigentümlichen Schönheit unerachtet, eine gewisse Monotonie zeigte, gewinnt mehr und mehr Gewalt über uns und spinnt uns in den alten Müggelzauber ein. Die Kähne mit ihrer weißen Kalksteinladung, deren aufgeschichtete Blöcke das Kajütendach in ein kleines Kastell verwandeln, ziehen geräuschlos vorüber, die Dächer des gegenüberliegenden Rahnsdorf glühen noch einmal auf, und der See selber wechselt von Minute zu Minute seine Stimmung und seine Farbe. Aber mit halbem Auge nur verfolgen wir das Farbenspiel; unser Auge richtet sich immer wieder nach rechts hin, wo die Müggelberge steil aufsteigen und ihre wachsenden Schatten bis weit in den See hineinwerfen. Ein dünner Nebel zieht um den Berg, und wenn es dann und wann aufblitzt, fahren wir zusammen und blicken nach der Prinzessin aus, der zweiten Prinzessin dieser Gegenden, von der es heißt, sie käm' allabendlich mit vier goldfarbenen Pferden von den Müggelbergen herab, um die Durstigen im See zu tränken. Sie kommt freilich nicht, und auch der große Heuwagen bleibt aus, der, von vier weißen Mäusen gezogen, der Prinzessin entgegenfährt, um ihr den Weg zu sperren, aber eingewiegt in phantastisches Träumen könnte jetzt eine ganze Zauberwelt vor uns ausgeschüttet werden, wir würden ihre Wunder ohne Verwunderung entgegennehmen. Die Müggel und ihre Ufer sind Märchenland.

Noch einmal fährt ein Glutstreifen über den See; nun aber schwindet die Sonne, beinah plötzlich bricht die Dämmerung herein, und bleifarben liegt die weite Wasserfläche da. In seiner Mitte beginnt es wie ein Kreisen, wie ein Quirlen und Tanzen; sind es Nebel, die aufsteigen? Oder sind es die alten Müggelhexen, die lebendig werden, sobald das Licht aus der Welt ist?

Der Fährmann von der Müggelbude hat sich zu mir gesetzt, und ich dringe jetzt in ihn, mich über den See zu fahren, aber statt jeder Antwort zeigt er nur auf eine grauweiße Säule, die mit wachsender Hast auf uns zukommt. Wie geängstigte Schwäne fahren die Wellen der Müggel vor ihr her, und während ich meinen Arm fester um die Fichte lege, bricht vom See her ein Windstoß in Schlucht und Wald hinein und jagt mit Geklaff und Gepfeif durch die Kronen der Bäume hin. – Einen Augenblick nur, und die Ruh' ist wieder da – aber die Bäume zittern noch nach, und auf dem See, der den Anfall erst halb überwunden, jagen und haschen sich noch die Wellen.

Die Müggel ist bös. Es ist, als wohnten noch die alten Heidengötter darin, deren Bilder einst die Hand der Mönche von den Müggelbergen herab in den See warf. Die alten Mächte sind besiegt, aber nicht tot, und in der Dämmerstunde steigen sie herauf und denken, ihre Zeit sei wieder da.

LINKS DER SPREE

Eine Pfingstfahrt in den Teltow

Es reist sich schön an einem Pfingstsonnabend in die Welt hinein, es sei wohin es sei. Die Natur lacht und die Menschen auch; die Sonne geht in Strahlen unter, die Rapsfelder blühn, und selbst die Windmühlenflügel schwenken einen grünen Maienbusch in die Luft.

Rixdorf rüstete sich zum Fest. Die Mägde, kurzärmelig und aufgeschürzt, standen auf den Höfen und wuschen und scheuerten, die kupfernen Kessel blinkten wie Gold, und ein paar Kinder, die gerad' aus dem Tümpelbade kamen, liefen nackt über den Weg und wirbelten den Staub auf. Der Tümpel blieb ja für ein zweites Bad.

In Rudow schnitten die Jungen Kalmus; über Waltersdorf spannten die Linden ihren Schirm; Kiekebusch aber, als schäm' es sich seinen Namen, guckte nicht mehr aus Busch und Heide, sondern aus hohen Roggenfeldern hervor.

Und nun Heidereviere; dann wieder freies Feld, bis plötzlich die Höhe, darauf wir fahren, steil abfällt und ein von Waldungen eingefaßtes Kesseltal vor uns liegt, in das wir hinunterrollen. Die Postillone blasen (wir haben drei Beichaisen), einzelne Häuser schimmern hinter Bäumen und Sträuchern hervor, jetzt werden ihrer mehr, die Leute vor den Türen richten sich auf, und die Straßenjugend wirft ihre Mützen in die Luft und schreit Hurra. Es ist ein Lärm, der einer Residenz zur Ehre gereichen würde, und doch ist es nur Wusterhausen, in das wir einfahren. Freilich Wusterhausen zu Pfingsten.

Königs-Wusterhausen

Wir halten vor einem Gasthofe, darin alles reich und großstädtisch ist, und während mir zwei Lichter auf den Tisch gesetzt werden, richt' ich unwillkürlich die Frage an mich: Ist dies dasselbe Wusterhausen, von dem wir jene klassische, wenn auch wenig schmeichelhafte Beschreibung haben, die eine der besten Seiten in den Memoiren der Markgräfin von Bayreuth, der Lieblingsschwester Friedrichs des Großen, füllt? Laß doch sehen, was die Markgräfin in ihrem berühmten Buche, dem sozusagen »ältesten Fremdenführer von Wusterhausen«, erzählt. Und ich las wie folgt:

»Mit unsäglicher Mühe hatte der König an diesem Ort einen Hügel aufführen lassen, der die Aussicht so gut begrenzte, daß man das verzauberte Schloß nicht eher sah, als bis man herabgestiegen war. Dieses sogenannte Palais bestand aus einem sehr kleinen Hauptgebäude, dessen Schönheit durch einen alten Turm erhöht wurde, zu dem hinauf eine hölzerne Wendeltreppe führte. Der Turm selber war ein ehemaliger Diebswinkel, von einer Bande Räuber erbaut, denen dies Schloß früher gehört hatte. Das Gebäude war von einem Erdwall und einem Graben umgeben, dessen schwarzes und fauliges Wasser dem Styxe glich. Drei Brücken verbanden es mit dem Hof in Front des Schlosses, mit dem Garten zur Seite desselben und mit einer gegenüberliegenden Mühle. Der nach vornhin gelegene Hof war durch zwei Flügel flankiert, in denen die Herren von des Königs Gefolge wohnten. Am Eingang in den Schloßhof hielten zwei Bären Wacht, sehr böse Tiere, die auf ihren Hintertatzen umherspazierten, weil man ihnen die vorderen abgeschnitten hatte. Mitten im Hofe befand sich ein kleiner Born, aus dem man mit vieler Kunst einen Springbrunnen gemacht hatte. Er war mit einem eisernen Geländer umgeben, einige Stufen führten hinauf, und dies war der Platz, den sich der König abends zum Tabakrauchen auszuwählen pflegte. Meine Schwester Charlotte (später Herzogin von Braunschweig) und ich hatten für uns und unser ganzes Gefolge nur zwei Zimmer oder vielmehr zwei Dachstübchen. Wie auch das Wetter sein mochte, wir aßen zu Mittag immer im Freien unter einem Zelte, das unter einer großen Linde aufgeschlagen war. Bei starkem Regen saßen wir bis an die Waden im Wasser, da der Platz vertieft war. Wir waren immer vierundzwanzig Personen zu Tisch, von denen drei Viertel jederzeit fasteten, denn es wurden nie mehr als sechs Schüsseln aufgetragen, und diese waren so schmal zugeschnitten, daß ein nur halbwegs hungriger Mensch sie mit vieler Bequemlichkeit allein aufzehren konnte ... In Berlin hatte ich das Fegfeuer, in Wusterhausen aber die Hölle zu erdulden.«

So die Markgräfin, die frühere Prinzessin Wilhelmine. Ich schlug das Buch zu und trat an das offene Fenster, durch das der heitere Lärm schwatzender Menschen zu mir heraufdrang. Das Zimmer lag im ersten Stock, und die Kronen der abgestutzten Lindenbäume ragten bis zur Fensterbrüstung auf, so daß ich meinen Kopf in ihrem Blattwerk verstecken konnte. Drüben, an der andern Seite der Straße, zog sich einer der Kavalierflügel des Schlosses entlang. Er war ganz in weiß und roten Rosen geborgen und seine Oberfenster geöffnet; Licht und Musik drangen hell und einladend zu mir herüber. In schräger Richtung dahinter standen Pappeln und hohe Baumgruppen, und zwischen ihrem Laubwerk wurd' ich des alten Schloßturmes ansichtig, »des Diebswinkels, von einer Räuberbande erbaut«. War es wirklich so arg mit ihm? Er stand da, mondbeschienen, mit der friedlichsten Miene von der Welt, eher an Idyll und goldene Zeit als an Fegfeuer und Hölle gemahnend.

Es war noch nicht spät und der Weg nicht zwei Minuten weit. So beschloß ich noch einen Abendbesuch zu machen und die jetzt freilich von holdem Dämmer umwobene Wirklichkeit des Schlosses mit der Beschreibung seiner ehemaligen Bewohnerin zu vergleichen. Ich trat in den weiten Vorhof ein. Da lagen die Flügel rechts und links, vor mir Brück' und Graben und dahinter, großenteils versteckt, das Schloß selbst. Die Bären fehlten, der Springbrunnen auch. Keine Stufen zeigten sich mehr, auf denen irgendwer seine Abendpfeife hätte rauchen können; nur eine weiße Pumpe stand inmitten eines Fliederbosketts und nahm sich besser aus, als Pumpen sonst wohl pflegen.

Ich näherte mich der Brücke, von der aus ich die Fundamente des Schlosses in dunklen Umrissen, die Giebel aber, auf die das Mondlicht fiel, in scharfen Linien erkennen konnte. Was zwischen Giebel und Grundmauer lag, blieb hinter Bäumen versteckt. Der »Styx« existierte nicht mehr; halb zugeschüttet war aus dem Graben ein breiter Streifen Wiesenland geworden. Allerlei blühende Kräuter würzten die Luft, und im Rücken des Schlosses, wo die Notte fließt, hört' ich deutlich, wie das Wasser des Flüßchens über ein Wehr fiel.

Ich kehrte nun in die Straße zurück und setzte mich unter die Linden des Gasthauses. Das war keine »Hölle«, was ich gesehn, oder aber die Beleuchtung hatte Wunder getan.

Der Wirt setzte sich zu mir, und angesichts des Schlosses, dessen Turmdach uns argwöhnisch zu belauschen schien, plauderten wir von Wusterhausen.

In alten wendischen Zeiten stand hier ein Dorf namens »Wustrow«, eine hierlandes sich häufig findende Lokalbezeichnung. Als die Deutschen ins Land kamen, gründeten sie das noch existierende Deutsch-Wustrow zum Unterschiede von Wendisch-Wustrow, schließlich aber wurden beide Worte durch ein angehängtes »hausen« germanisiert, und Deutsch- und Wendisch-Wusterhausen waren fertig.

Wendisch-Wusterhausen, nur mit diesem haben wir es zu tun, wurde eine markgräfliche Burg. Sie verteidigte – wie »Schloß Mittenwalde« [...] – den Notteübergang und war eine der vielen Grenzburgen zwischen der Mark und der Lausitz.

Wendisch-Wusterhausen blieb markgräfliche Burg bis gegen 1370, und es ist eher wahrscheinlich als nicht, daß der alte, von der Prinzessin als »Diebswinkel« bezeichnete Turm bis in jene markgräfliche Zeit zurückdatiert. Etwa 1375 kamen die Schlieben in den betreffenden Besitz, eine Familie, die damals in der Umgegend reich begütert war. Sie besaßen es ein Jahrhundert lang, auch während der Quitzowzeit, ohne daß besondere »Räubertaten« aus dieser ihrer Besitzepoche bekannt geworden wären. 1475 kauften es die Schenken von Landsberg, damalige Besitzer der Herrschaft Teupitz, aus deren Händen es, kleiner Mittelglieder zu geschweigen, 1683 an den Kurprinzen Friedrich, den späteren König Friedrich I., kam. Dieser aber überließ es 1698 seinem damals erst zehn Jahre alten Sohne, dem späteren König Friedrich Wilhelm I.

Friedrich Wilhelm I. nahm Wendisch-Wusterhausen von Anfang an in seine besondere Affektion und hielt bei dieser Bevorzugung aus bis zu seinem Tode. Was es jetzt ist, verdankt es ihm, dem »Soldatenkönig«; Straßen- und Parkanlagen entstanden, und mit Recht wechselte der Flecken seinen Namen und erhob sich aus einem Wendisch-Wusterhausen zu einem Königs-Wusterhausen.

Königs-Wusterhausen ist vielleicht mehr als irgendein anderer Ort, nur Potsdam ausgeschlossen, mit der Lebens- und Regierungsgeschichte König Friedrich Wilhelms I. verwachsen. Hier ließ er als Knabe seine »Kadetten« und einige Jahre später seine »Leib-Compagnie« exerzieren. Hier übte und stählte er seinen Körper, um sich wehr- und mannhaft zu machen, und hier, nach erfolgtem Regierungsantritte, fanden jene weidmännischen Festlichkeiten statt, die Wusterhausen recht eigentlich zum Jagdschloß par excellence erhoben.

Hier auf dem Schloßhof, den jetzt die friedliche Pumpe ziert, war es, wo jedesmal nach abgehaltener Jagd den Hunden ihr »Jagdrecht« wurde. Das war die Nachfeier zum eigentlichen Fest. Der zerlegte Hirsch ward wieder mit seiner Haut bedeckt, an der sich noch der Kopf samt dem Geweih befinden mußte. So lag der Hirsch auf dem Hof, während hundert und mehr Parforcehunde, die durch ein Gatter von ihrer Beute getrennt waren, laut heulten und winselten und nur durch Karbatschen in Ordnung gehalten wurden. Endlich erschien der König, der Jägerbursche zog die Haut des Hirsches fort, das Gatter öffnete sich, und die Meute fiel über ihr »Jagdrecht« her, während die Piqueurs im Kreise standen und auf ihren Hörnern bliesen.

Wenigstens zwei Monate alljährlich wohnte König Friedrich Wilhelm I. in Wusterhausen. Spätestens am 24. August traf er ein, und frühestens am 4. oder 5. November brach er auf. Die ersten acht Tage gehörten der Rebhuhnjagd, vorzüglich auf der Groß-Machnower Feldmark; später dann folgten die Jagden auf

Rot- und Schwarzwild. Zwei Festlichkeiten im größeren Stil gab es herkömmlich während der Wusterhausener Saison: die Jahresfeier der Schlacht bei Malplaquet am 11. September und das Hubertusfest am 3. November. Bei Malplaquet war der König, damals noch Kronprinz, zum ersten Mal im Feuer gewesen; das erheischte, wie billig, ein Erinnerungsfest. Das Hubertusfest war zugleich das Abschiedsfest von Wusterhausen. Nur einmal fiel es aus, am 3. November 1730. Am 28. Oktober, sechs Tage vor dem Hubertustag, hatte das Kriegsgericht in Schloß Köpenick gesessen, das über Kronprinz Friedrich und Katte befinden sollte.

Hier in Wusterhausen spielten später die Hof- und Heiratsintrigen, und hier schwankte die Waage bis zuletzt, ob der Erbprinz von Bayreuth oder der Prinz von Wales (wie so sehr gewünscht wurde) die Braut heimführen würde; hier endlich, nachdem die Ungewitter sich verzogen und ruhigeren Tagen Platz gemacht hatten, teilte der früh alternde König, wenn Gicht und Podagra das Jagen verboten, seine Zeit zwischen Tonpfeife und Palette, zwischen Rauchen und Malen.

*

Der andere Morgen war Pfingstsonntag. Ich brach früh auf, um das »verzauberte Schloß«, das damals (1862) noch keine Restaurierung erfahren hatte, bei hellem Tageslichte zu sehn. Ich fragte nach dem Kastellan – tot; nach der Kastellanin – auch tot; endlich erschien ein Mann mit einem großen alten Schlüssel, der mir als der Herr »Exekutor« vorgestellt wurde. Dies ängstigte mich ein wenig. Es war ein ziemlich mürrischer Alter, der von nichts wußte, vielleicht auch nichts wissen wollte.

Wir traten durch eine Seitentür auf den Schloßhof. Es war schon heiß, trotz der frühen Stunde; die Sonne schien blendend hell, und die Bosketts samt der weißen Pumpe waren nicht ganz mehr, was sie den Abend vorher gewesen waren.

Wir umschritten zunächst das Schloß, dann nahm ich einen guten Stand, um mir die Architektur desselben einzuprägen. Es ist gewiß ein ziemlich häßliches Gebäude, aber doch noch mehr originell als häßlich und in seiner Apartheit nicht ohne Interesse. Der ganze Bau, bis zu beträchtlicher Höhe, ist aus Feldstein aufgeführt, woraus ich den Schluß ziehe, daß der König die dem vierzehnten oder fünfzehnten Jahrhundert angehörige Grundform des Schlosses: ein Viereck mit vorspringendem Rundturm, einfach beibehielt und nur die Gliederung und Einrichtung völlig veränderte. Der Rundturm wurde Treppenturm. Von diesem aus zog er eine Mauerlinie mitten durch das Feldsteinviereck hindurch und teilte dadurch den Bau in zwei gleiche Hälften. Jede Hälfte erhielt ein Giebeldach, so daß wer sich dem Schlosse jetzt nähert, zwei Häuser zu sehen glaubt, die mit ihren Giebeln auf die Straße blicken. In Front beider Giebel und an beide sich lehnend, steht der Turm.

Dieser Turm ist sehr alt; König Friedrich Wilhelm I. aber hat ihm einen modernen Eingang gegeben, ein Portal in Mannshöhe, dessen Giebelfeld etwa ein Dutzend in Holz geschnittene Amoretten zeigt. Einige sind wurmstichig geworden, andere haben sonstigen Schaden genommen.

Beim Eintreten erblickt man zuerst ein paar verliesartige Kellerräume, darin etwas Stroh liegt, als wären es eben verlassene Lagerstätten. Von hier aus führt eine Treppe von zehn oder zwölf Stufen ins Hochparterre, danach eine zweite höhere Treppe bis ins erste Stockwerk. Wir verweilen hier einen Augenblick. Ein schmaler Gang scheidet zwei Reihen Zimmer voneinander, deren Türen etwa in Mittelhöhe (mutmaßlich des besseren Luftzuges halber) kleine Gitterfenster haben, infolgedessen die Zimmer aussehen wie Gefängniszellen. Es sind dies ersichtlich dieselben Räume, darin die Prinzessinnen schlafen mußten, wenn sie nicht in den kleinen Giebelstuben untergebracht wurden. Die Gitterfenster gönnen überall einen Einblick. In einem der Zimmer lagen Aktenbündel ausgebreitet, weiße, grüne, blaue, wohl achtzig bis hundert an der Zahl. Mutmaßlich eine alte Registratur der Herrschaft Königs-Wusterhausen.

Wir stiegen nun ins Hochparterre zurück. Hier befindet sich die ganze Herrlichkeit des Schlosses auf engstem Raum zusammen.

Man tritt zuerst in eine mit Hirschgeweihen ausgeschmückte Jagdhalle, die, wie der Flurgang oben, zwischen zwei Reihen Zimmern hinläuft. Die frühere große Sehenswürdigkeit darin ist derselben verlorengegangen. Es war dies das 532 Pfund schwere Geweih eines Riesenhirsches, der 1636, also zur Regierungszeit George Wilhelms, in der Köpenicker Forst, vier Meilen von Fürstenwalde, erlegt worden war. Über dies Geweih ist auch in neuerer Zeit noch viel gestritten und obige Gewichtsangabe wie billig belächelt worden. Nichtsdestoweniger muß das Geweih etwas ganz Enormes gewesen sein, da Friedrich August II. von Sachsen dem Könige Friedrich Wilhelm I. eine ganze Kompanie langer Grenadiere zum Tausch dafür anbot, ein Anerbieten, das natürlich angenommen wurde. Das Geweih existiert noch und soll sich auf dem Jagdschloß Moritzburg bei Dresden befinden.

Rechts von der Halle sind zwei Türen. An der einen, zunächst der Treppe, standen mit Kreide die Worte: »Wachtstube der Artillerie«. Bei Manövern, Mobilmachungen usw. muß nämlich das Wusterhausener Schloß wohl oder übel mit aushelfen und erhält vorübergehend eine kleine Garnison. Auch stehen in der Tat die meisten dieser Räume, wenigstens in der Gestalt, in der ich sie noch sah, auf der Stufe von Kasernenstuben.

Das erste Zimmer hinter der mit Kreide beschriebenen Tür war ehedem das Schlafzimmer Friedrich Wilhelms I. Es befindet sich in demselben das große Waschbecken des Königs, etwas höchst Primitives, eine Art festgemauertes Waschfaß. Aus Gips gefertigt, gleicht es den Abgußsteinen, die man in unseren Küchen findet, und hat in der Tat eine Öffnung zum Abfluß des Wassers, in der ein steinerner Stöpsel steckt, halb so lang wie ein Arm und halb so dick. Beim Anblick dieses Waschfasses glaubt man ohne weitere Zweifel, was vom Soldatenkönig berichtet wird, daß er einer der reinlichsten Menschen war und »sich wohl zwanzigmal des Tages wusch«.

Die andere Tür, ebenfalls zur Rechten der Halle, führt in den Speisesaal. Er mißt fünfzehn Schritt im Quadrat. In der Mitte desselben ist ein hölzerner Pfeiler angebracht, der vielleicht mehr schmücken als stützen soll. Ein großer Kamin, neben dessen einem Vorsprung einst eine Treppe direkt in die Küche führte, vollendet die Herrichtung. Es ist dies derselbe Saal, in dem, wie schon hervorgehoben, an jedem 11. September der Tag von Malplaquet und an jedem 3. November das Hubertusfest gefeiert ward. Es ging dann viel heitrer hier her, als man jetzt wohl beim Anblick dieser weißgetünchten Öde glauben möchte. Frauen waren ausgeschlossen. Es war ein Männerfest. Zwanzig bis dreißig Offiziers, meist alte Generale, die unter Eugen und Marlborough mitgefochten hatten, saßen dann um den Tisch herum, und Rheinwein und Ungar wurden nicht gespart. Der »starke Mann« mußte kommen und seine Kunststücke machen; zuletzt, während die Lichter flackerten und qualmten und die Piqueurs auf ihren Jagdhörnern bliesen, packte der König den alten Generalleutnant von Pannewitz, der von Malplaquet her eine breite Schmarre im Gesicht hatte, und begann mit ihm den Tanz. Dazwischen Tabak, Brettspiel und Puppentheater, bis das Vergnügen an sich selbst erstarb.

Wir treten nun aus diesem Eßsaal wieder in die Halle zurück. Zur Linken derselben befinden sich ebenfalls zwei Zimmer, die Zimmer der Königin. Sie sind verhältnismäßig noch wohl erhalten und geben einem ein deutliches Bild von der »Elegance« jener Tage. Beide Zimmer sind durch eine Tür von Eichenholz miteinander verbunden, wie denn auch niedrige Eichenholzpaneele die Wände bekleiden, während in den vier Ecken oben vier Lyras angebracht sind, die so geniert dreinsehen, als befänden sie sich lieber wo anders. Und doch haben sie wenigstens Gesellschaft: zwei Basreliefs (in jedem Zimmer eins), die sich als Wandschmuck zwischen Kamin und Decke schieben. Das eine stellt eine »Toilette der Venus«, das andere eine »Venusfeier« dar. Auf jenem erblicken wir nichts als die herkömmlichen Amoretten, schnäbelnde Tauben, Rosengirlanden usw., das zweite dagegen tut ein übriges, und nackte Gestalten von ganz unglaublichen Formen umtanzen eine Venusstatue, während ein Satyr von hinten her eine Bacchantin umklammert und die Widerstrebende zum Tanze zwingt. An anderem Orte würde dieser lustige Heidenspuk wenig bedeuten, hier im Schlosse zu Wusterhausen aber nimmt er sich wunderlich genug aus und paßt seltsam zu dem Waschbecken drüben mit dem dicken steinernen Stöpsel.

Das erste dieser Zimmer, das sich mit der »Toilette der Venus« begnügt, führt durch eine Seitentür auf eine Art Rampe, die ziemlich steil nach dem Park hin abfällt. Diesen Weg machte wahrscheinlich der König, wenn er in seinem Gichtstuhl in den Garten hinein und wieder zurückgerollt wurde. Bekanntlich war Treppensteigen nicht seine Sache.

Wir aber treten jetzt ebenfalls ins Freie hinaus und atmen auf im Sonnenlicht und in dem Wiesendufte, den eine Luftwelle herüberträgt. Eine mächtige alte Linde, hart zu Füßen der Rampe, ladet uns ein, unter ihrem Zweigwerk Platz zu nehmen, und wir sitzen nun mutmaßlich unter demselben Blätterdach, »unter dem die Damen, wenn's regnete, bis an die Waden im Wasser saßen«. Die Parkwiese liegt vor uns, Hummel und Käfer summen darüber hin, und das Mühlenfließ uns zur Rechten fällt leis über das Wehr. Träume nehmen den Geist gefangen und führen ihn weit weit fort in südliche Lande, zu Tempeltrümmern und Götterbildern. Aber ein Satyr lauscht plötzlich daraus hervor. Es ist derselbe, der der tanzenden Bacchantin da drinnen im Nacken sitzt, und siehe, die Prosabilder von Schloß Wusterhausen schieben sich plötzlich wieder vor die Bilder klassischer Schönheit.

Hatte die Memoirenschreiberin doch recht? Ja und nein. Ein prächtiger Platz für einen Weidmann und eine starke Natur, aber freilich ein schlimmer Platz für ästhetischen Sinn und einen weiblichen *esprit fort*.

Klein-Machnow oder Machnow auf dem Sande

Klein-Machnow ist ein reizend gelegenes Dorf, das sich an einem vom Teltefließ gebildeten See hinzieht. Die Häuser sind ärmlich, aber schöne Kastanienalleen, wie sie während des vorigen Jahrhunderts fast überall in den Nachbardörfern Berlins entstanden, geben dem Ganzen ein sehr malerisches Ansehen.

Das Dorf ist alter Besitz der von Hakes. Diese Familie, die drei Gemshörner (Haken) im Wappen führt, war früher wie im Havellande so auch im Teltow reich begütert, besitzt aber in letztrem Kreise, nach Einbuße von Genshagen und Heinersdorf, nur noch Klein-Machnow und das Patronat über das angrenzende Stahnsdorf. Am Nordufer des schon genannten Sees erhebt sich der Seeberg, von dessen westlichem Abhang aus man einen prächtigen Blick ins Land hat, die Türme von Potsdam am Horizont. […]

Das Herrenhaus ist ein moderner Bau aus den letzten Jahren des vorigen Jahrhunderts. Nach der Gartenseite hin hat es einen halbkreisförmigen, von hohen ionischen Säulen getragenen Vorbau, der dem Ganzen etwas Stattliches leiht. Die Auffahrt auf den sehr geräumigen Hof erfolgt durch ein altes Sandsteinportal, das nach außen hin einen Medusenkopf und auf diesem eine Minerva zeigt. Die Dorfleute betrachten den Medusenkopf als das Porträt eines hartherzigen Vorbesitzers, der schließlich von den Schlangen verzehrt worden sei.

Das alte Schloß, in unmittelbarer Nähe des jetzigen Herrenhauses, ist eines der wenigen alten Schloßgebäude, die sich bis auf diesen Tag in unserer Mark erhalten haben. Es besteht aus einem schmucklosen Viereck, an dessen Nordseite sich ein sechseckiger Treppenturm lehnt. Dieser Turm überragt das Hauptgebäude nur um wenige Fuß und trägt ein Dach von eigentümlicher und schwer zu beschreibender Form; in der Mitte des eigentlichen Schloßbaus aber, und zwar in seinem Erdgeschosse, befindet sich ein starker sechs- oder achteckiger Pfeiler, der das Obergeschoß zu tragen scheint. Welcher Zeit dieser Pfeiler angehört, mag dahingestellt bleiben. Bei der Seltenheit derartiger baulicher Überbleibsel in unserer Mark ist es vielleicht gerechtfertigt, die Aufmerksamkeit unserer Archäologen darauf hinzulenken. Von historischen Erinnerungen knüpft sich nichts an diesen Bau. Gemeinhin hat hierlandes die Ortsgeschichte den Ort selbst überdauert; wir wissen von der Existenz dieser oder jener Burg, von diesem oder jenem, was drin geschah, und nur die Burg selbst ist hin; in Klein-Machnow ist es umgekehrt, die Burg existiert, aber die Geschichte fehlt. Dies hat zum Teil wohl seinen Grund darin, daß Klein-Machnow nach dem Aussterben der Machnowschen Hakes, etwa um die Mitte des vorigen Jahrhunderts, in Besitz einer Nebenlinie kam: der Hakes von Flatow im Havellande, wodurch die lebendige Tradition unterbrochen wurde.

Die Wassermühle. Ein schöner, massiver Bau, durch die Gebrüder von Hake im Jahre 1856 neu aufgeführt. Eine Inschriftstafel der alten Mühle hat man in die Frontwand des Neubaues wieder eingefügt. Die alte Inschrift lautet: »Anno 1695 hat Herr Ernst Ludwig von Hake, Seiner churfürstlichen Durchlaucht zu Brandenburg Friederici III Oberster bei der Garde zu Fuß, diese adlige Freymühle hinwiederumb ganz neue aus dem Grunde erbauet, weilen die alte gantz zerfallen.« Diese Machnowsche oder Hakesche Wassermühle wird in alten Urkunden oft erwähnt, doch ist sie nicht mit der noch älteren Wassermühle bei Potsdam, kurz vorm Einfluß der Nuthe in die Havel, zu verwechseln, die eigens den Namen Hakemühle (früher Hackenmohle) führt. Sie ist viel älter als die Hakes und wird schon 933 genannt, in welchem Jahre König Otto III. seiner Tante, der Äbtissin Mathilde von Quedlinburg, den Ort Potsdam schenkte.

Die alte Kirche. Gegenüber der Einfahrt mit dem Medusenkopf liegt die Kirche. Ehe wir sie erreichen, passieren wir ein Steinkreuz, hart an der Straße, zum Andenken eines Schlabrendorf errichtet, der hier in einem Duell mit einem von Hake auf offener

Dorfstraße getötet wurde. Sporen und Degen des Gefallenen sind in der Kirche aufgehängt. Nicht immer übrigens waren die Hakes Sieger bei solchen Vorfällen. Auf einem anderen Familiengute kam es zu einem Duell zwischen einem Hake und einem von Bornstaedt. Man schoß sich in der großen Halle des Hauses, und Hake fiel. Ursach war ein Stückchen niedergetretenes Erbsenfeld. Man war damals rasch bei der Hand.
Wir sind nun an die Kirche herangetreten. Es ist ein überraschend gefälliger, beinah feinstilisierter Backsteinbau aus dem sechzehnten Jahrhundert (vielleicht auch schon aus dem fünfzehnten), reizend zwischen Bäumen und Efeugräbern gelegen und von einer Steinmauer eingefaßt. Die eine Kirchenwand trägt zwar deutlich die Inschrift: »Casparus Jacke, Maurermeister zu Potsdam 1597«, doch hat er die Kirche sehr wahrscheinlich nur restauriert. Der Unterbau, bis zum Beginn der Fenster, ist jedenfalls viel älter, und die bestimmt zutage tretende Verschiedenheit der Steine hat denn auch zu der Sage geführt, daß zwei Schwestern die Kirche gebaut und helle und dunkle Ziegel genommen hätten, um ihren Anteil unterscheiden zu können. [...]
Machnow auf dem Sande ist nur eine gute halbe Stunde vom Wann- und Schlachtensee und all jenen andern im Grunewald gelegenen Wald- und Wasserpartien entfernt, die, wenn längst gehegte Wünsche sich erfüllen (erfüllten sich seitdem), über kurz oder lang vor die Tore Berlins gerückt sein werden. Dann, wenn die steil abfallende Hügelreihe, die das weite Becken des Wannsee von Osten her umfaßt, zu einem Kai für heitre, von wildem Wein umlaubte Villen geworden sein und Forst und Fluß nach allen Seiten hin durchstreift werden wird, dann wird auch das hübsche Dorf am Teltefließ seine Besucher und seine Verehrer gefunden haben. [...]

AN DER NUTHE

Saarmund und die Nutheburgen

Saarmund, ein Zauchestädtchen, ist an dem Wiedervereinigungspunkte zweier Nuthearme gelegen, von denen der kleinere, nur auf eine kurze Strecke hin abgezweigte, den Namen der Saare führt. Daher denn also Saarmund.

Die Nuthe selbst entspringt auf dem hohen Fläming bei Jüterbog in Nähe des historischen Dorfes Dennewitz, wendet sich nordwärts und fließt endlich bei Potsdam, unter Sumpf und Wiesen versteckt, in die Havel. Wer tagelang an Rhin oder Finow, an Stobber oder Löcknitz, an Nieplitz oder Notte herumgewandert ist, der blickt, wenn er eines Flusses wie der Havel, wieder ansichtig wird, auf ihre blauen und seenreichen Flächen, als zöge die Wolga an ihm vorüber. Der Maßstab ist eben alles.

Und zu diesen Kleinsten, denen die bescheidene Aufgabe zufällt, andre Kleine zu heben oder groß zu machen, gehört denn auch die Nuthe, die nur das eine vor ihresgleichen voraus hat, schon in weit zurückliegender Zeit (ja damals mehr denn später) ein Grenzfluß, eine Trennungslinie gewesen zu sein.

Alles, was die Nuthe trennte, hieß zwar nur Teltow und Zauche, wird mithin in den großen Büchern nicht verzeichnet stehn; aber es traf sich nichtsdestoweniger, daß, auf ein ganzes Jahrhundert hin, diese zwei Namen zwei Welten bedeuteten und schieden. Die Zauche, durch Albrecht den Bären unterworfen, war christlich und deutsch, der Teltow, den alten Göttern treu verblieben, stak noch in Heiden- und Wendentum. Das war die Zeit, als die Nuthe ihre großen historischen Tage zählte; das war das Jahrhundert der »Nutheburgen«. Ob diese letzteren Aggressiv- oder Defensivpunkte waren, ob sie die Deutschen bauten, um von der Zauche her den Teltow zu erobern, oder ob sie die Wenden bauten, um der vordringenden Eroberung einen Damm entgegenzusetzen – diese Fragen werden nie mehr gelöst werden; alle Aufzeichnungen fehlen, und die Schlüsse, die man aus diesem und jenem gezogen hat, bleiben einfach Hypothese. Die Nutheburgen jener ersten christlichen Epoche sind tot, hingeschwunden für immer. Aber um eben deshalb vielleicht zählen sie zu den Lieblingen märkisch-archäologischer Forschung. Es ist wenig mehr als ihre Namen, was man kennt. An den Flügeln lagen: Potsdam und Trebbin, im Zentrum: Beuthen und Saarmund.

*

Saarmund, unter diesen vier Nutheburgen vielleicht die verschollenste, genoß dafür des Vorzugs eines poetischen Namens. Daß er an diesem Punkt überhaupt entstehen konnte, war das Resultat einer Nuthe-Großtat. Arm aber edel, und vielleicht auch all das Herrliche vorahnend, das hier einstens erblühen werde, zweigte die Nuthe selbstsuchtslos einen Wasserarm von sich ab und wohl zugleich auch aus eigner schmerzlicher Erfahrung wissend, was eines Namens Wohlklang bedeute, gab sie diesem abgezweigten Arme den Namen Saare mit auf den Lebensweg. Und siehe da, die Vorahnung hatte nicht getrogen. An ebender Stelle, wo (wie schon erzählt) ins alte Nuthebett die kaum geborene Saare wieder einmündet, erwuchs Saarmund. Im Rücken der Stadt aber, an den Südhängen der Zauchehügel, entstanden Weinberge über Weinberge, so daß Deutschland ein paar Jahrhunderte lang der Auszeichnung genoß, einen doppelten Saarwein zu produzieren: einen Kur-Trierschen bei Saarbrück und einen Kur-Märkischen bei Saarmund. Unbestrittener an Ruhm waren freilich die Saarkrebse, die die Chronisten nicht müde werden zu preisen, »insonderheit auch die großen Alande, die noch angenehmer sind als Zander«.

Um Saarmund und seine Saare, so viel muß zugegeben werden, schwebt ein gefällig-romantischer Klang, aber die tiefere Poesie dieser Gegenden ist doch alte Nuthenpoesie. Die Nuthe herrscht hier, die Nuthe gibt den Charakter und breitet ihren Einsamkeitszauber über die sie begleitenden, endlosen Wiesengründe, gleichviel nun ob sie der Rotampfer sommerlang überblüht oder ob im November die Krähen mit naßschwerem Flügel drüberhin schweben. Hier, in den Kolken am Flusse hin, war bis vor kurzem noch der Biber zu Haus, und der Fischadler tat reichen Fang. Sagenhafte Gestalten, groß und hager und an Jahren weit über das Gedächtnis der ältesten Leute hinausragend, zogen mit ihrem Springstock über die tiefen Moore; wie Schatten schritten sie im Nebel, der Regenvogel pfiff in langen Pausen, und das dumpfe Gurgeln der Rohrdommel klang vom Flusse her.

So war das Nuthetal, und so ist es bis diesen Tag.

Zwei, drei Brücken haben wir noch auf der Saarmunder Straße zu passieren. Von der ersten aus, deren hochgewölbte Balken uns einen Blick nach rechts und links hin gestatten, schweift unser Auge das Tal hinauf und hinunter. Tiefe Stille; nur Wasser und Wiese; kein Floß, kein Kahn; nichts Lebendes, nichts als das weiße Gewölk, das, langsam ziehend, dem langsamen Zuge des Wassers folgt.

Nichts Lebendes. Und woher auch Leben? Wenn es wahr ist, daß man eine Großstadt auf Meilen hin in beinah rätselvoller Weise vorausfühlt, so muß die Wirkung, die Saarmund in die Ferne hin übt, eben die der Abgestorbenheit sein. Denn man kann nur mitteilen, was man hat. Und nichts Abgestorbneres und Stilleres als Saarmund. Über eine letzte Brücke hin rasselt unser Gefährt in die Stadt hinein; beschnittene Linden vor den Türen, über die Hof- und Gartenzäune strecken Holunderbäume die weißen Dolden, und wenn dann und wann eine Haustür sich öffnet und der eigentümliche Klapperton einer schadhaften Klingel über die Straße klingt, so horcht die ganze Stadt.

Unser Wagen war ein Ereignis. Einer stürzte halbrasiert ans Fenster, und der rückwärts gewandte Gruß, den ich ihm zuschickte, traf noch seine seifenschaumene Hälfte. Weiter. Endlich mündeten wir auf einen lindenumstellten Platz, der die »Freiheit« hieß. Wir nahmen es als selbstverständlich hin. Warum sollte hier nicht Freiheit sein?

Der Eindruck des Öden, den die ganze Stadt macht, an dieser Stelle steigert er sich, denn hier *war* einmal Leben. Unter den Fenstern des ersten Stockes hin ziehen sich lange Wirtshausschilder »Stadt Halle«, »Stadt Leipzig«, die sich fast wie Grabschriften lesen über einer Zeit, die nicht mehr ist. Hier führte vor fünfzig oder hundert Jahren die große Straße von Sachsen vorüber, hier war ein Hauptzollamt, und Saarmund hatte damals eine Bedeutung, etwa wie Wittenberge heut oder irgend sonst ein Platz, an dem der Koffer untersucht und die Sprache des deutschen Biedermannes in der Maut- und Zollnuance gesprochen wird. Das ist nun alles dahin. [...]

Ein eignes Geschick ist um gewisse Städte, wie um gewisse Menschen her. Sie sind anmutig, alles scheint für sie zu sprechen, und sie können es nichtsdestoweniger zu nichts bringen. So Saarmund. Einer der vielen Orte, die nicht leben und nicht sterben können und nur dazu da sind, im Herzen eines Vorüberfahrenden ein sentimentales Gefühl zu wecken.

An einem der Prellsteine von »Stadt Leipzig«, wo der Weg nach rechts hin abbiegt, stand ein Mann in mittleren Jahren, mit einem guten, zuverlässigen Gesicht. Seine Kappe hatte den Schnitt einer alten Landwehrmütze, sein Rock aber einen Stehkragen von dunkler Farbe. Eine Art Nachtwächterblau. Mir lagen immer noch die »Nutheburgen« im Kopf, nach denen ich meine Suche nicht ohne weiteres aufgeben wollte. Das ist dein Mann, dacht' ich und ließ halten.

»Sind Sie von hier?«

»Ja.«

»Das ist schön. Da kennen Sie gewiß die Nutheburgen?«

Der Ausdruck seines Gesichts ließ keinen Zweifel darüber, daß dieses Wort mit dem balladesken Doppel-U zum ersten Male sein Ohr traf. In seiner Antwort geriet er vom Hundertsten ins Tausendste, stolperte zwischen allerhand Lokalbezeichnungen wie Burgwall und Nuthebrücke hin und her und erzählte mir Dinge, die, wie gewöhnlich, auf alles mögliche Rücksicht nahmen, nur nicht auf den Gegenstand meiner Sehnsucht. Ich sah bald, daß der älteren märkisch-wendischen Heimatskunde hier keine Quelle floß, und war denn auch rasch entschlossen, durch eine Diversion jeder weiteren Verwirrung vorzubeugen.

»Ist sonst nichts da, das sich verlohnte?«

»Nichts als der Galgenberg ... Da haben Sie die beste Aussicht; das ganze Nuthetal. Links Potsdam und rechts Trebbin. Es soll auch ein Schatz ...«

»Gut, gut.« Ich grüßte, gab dem Kutscher einen leisen Schlag, und im nächsten Moment ging es vom Straßendamm hinunter in den mahlenden Sand hinein.

Eine kurze Strecke Weges, da stieg der Berg mit dem ominösen Namen vor uns auf. Es war ein heißer Tag und Mittagsstunde; wir hielten deshalb und stiegen aus. Die Sonne fiel glühend auf den Abhang, den wir hinauf mußten. Vor uns weideten ein paar magere Schafe, die sich ihrer Magerkeit an dieser Stelle nicht zu schämen hatten; nur halbverbranntes, moosartig kurzes Gras zog sich über den Sand hin, und nichts grünte als die Wolfsmilch. Endlich oben.

Es lohnte sich schon. Wie um dem Missetäter das Scheiden doppelt schwer zu machen, stellte das Mittelalter seinen Dreibaum immer auf die höchsten und schönsten Punkte.

Und wieder stand ein Dreibaum dort oben vor uns, aber freilich das Kind einer andern Zeit: ein Vermessungsinstrument spreizte seine drei mageren Beine.

Das helle Licht hinderte den Blick; nur mitunter kam eine leise Trübung, und das Auge konnte alsdann die Landschaft umfassen. Zu Füßen Saarmund mit seinen roten Dächern und rotem Turm; dahinter die Wiesen und die Nuthe; jenseits aber die stillen Dörfer des Teltow und diesseits die stilleren Berge der Zauche.

Wer nach uns an diese Stelle tritt, der freute sich des Bildes und der allgemeinen Vorstellung: an diesem Wasserlauf entlang lagen also die Nutheburgen! Und er nehme dies Bild und diese Vorstellung in Dankbarkeit mit heim. Aber er hüte sich, auf weitere Forschungen und Entdeckungen ausziehen zu wollen. Die Nutheburgen necken ihn nur und sind wie die Fata Morgana dieser Zauchewüste. Wenn er sie zu haben glaubt, so hört er den Mittagsgeist lachen, das Bild zerrinnt und – die Nuthbeburgen sind ihm ferner denn zuvor.

Blankensee

Eine halbe Stunde südlich von Saarmund, immer am Ufer der Nuthe hin, fahren wir in einen schmalen, spitz auslaufenden Landesteil ein, den wir am besten als den »Thümenschen Winkel« bezeichnen. Dieser Thümensche Winkel, in Zeiten, die nicht allzufern zurückliegen, hatte eine gewisse politische Bedeutung, denn er war sächsisches Land, das sich an dieser Stelle weit ins Brandenburgische hineinschob, so weit, daß die Entfernung bis Potsdam nicht voll zwei Meilen betrug. Das war denn, wie sich denken läßt, in den Tagen Friedrich Wilhelms I. eine Sache von »Importance«; jeder Deserteur wußte davon, und so unbequem der Thümensche Winkel für den König lag, so bequem lag er für den Flüchtling.

Von dieser »Importance« ist dem Thümenschen Winkel begreiflicherweise nichts geblieben, und er muß sich jetzt wieder mit dem begnügen, was er sonst noch aufzuweisen hat, meist Dinge, die viel weiter in unsere Geschichte zurückgehen als die »großen Blauen« von Potsdam.

Die Residenz dieses Fleckchens Erde heißt Blankensee. Hier haben die Thümens ihr Herrenhaus, hier ihre Kirche, ihre Gruft. Auch an Sagen fehlt es nicht, in denen irgendein Vorbesitzer, aber immer ein Thümen, seine halb spukhafte Rolle spielt. Wir werden in der Folge noch davon zu erzählen haben.

*

Es war Mittagsstunde, als wir vor dem Gasthause hielten. Der Wagen fuhr in den breiten Schatten einer Linde, während wir uns rüsteten und mit den Augen überallhin umherfragten. Unser erstes war ein Gang durch das Dorf. Am schönsten gelegen ist das Herrenhaus. In Front ein Elsenbruch, an den Flügeln zwei breite Seespiegel, und zwischen Schloß und Park ein Wasserlauf, der diese beiden Seeflächen verbindet, – das ist in großen Zügen die Szenerie. Das Gesträuch des Parkes wuchs weit über das Wässerchen hin und schuf einen Laubengang, unter dem die Enten auf und ab fuhren und sich's wohl sein ließen.

Inzwischen brannte die Sonne mehr und mehr, und die Schatten des Parkes luden uns zum Verweilen ein. Aber es war doch schließlich ein anderes, was uns hierher geführt hatte, weshalb wir denn auch Park und Schloß aufgaben, um uns zunächst eines sagen- und landeskundigen Blankenseers zu versichern.

Der Zufall wollt' uns wohl, und am Dorfrande wurden wir alsbald eines Mannes ansichtig, der, in einem offenen Torwege stehend, unserm unsichren Untersuchen schon seit einiger Zeit gefolgt zu sein schien. Als er uns auf sich zukommen sah, kam er uns seinerseits unter artigem Gruß entgegen. Es war ein großer, schöner Mann von militärischer Haltung, dabei zugleich von einer ruhigen Sicherheit, wie sie die bibelfesten Leute zu haben pflegen. Es entspann sich folgendes Gespräch.

»Wir wollen auf den Kapellenberg. Können Sie uns den Weg zeigen?«

»Ich kenne ihn nicht. Aber nach dem, was ich gestern gehört, ist er nicht zu fehlen.«

»So sind Sie nicht von Blankensee?«

»Nein. Ich bin erst seit acht Tagen hier.«

»In der Schäferei?«

»Ja.«

»Der Schafmeister?«

»Nein. Ich bin sein Knecht.«

Mein Begleiter und ich sahen einander an, und eine kleine Pause trat ein. Der unumwundenen Erklärung »ich bin dieses oder jenes Mannes Knecht« begegnet man in Städten niemals und auf dem Lande nicht allzuhäufig. Man sucht sich ausweichend zu helfen, so gut es geht. »Ick bin bi Schulz' Borchardten sine Peerd«, so oder ähnlich wird das Wort umgangen. Was uns aber in dem vorliegenden Falle noch ganz besonders frappierte, war das korrekte Deutsch und der männliche und zugleich bescheidene Freimut, in dem die Antwort gegeben wurde. Diese so seltene Demut und Wahrheitsliebe verfehlte nicht eines Eindrucks auf uns, und wir freuten uns, als unser neuer Bekannte darum bat, uns begleiten zu dürfen. Er war, wie sich bald ergab, aus der Provinz Sachsen, hatte in der Garde gedient und war dann sechs oder sieben Jahre lang der Diener in einem altlutherischen Hause und der Pfleger eines einzigen gichtbrüchigen Sohnes gewesen. So war denn vieles erklärlich. Was ihn aus der großen Stadt in dies abgelegene Dorf geführt, erfuhren wir nicht.

Erst über ein breites Brachfeld hin und bald danach einen Waldweg hinauf, erreichten wir die Kuppe des unser nächstes Ziel bildenden Kapellenberges und betrachteten den alten Bau, der seinerzeit diesem Berge den Namen gegeben. Zwei Wände sind eingestürzt, zwei stehen noch, so daß es auch für den Laien ein leichtes ist, sich alles wieder in Vollständigkeit vorzustellen. Es war eine gotische Kapelle, zehn Schritt im Quadrat, nach allen vier Seiten hin offen, genau nach Art jener Baldachine, denen man in alten Domen so oft über dem Altar begegnet.

Ob dieser Bau vordem ein Wallfahrtsort war, ist schwerlich noch mit Sicherheit festzustellen, aber das scheint mir gewiß, daß er kirchlichen Zwecken und nur solchen diente. Die Konsolnische, darauf das Muttergottesbild stand, ist noch wohl erhalten, und so muß es denn einigermaßen überraschen, in selbst guten Büchern auf folgende Versicherungen zu stoßen: »Es verrät nichts hier, daß das Gebäude jemals kirchlichen Zwecken gedient haben könne. Der Zweck desselben war ein militärischer; es war eine Burgwarte. Das Gemäuer zeugt von hohem Altertum, und es ist mindestens möglich, daß es, wenn nicht aus der Slawenzeit, so doch aus der Zeit der deutschen Eroberung stammt. Es diente wohl als Zwischenstation für die Burgen Trebbin und Saarmund.« So viele Zeilen, so viele Fehler. Der ganze Bau war niemals etwas anderes als eine rechtwinklige Zusammenstellung von vier offenstehenden Portalen, genau das Gegenteil von Festung, Warte, Burg. Es ist ein Kapellchen aus dem vierzehnten oder vielleicht auch erst aus dem fünfzehnten Jahrhundert, so daß hier mutmaßlich ein Rechenfehler von dreihundert Jahren zu verzeichnen bleibt.

An diesen Kapellenberg knüpfen sich zahlreiche Sagen, die, wie verschieden auch in ihrer Einkleidung, doch sämtlich auf das alte, namentlich in unserer Mark beliebte Thema hinauslaufen, »daß daselbst ein Schatz vergraben sei«. Noch in diesem Jahrhundert kam ein Herr von Thümen *ventre à terre* von Berlin geritten, ließ Bauern und Tagelöhner wecken und zog in langer Kolonne den Berg hinauf, um unter dem alten »Bocksdornstrauch«, der die linke Kapellenecke mit seinem Gezweige füllt, bohren und graben zu lassen. Denn unter dem Bocksdornstrauche liegt der Schatz. Aber der Schatz kam nicht, und der tolle Herr von Thümen mußt' es schließlich doch wieder aufgeben, gerade so wie es hundert Jahre früher (noch in der sächsischen Zeit) auch sein Ahnherr, der alte Kreisdirektor von Thümen, hatte aufgeben müssen, »obwohlen der schon ganz nahe daran gewesen«. Die Sage von diesem alten Kreisdirektor aber, die noch von Mund zu Munde gehe, ist die folgende: Es war wohl schon den dritten Tag, und sie gruben immer noch. Da kamen sie bis an eine eiserne Türe mit einem Schlüsselloch, und durch das Schlüsselloch konnten sie hineingucken und eine mit Geld aufgehäufte Braupfanne sehen. Und auf dem Gelde saß der Böse. Der alte Kreisdirektor aber hat trotz alledem nicht ablassen wollen und hat angefangen zu parlamentieren und an den Bösen zu schreiben. Vorerst hat sich keiner finden wollen, um die Briefe zu bestellen, zuletzt aber hat sich doch einer gefunden, der Ebel hieß, und hat alle Nacht einen Brief vom alten Kreisdirektor auf den Kapellenberg getragen. Und immer, wenn er an die rechte Stelle gekommen, um den Brief hinzulegen, hat schon ein Brief vom Bösen dagelegen und ein Münzgroschen dabei als Botenlohn. So haben sie sich geschrieben hin und her, der Böse und der Herr Kreisdirektor, und immer um die zwölfte Stunde war Ebel auf dem Kapellenberg. Und der Böse schrieb zuletzt: »Der Herr Kreisdirektor solle wahr und wahrhaftig alles haben: aber den Briefträger müss' er ihm geben und den Arm vom See, der die ›Lanke‹ heißt, auch.« Das hat aber der Kreisdirektor nicht gewollt, weil es Ebeln sein Leben und wohl auch noch andere Menschenleben gekostet hätt'. Denn wenn der Böse erst den Seearm gehabt hätt', so wäre mancher mit'm Kahn verunglückt oder im Winter auf'm Eis und hätt' ertrinken müssen. Alle Jahr hätte wenigstens einer 'ran gemußt. Und so ist denn die Braupfanne voll Geld nicht gehoben worden und liegt heute noch.

So die Sage.

Wir unsrerseits aber, als wir uns an dem Bocksdornstrauche zu schaffen gemacht, erblicken unter seinem Gezweige nichts als einen Haufen allerfleißigster Ameisen. Ein Avis an alle müßigen Schatzgräber, den Schatz da zu suchen, wo er liegt.

Als wir noch plauderten und nach einem Aussichtspunkte suchten, zogen einige von Blankensee kommende Kirchgänger über den Berg, ihrem Nachbardorfe zu. Der Gottesdienst war also aus, und wir gingen nunmehro zurück, um auch unsrerseits unsern Besuch in der Kirche zu machen. Unser freundlicher Begleiter verabschiedete sich am Eingange, mutmaßlich um uns nicht länger zu behindern, vielleicht auch aus sektiererischem Geist.

Im Innern bot sich uns anfänglich nichts, was sich über den Durchschnittsinhalt alter Dorfkirchen erhoben hätte; bei nährer Betrachtung aber zeigte sich doch mancherlei: Grabsteine, Bilder und Schildereien. Ein Epitaphium galt einem alten Kreishauptmann im sächsischen Kurkreise, Herrn Christian Wilhelm von Thümen, dessen Porträt von zwei Engeln gehalten wurde. Weiter unterwärts erblickten wir eine sich in den Schwanz beißende Schlange, mit dem inschriftlichen Zusatze, »daß seine Ehe mit Sabine Hedwig von Schlieben durch achtzehn Kinder gesegnet worden sei«.

Wenn uns nun hier ein an Erzvater Jakob erinnernder Segen entgegentrat, so gemahnten dafür andre sich vorfindende Denkmäler: ein Grabstein und eine Schilderei, mehr an Abraham und Sarah. Auf dem Grabsteine lasen wir freilich nur die Worte: »daß Anna von Schlabrendorf, Kuno von Thümens ehelich Gemahl, in Kindesgeburt gottselig entschlafen sei«, das Bildnis aber vervollständigte diese kurze Mitteilung in einem ihm angefügten Reimspruche:

Hier liegt begraben ohne Qual
Kuno von Thümens ehelich Gemahl,
Die tugendsame Frau Anna gut
v. Schlabrendorf das edle Blut,
Welche gegeben war von Gott
Dem Kuno von Thümen bis an den Tod.
Als ihm eine Tochter sie gebar,
Zählte sie siebenundsechzig Jahr.
Am ersten Jännertag es war.
Sei ihr gnädig Herr und Gott
Und helf auch uns aus aller Not.

So wenig befriedigend diese Reime sein mögen, so trefflich ist das Bild, unter dem sie stehen. Es ist gute Lucas Cranachsche Schule. Nach Sitte der Zeit Sündenfall, Gesetzgebung, eherne Schlange, Kreuzigung und Auferstehung, alles dicht nebeneinander stellend, gibt es auf engem Raume den Hauptinhalt der christlichen Heilslehre. [...]

Es war um die vierte Stunde fast, als wir aus dem Kirchhofstor wieder in die Dorfgasse hinaustraten. Hier hatte sich inzwischen das Bild verändert: die Stille des Sonntagvormittags war hin, und die Heiterkeit des Nachmittags hatte begonnen. Um die Dorflinde drehte sich das junge Volk im Ringelreihen, und die Dirnen – wie immer tanzlustiger als das männliche Element – deckten jedes Defizit durch Anleihen bei sich selbst. Wir sahen auf das fröhliche Treiben, und hätt' uns jemand die Ehre angetan, wir hätten's wohl auf jede Gefahr hin selber noch gewagt. Aber die Versuchung blieb aus, und unser Wagen fuhr vor.

Und nun mahlten wir wieder durch den Sand. Eine Weile noch, wenn wir uns umsahen, sahen wir die springende Bewegung und die roten Tücher. Dann aber kam eine Biegung des Weges, alles, was Bild gewesen, war hin, und nur die Posaunen markierten noch den Takt und erzählten uns von dem lustigen Volk in Blankensee, »der Residenz des Thümenschen Winkels«.

Schlusswort

Über zwanzig Jahre sind vergangen, seit ich im Sommer 1859 mit diesen Wanderungen begann. Was den Anstoß dazu gab, darüber hab' ich mich in dem Vorworte zu Band I ausführlicher ausgesprochen, und wiederhole hier nur in aller Kürze, daß es auf einer Tour in Schottland angesichts eines im Levensee sich erhebenden alten Douglas-Schlosses war, wo mir zuerst der Gedanke kam, »je nun, so viel hat Mark Brandenburg auch. Geh' hin und zeig' es.«

Auf einer »Tour«, sagt' ich, war mir dieser erste Gedanke zu den Wanderungen gekommen, und ausschließlich als »Tourist« gedacht' ich daheim ihn auszuführen. Jede wissenschaftliche Prätention lag mir fern. Es drängte mich nur, das eingewurzelte Vorurteil von einer hierlandes auf alle Dinge sich erstreckenden Armut und Elendigkeit zu bekämpfen und durch Hinweis auf diesen oder jenen Schönheits- beziehungsweise Berühmtheitspunkt unsrem so gern in die Ferne schweifenden Märker zu Gemüt zu führen: »Sieh, das Gute liegt so nah.«

Und so fuhr ich denn in meine spezielle Heimat, ins Ruppinsche hinein, und begann in seinen Luch- und Bruchdörfern umherzuwandern, den Rhin und die Dosse hinauf und hinunter, und gleich das erste Kapitel, das ich schrieb, ergibt denn auch bis diese Stunde, wie lediglich touristenhaft ich meine Sache damals auffaßte.

Dies erste Kapitel behandelte »Wustrau«, das am Ruppiner See gelegene Herrenhaus des alten Zieten. Es fiel mir nicht ein, unter dieser Überschrift irgend etwas auf historischem Gebiete Neues über den berühmten alten Husarenvater erzählen zu wollen, vielmehr lief in meinem Vorhaben alles auf etwa folgende Betrachtung und Ansprache hinaus: »Ihr kennt alle den alten Zieten, den Zieten aus dem Busch, der auf dem Wilhelmsplatze steht und zu dem der Alte Fritz sagte: ›Zieten setz er sich.‹ Und ist auch derselbe, der den Zietenritt ausführte, den unser Scheren-

berg in wahren Steeplechase-Versen besungen hat, und ist endlich auch der, der bei Torgau nicht locker ließ und die Schlacht gewann, die der König schon verloren glaubte... Nun seht, dieser alte Zieten ist nicht so bloß spurlos aus dieser Zeitlichkeit geschwunden und sitzt auch nicht so bloß, wie's uns unser Chodowiecki glaub' ich gezeichnet hat, oben im Himmel und regiert da mit Gott und dem Alten Fritz um die Wette, nein, nein, er ist auch noch diesseits zu finden, und wenn ihr nur an den rechten Fleck Erde kommt, so wird sich euch noch allerhand auftun, kleines und großes, das an ihn erinnert. Und dieser Fleck Erde liegt am Ruppiner See. Da geht nur hin, und wenn ihr erst da seid, so werdet ihr daselbst nicht bloß das Herrenhaus sehen, das er gebaut, und den Park, den er angelegt hat, sondern zugleich auch seinen Grabstein an der äußeren Kirchenwand und sein stattliches Grabdenkmal im Innern der Kirche. Ja, wenn ihr Glück habt und es trefft, daß die Herrschaften oben ausgefahren oder wohl gar verreist sind, so könnt ihr am End' auch den Säbel sehen, den der Alte nie zog (ein einzig Mal abgerechnet, wo's ihm ans Leben ging) und könnt auch vielleicht in den Husaren-Ahnensaal eintreten, in dem all die rotröckigen und schnauzbärtigen Zietenschen Offiziere hängen, die den Siebenjährigen Krieg mit durchgefochten haben. All das könnt ihr da sehen und nebenher auch noch dies und jenes hören, allerlei Schnurren und Anekdoten, die von Mund zu Mund gehn. Und wenn ihr dann weiterfahrt, dann werdet ihr ungefähr dasselbe denken, was ich seinerzeit gedacht habe: ›Weit hinaus über alles Erwartete!‹«

Ja, vorfahren vor dem Krug und über die Kirchhofsmauer klettern, ein Storchennest bewundern oder einen Hagebuttenstrauch, einen Grabstein lesen oder sich einen Spinnstubengrusel erzählen lassen – so war die Sache geplant, und so wurde sie begonnen. Und sehr wahrscheinlich auch, daß es dabei geblieben wäre, wenn es dabei hätte bleiben können. Allein dies verbot sich. Ein Vorgehen, wie das eben geschilderte, hatte doch immer ein bestimmtes Maß von Kenntnis und Interesse zur Voraussetzung und mußte von dem Augenblick an hinfällig werden, wo die Voraussetzung selbst es ward und mich im Stiche ließ. In dem Wustrau-

Kapitel lagen die Dinge bequem, Wustrau war ein Idealstoff, aber solcher Stoffe gab es in ganz Mark Brandenburg eigentlich nur noch drei: Rheinsberg, Küstrin und Fehrbellin. Über diesen Kreis hinaus versagte sofort das Vorweginteresse, weil das Wissen zu versagen anfing, und schon bei Tamsel und Alt-Möglin, bei Friedersdorf und Friedland ergaben sich arge Verlegenheiten. In ihnen waren einerseits die Schönings und Barfuß' und andererseits die Marwitz' und die Lestwitz' zu Hause. Wer aber waren die Schönings und Barfuß'? Und wer waren die Marwitz' und die Lestwitz'? Und das Recht zu dieser Frage nur einen Augenblick zugestanden, war auch die Pflicht zugestanden, sie zu beantworten.

Eine Folge davon war, daß ich aus dem ursprünglichen Plauderton des Touristen in eine historische Vortragsweise hineingeriet, und Band II (Oderland) ist denn auch mehr oder weniger ein Zeugnis und Beweis dafür geworden, indem er aus einer Anschauungs- und Arbeitsepoche stammt, in der mir diese veränderte Vortragsweise, will sagen das Vorherrschen des Historischen, als unerläßlich erschien.

Aber nicht lange, so bemerkt' ich den Irr- und Gefahrsweg, auf den ich geraten war, und bestrebte mich, mich in die frühere Weise zurückzufinden, ein Bestreben, das in den beiden Schlußbänden, so hoff' ich, deutlich erkennbar zutage tritt. Auch sie noch weisen genug des Historischen auf, aber es verbirgt sich oder sucht sich wenigstens zu verbergen, und so haben denn Band III und IV auf dem Wege der Kritik und Reflexion etwa wieder die Form und Gestalt empfangen, die mir bei Niederschreibung der ersten Kapitel aus dem bekannten »dunklen Drange heraus« als die richtigste, jedenfalls als die wünschenswerteste vorschwebte.

Der Hinweis auf diese Dinge schien mir geboten, und zwar in Abwehr gegen Bemängelungen, denen diese Reisefeuilletons (so vielleicht darf ich sie nennen) ausgesetzt gewesen sind. Irgendwo hieß es einmal: »Die nach mehr als einer Seite hin überschätzten ›Wanderungen‹ sind Arbeiten, an denen der Mann von Fach, also der Berufshistoriker, achselzuckend oder doch mindestens als an etwas für ihn Gleichgültigem vorübergeht.« Es mag in diesem Satze sehr viel Richtiges enthalten sein, aber insoweit irrt er und benachteiligt er mich, als er mir Absichten und Strebungen unterstellt, die mir, ein paar der von mir selber angedeuteten Ausnahmefälle zugegeben, absolut fern gelegen haben. Er stellt mich rein willkürlich, ohne meinen Wunsch und ohne mein Zutun, in die Prachtfront der großen Grenadiere, bloß um hinterher auf eine bequemste Weise meine Füsilierschaft, meine Zugehörigkeit zur letzten Rotte der 12. Kompanie vor aller Welt Augen beweisen zu können. Ich hab' aber nie mehr beansprucht als fünf Fuß fünf Strich altes Maß. Wer sein Buch einfach »Wanderungen« nennt und es zu größerer Hälfte mit landschaftlichen Beschreibungen und Genreszenen füllt, in denen abwechselnd Kutscher und Kossäten und dann wieder Krüger und Küster das große Wort führen, der hat wohl genugsam angedeutet, daß er freiwillig darauf verzichtet, unter die Würdenträger und Großkordons historischer Wissenschaft eingereiht zu werden. Ich habe »mein Stolz und Ehr'«, und zwar mit vollem Bewußtsein, auf etwas anderes gesetzt, aufs bloße Plaudernkönnen, und erkläre mich auch heute noch für vollkommen zufriedengestellt, wenn mir dies als ein Erreichtes und Gelungenes zugestanden werden sollte. Freilich bleibt daneben bestehen, daß in eben diesen Kapiteln, und zwar unter Zutun und Hilfe meiner über die halbe Provinz hin zerstreuten Mitarbeiter, auch ein bestimmtes Quantum historischen Stoffes niedergelegt worden ist, das eben nur hier existiert und an dem mißachtend vorübergehen zu wollen ein Fehler wäre, den, so mein' ich, niemand aus freien Stücken begehen wird, niemand, dem neben dem exakten Kontur auch das Kolorit in der Kunst etwas bedeutet.

*

Ich erwähnte meiner Mitarbeiter und möchte der hauptsächlichsten derselben etwas eingehender gedenken dürfen.

Da sind vorerst die märkischen alten Familien: der Land- und Landesadel aus den Tagen der Putlitz, Quitzow und Rochow her. Die Gefühle für sie sind im Laufe von vierhundert Jahren ziem-

lich unverändert geblieben, ziemlich unverändert wie sie selbst. Und aus gleicher Ursach' die gleiche Wirkung. Wirklich, es lebt in unserm Adel nach wie vor ein naives Überzeugtsein von seiner Herrscherfähigkeit und Herrscherberechtigung fort, ein Überzeugtsein, das zum Schaden ebensowohl des Ganzen wie der einzelnen Teile noch auf lange hin das Zustandekommen einer auf Prinzipien und nicht bloß auf Vorurteil und Interesse basierten Torypartei verhindern muß. Eine solche bedarf eben durchaus des dritten Standes. Es wird aber nur wenige bürgerliche »Honoratiores« geben, die nicht – auch bei konservativster Schulung und Naturanlage – durch den Pseudokonservativismus unsres Adels, der schließlich nichts will als sich selbst und das was ihm dient, in peinlichste Verlegenheit und hellste Verzweiflung gebracht worden wären. Immer wieder bricht es durch, erweist eben noch gehegte Hoffnungen als ebenso viele Täuschungen und macht ein herzliches Zusammengehen auf die Dauer unmöglich.

Indessen es gilt politisches und gesellschaftliches Auftreten zu scheiden, und was seinerzeit vom Engländer galt und eigentlich immer noch gilt: »in der Fremde bedrückend, aber zu Haus entzückend«, eben dasselbe geflügelte Wort ist auch anwendbar auf unsern Adel. Und weshalb? Einfach deshalb, weil er sich daheim, an seinem eignen Herd, in sein volles Gegenteil zu verkehren und aus der Starrheit seines non possumus in ein alle Welt sympathisch berührendes laisser passer überzulenken weiß. Er ist eben über Nacht ein andrer geworden. Nicht mehr in die Defensive gestellt, nicht mehr ein kreis- oder reichstäglich Belagerter, der sich, in strikter Befolgung alter Taktik, am besten durch Ausfälle zu schützen glaubt, entäußert er sich einer ihm schließlich selbst unbequem werdenden Stachelrüstung und kleidet sich in das Selbstgespinst seiner vorvorderlichen Tugenden. Und diese Tugenden heißen: ein gut Teil Gutmütigkeit, ein noch größeres von gesundem Menschenverstand und ein allergrößtes von Kritik. Und diese Kritik ist das Beste. Mit einem seiner Zuhörerschaft sich alsbald mitteilenden Behagen beginnt er plötzlich alles unter die Lupe seiner ihm angebornen Skepsis zu nehmen und dabei Radikalismen laut werden zu lassen, Urteile von einer Fortgeschrit-

tenheit, als flösse nicht die Nieplitz oder die Notte, sondern mindestens der Hudson oder Potomac an seinem alten Feldsteinturm vorüber. All das freilich nur als jeu d'esprit, *ohne die geringste Neigung, sich andern Tags in allernüchternster Morgenfrühe daran erinnern oder wohl gar beim Worte nehmen zu lassen, aber auch als bloßes Spiel schon erweist es sich als bemerkenswert und verrät uns zur Genüge, daß etwas Helles und Gewitztes, etwas* esprit-fort-*haftes in ihm steckt, und daß die Wurzel jener Selbstsucht, die so vorzugsweis an ihm mißfällt, in allem Möglichen, nur nicht in der Enge seines Geistes zu suchen ist. Er ist vielmehr umgekehrt von einem scharfen und eindringenden, ja, soweit lediglich praktische Dinge mitsprechen, von einem umfassenden Blick und führt einen Existenzkampf nicht deshalb so hart und erbittert, weil er des Gegners Recht verkennte, sondern gerade deshalb, weil er es erkennt. Er vermag nur nicht den einen letzten Schritt zu tun, den vom Erkennen zum Anerkennen.*

Alles in allem: Sie sind doch anders als ihr Ruf, diese so viel verklagten »Junker«, anders und besser, und es ist nur Pflicht und Wahrheit, wenn ich an dieser Stelle versichere, daß ich einer langen Gesprächsreihe mit ihnen eine Zahl allerglücklichster Stunden verdanke, Stunden voller Anregung und Belehrung, in betreff deren es gleich war, ob das Gespräch in Haus oder Heide, vorm Kamin oder auf dem Pirschwagen geführt wurde. Zu welchem allem ich auch das noch hinzufügen möchte, daß sich mir diese liebenswürdige Verkehrsseite, diese Welt ansprechender und gefälliger Formen unter teilweis sehr erschwerenden Umständen erschloß, und zwar zu Zeiten, als ich mich noch als ein absolut Fremder unter unsren ruppinisch-havelländischen und barnim-lebusischen Familien bewegte. Mit einer Dankbarkeit, in die sich etwas von Bewunderung mischt, muß ich jener ersten sechziger Jahre gedenken, wo meine Besuche vollkommen überfallartig stattfanden und ich, mal auf mal, auf gut Glück hin die herrschaftliche Rampe hinauffuhr, in der Tat um kein Haarbreit introduzierter oder empfohlener als irgendein Feuer- oder Hagel-Assekuranz-Agent. Oft schlug mir das Herz, und mit nur zu gutem Grund, aber niemals bin ich einer Unfreundlichkeit oder Verspottung begegnet, zu der die Situation eigentlich ausnahmelos herausforderte.

Vor Köckeritz und Lüderitz,
Vor Krachten und vor Itzenplitz,
Bewahr uns lieber Herre Gott –

das mag politisch auch noch so weiterklingen; gesellschaftlich und persönlich aber haben es die »Raubritter« von ehedem an nichts wirklich Ritterlichem jemals fehlen lassen und alles Gegensatzes gegen den Inhalt des vorigen Jahrhunderts unerachtet, die Form und den Ton eben dieses Jahrhunderts (dem des unsrigen so sehr überlegen) immer zu wahren und immer zu treffen gewußt.
Und nun ihr meine Geliebtesten, ihr meine Landpastoren und Vicars of Wakefield! Ach, auch euch lacht nicht eigentlich die Sonne der Volksgunst, und wirklich, wer euch so zur Synode ziehen sieht, angetan mit jenem Frack und jenem Blick, die zu zeitigen unsrem norddeutschen Protestantismus innerhalb seiner andren Aufgaben vorbehalten war, und wer euch dann sprechen hört über den Zeitgeist, den ihr ändern möchtet und nicht ändern könnt, und über die Juden, die bekehrt werden sollen und doch am Ende nicht wollen – der betet auch wohl wieder »bewahr uns lieber Herre Gott«.
Aber mit wie großem Unrecht! Der in die Residenz verschlagene Landpastor ist eben ein sich selbst Entfremdeter, der morgens vor seinem Spiegelbild erschrickt und erst von dem Augenblick an, wo die Wichtigkeit und die weiße Binde wieder von ihm abfällt und das schwarzsamtne Hauskäpselchen in sein Recht tritt, erst von diesem Augenblick an ist er wieder er selbst und kehrt zurück in den Urstand aller ihm eignenden guten Dinge. Der ex cathedra *sprechende Pastor und der Lehn- und Sorgenstuhlpastor sind so grundverschieden wie roi Henri, wenn er in die Schlacht zieht, und roi Henri, wenn der Dauphin auf ihm reitet. Der eine ganz Schwert und Rüstung, der andere ganz Idyll. Und nur den letztren hab' ich kennengelernt. Kennen und lieben, was ein und dasselbe bedeutet. Denn auch hier wieder nahm ich das Gegenteil*

von dem wahr, was sich l'opinion publique *als das Kriterium eines Landgeistlichen herausgeklügelt hat, und wenn ich weiter oben sagen durfte, daß ich bei dem Adel auf dem Lande nie der ihm vorgeworfenen Enge der Anschauungen begegnet sei, so bei dem Pastor auf dem Lande nie der ihm vorgeworfenen Unduldsamkeit. Es wird Einzelfälle davon gegeben haben und noch geben, aber sie zu beobachten blieb mir erspart. Ich habe weder die Rationalisten über die Strenggläubigen, noch die Strenggläubigen über die Rationalisten in wirklich gehässigen Worten aburteilen hören, auch nicht in Zeiten brennendster Gegnerschaft, offenster Fehde, gleichviel nun ob Ära Mühler oder Ära Falk auf der Tagesordnung stand. Überall vielmehr bekundete sich ein bestimmter guter Wille, den Gegner auch in dem, was ihn zum Gegner machte, gelten zu lassen, und was abwich von dieser Regel, erwies sich schließlich immer nur als Schein, als ein Ausnahmefall, der lediglich im Temperament und nicht in der Gesinnung seine Wurzel hatte. Der Sanguiniker hielt nicht jederzeit mit seinem Witzwort und der Choleriker nicht jederzeit mit seinem Kraft- und Kernwort zurück, aber all das schuf nur Ausdrucks- und Disputationsformen, die hinter einer hervorblitzenden Kampfeslust eine letzte Friedensgeneigtheit nie vermissen ließen. Ein Zug allgemeinen Wohlwollens, entsprossen aus der richtigen Würdigung einer auf Versöhnung und Liebe gestellten Berufs- und Lebensaufgabe, bekundete sich in allem, in großem und kleinem, und rief mir die ganze Landpastoren-Schwärmerei meiner jungen Jahre wieder ins Leben zurück. Und aus ihren Reihen war es denn auch, daß mir meine recht eigentlichsten Mitarbeiter erwuchsen, solche, die sich's nicht bloß angelegen sein ließen, mir den Stoff, sondern eben diesen Stoff auch in der ihm zuständigen Form zu geben.*

Und dabei welch erstaunliches Wissen im Detail. Immer neue Seiten in Historie, Natur und Volksleben erschlossen sich mir und vergewisserten mich in der übrigens längstgehegten Überzeugung, daß der Glückliche, dem es dermaleinst beschieden sein sollte, die Gesamtheit dieses in hundert Einzelforschungen eruierten und extrahierten Materials in sich zu vereinigen, der Sanspareil sein wird auf dem Gebiete märkischer Spezialgeschichte.

So viel über unsere Landpastoren.

Und nun ahnt der Leser bereits, vor wem ich mich, als vor dem Dritten im Bunde, zu verneigen haben werde, natürlich vor dem Lehrer, der sich mir, unbekümmert darum, ob ich ihn bei seinen Schulstunden oder bei seinen Bienen- und Rosenstöcken störte, von einem immer gleichen Entgegenkommen erwies. Einen einzigen Ausnahmefall abgerechnet [...], hieß es allezeit und allewege: »Klopfet an, so wird euch aufgetan«, und selbst auf brieflich gestellte Fragen, aus denen sich mehr als einmal eine vollständige Korrespondenz entwickelte, bin ich zu keiner Zeit ohne den gewünschten und oft sehr eingängigen Bescheid geblieben.

Und mit diesen Lehrern auf dem Lande wetteiferten die Lehrer in der Stadt, aus deren Reihen ich wenigstens eines hier unter Nennung seines Namens gedenken möchte: Garnisonschullehrer Wagener in Potsdam.

Unter seinem im Anfange sowohl ihm wie mir unbewußt bleibenden Einflusse war es, daß ich mich aus der historischen Vortragsweise, wie schon eingangs hervorgehoben, in die genrehafte zurückfand und den ursprünglichen Plauderton in sein ihm zuständiges Recht wieder einsetzte. Die ganze Gruppe der Kapitel aus der Umgegend von Potsdam [...] entstanden unter seiner Führung, und was von ernsten und heitren Geschichten unter all diesen Kapitelüberschriften enthalten ist, entnahm ich zu sehr wesentlichem Teile seinem immer frischen und anschaulichen, weil überall aus der Erlebnisfülle schöpfenden Unterwegsgespräche. Mit einer wahren Herzensfreude denk' ich an jene Sommernachmittage zurück, wo wir, von den Dörfern und Ziegelöfen am Schwielowsee heimkehrend, auf einer vor ein paar ausgebauten Häusern von Alt-Geltow liegenden Graswalze zu rasten und unser sehr verspätetes Vesperbrot aus freier Hand einzunehmen pflegten, ohne daß der Redestrom auch nur einen Augenblick gestockt hätte. Da vergaßen wir denn der Flüchtigkeit der Stunde, bis die Mondsichel über den kleinen Giebelhäusern stand und uns erinnerte, daß es höchste Zeit sei, wenn wir, oder doch wenigstens ich, den Zug noch erpassen wollten. Und immer rascher und geängstigter ging es vorwärts, jetzt über die Gewehrfabrik und jetzt über den öden und sommerstaubigen Exerzierplatz hin, und nun hörten wir das erste Läuten. O wie das ins Ohr gellte, denn die vollgestopfte Brücke lag noch zwischen uns und unsrem Ziel. Also Trab, Trab! Und ein ewiges und verzweifeltes »Pardon« auf der Lippe, das uns freilich vor dem üblen Nachruf aller Karambolierten nicht schützen konnte, ging es endlich zwischen den pickenden Sperlingen hin, entlang den Droschkenstand, entlang den Perron und nun hinauf die Treppe, bis ich keuchend und atemlos und mit eingebüßtem Taschentuch in das nächstoffenstehende Kupee hineinstürzte. »Gute Nacht.« Und fort rasselte der Zug.

Es war wie Dauerlauf und Turnerfahrt aus alten Schul- und Ferientagen her und gab einem auf Augenblicke das Gefühl einer ach auch damals schon auf lange hin zurückliegenden Jugend wieder. Und schon das war ein Glück.

*

Und von manch' ähnlichen Tagen könnt' ich noch berichten! Aber die »Wanderungen« selbst erzählen davon, und so brech' ich denn ab und schließe mit dem Wunsche, den ich schon einmal, und zwar bei Beginn des Werkes, aussprechen durfte, »daß das Lesen dieser Dinge dem Leser wenigstens einen Teil der Freude bereiten möge, den mir das Einsammeln seiner Zeit gewährte«.

Theodor Fontane,
aus dem Nachwort zum Band »Spreeland«,
Berlin, 1881

Nachwort des Herausgebers

Es hat seinen guten Grund, daß die Nymphenburger Verlagshandlung im Fontane-Gedächtnisjahr (der wohl bedeutendste deutsche Dichter der Nach-Klassik starb am 20. September 1898) die vorliegende Auswahl seiner »Schönsten Wanderungen durch die Mark Brandenburg« herausgibt. Denn es war eben derselbe Verlag, der in den fünfziger Jahren die sogenannte Fontane-Renaissance begründete, die ihren ersten Höhepunkt mit Rainer Werner Fassbinders Verfilmung (1974) von »Effi Briest« fand, seitdem ungebrochen ist und im Zusammenhang mit dem Zentenarium einen neuen Kulminationspunkt erreicht.

Mit »Nymphenburger Volksbüchern« begann man seinerzeit, die populärsten Romane des großen Epikers einem breiten Publikum nahezubringen. Daraus erwuchs ab 1959 die »Nymphenburger Fontane-Ausgabe. Sämtliche Werke«, die in 24 Bänden das gesamte erzählende Werk, die »Wanderungen durch die Mark Brandenburg« (auf dieser Edition basiert auch die vorliegende Auswahl) sowie in ihrer 3. Abteilung Fontane als Autobiograph, Lyriker, Kritiker und Essayist vorstellte. Vor allem diese Abteilung erregte Aufsehen, da sie aufgrund von akribischer Forschungsarbeit viel Unbekanntes oder bis dahin noch nie in Buchform Erschienenes enthielt – man denke nur an die Theater-, Kunst- und Literaturkritiken. Hier offenbarte sich ein Themenspektrum Fontanes, das der Öffentlichkeit in seiner Breite nahezu verborgen geblieben war.

Die Nymphenburger Verlagshandlung war es auch gewesen, die 1968 mit Hans-Heinrich Reuters zweibändiger Fontane-Biographie ein Standardwerk vorlegte, das – sieht man von ideologisch bedingten gedanklichen Seitenwegen ab – noch heute allerhöchsten Stellenwert in der Fontane-Forschung und -Interpretation genießt. Vier Jahre vorher hatte der Weimarer Germanist in einem Beitrag für die Literaturzeitschrift »Sinn und Form« Fontanes Werk als die »Geschichte einer Verspätung« resümiert. Es war eine zweifache Verspätung.

Zum einen war Th. F., wie als Kürzel unter den meisten seiner journalistischen Arbeiten stand, ein »später« Romancier gewesen: Sein erster Roman (»Vor dem Sturm«) erschien 1878, als Fontane kurz vor dem Eintritt ins – damals noch nicht gesetzmäßige – Rentenalter stand; seine bedeutendsten Romane schrieb er 1895/97, also kurz vor seinem Tod, mit »Effi Briest« und »Der Stechlin«.

Zum anderen war es die verspätete Zurkenntnisnahme seines Werks. Im Jahre 1848 hatte er sich (nach Apothekerlehre und Militärdienst) für die »Laufbahn« als freier Schriftsteller entschieden, hatte geheiratet, war Vater ehelicher und unehelicher Kinder geworden. Daraus erwuchs die Ambivalenz des märkischen Poeten – eine Gebrochenheit, die seine Existenz (vor allem die als Vater und als Ehemann) fortlaufend geprägt hat. Da war einerseits der Einfluß seiner Frau Emilie, die von ihm eine bürgerliche Existenz mit abgesichertem Auskommen erwartete und verlangte; da war andererseits der Wunsch nach einem künstlerischen Dasein, ohne Zwängen unterworfen zu sein.

Fontane versuchte, diesen mehr als artistisch-akrobatischen Spagat zu vollziehen. Es wurde ein mehr als fragwürdiger Kraftakt. Nach einem vergeblichen Aufbäumen im Berliner Barrikadenkampf der 1848er-Revolution verdingte er sich der »Reaktion« und diente dem ultrakonservativen Manteuffel-Regime als Mitarbeiter eines regierungsamtlichen Pressedienstes. In dieser Funktion wurde er als Korrespondent nach London geschickt, von wo er keineswegs nur die geforderten politischen Hintergrundberichte übermittelte, sondern aus dem er auch seine Liebe zu einem Land, das er später mehrfach besuchte, äußerte: in Feuilletons über Land und Leute, über Kunst und Geschichte.

Und damit ist der Bogen geschlagen zu Fontanes »Wanderungen durch die Mark Brandenburg«, beruft er sich doch im Vorwort zum 1. Band ausdrücklich auf »seine Streifereien in der Fremde« in der schottischen Grafschaft Kinroß mit ihrem Levensee, der ihn wie eine Fata Morgana an Schloß Rheinsberg und dessen See erinnerte: »...und ehe noch unser Boot auf den Sand des Ufers lief, trat die Frage an mich heran: So schön dieses Bild war, das der Levensee mit seiner Insel und seinem Douglasschloß vor dir enthüllte, war jener Tag minder schön, als du im Flachboot über den Rheinsberger See fuhrst, die Schöpfungen und die Erinnerungen einer großen Zeit um dich her? Und ich antwortete: nein.«

Anfang 1859 endgültig aus London nach Berlin zurückgekehrt, trat er im Juli desselben Jahres seine erste märkische Wanderung an, die ihn in seine »spezielle Heimat, ins Ruppinsche« führte, wo er am 30. Dezember 1819 in Neuruppin geboren worden war, wo er die ersten Kinderjahre und einen Teil seiner Gymnasialzeit verbracht hatte. Anfänglich war es eher journalistische Neugier, die ihn zu den Wanderungen veranlaßte. Dem entspricht, daß er fast zeitgleich den Traum vom freien Poeten aufgab und im Juni 1860 Redakteur bei der

»Neuen Preußischen Zeitung« wurde, die auch die meisten seiner »Wanderungen«-Berichte veröffentlichte, ebenso wie die »Vossische Zeitung«, für die er von 1870 bis 1890 hauptsächlich als Theaterkritiker arbeitete.

Etwa über denselben Zeitraum hin, mehr als 30 Jahre lang, verfaßte er immer wieder neue märkische Reportagen, aus denen er die Auswahl für die vier eigentlichen Bände der »Wanderungen durch die Mark Brandenburg« traf. Unter diesem Titel erschien im November 1861 (mit der Jahreszahl 1862) der erste Band, der erst bei seiner 2. Auflage 1864 den seitdem verwendeten Titel »Die Grafschaft Ruppin« erhielt. 1863 folgte »Das Oderland«, 1873 »Ost-Havelland« (seit der 2. Auflage 1880 »Havelland«) und 1882 schließlich »Spreeland«. Mit der Jahreszahl 1889 erschien als Nachzügler der Band »Fünf Schlösser«, den Fontane in seinem Nachwort ausdrücklich nicht als Fortsetzung der »Wanderungen« bezeichnete, weshalb in vorliegender Auswahl auch kein Text daraus Aufnahme fand.

Alle Bände erfuhren zu Fontanes Lebzeiten mehrere Nachauflagen, zuletzt 1892 als fünfbändige »Wohlfeile Ausgabe« (Volksausgabe), deren Zusammenstellung für alle späteren Editionen verbindlich war und ist.

Fontane »komponierte« jede Auflage der Einzelbände speziell, nahm neue »Wanderungen« auf und schied alte aus, verschob sie von einem Band in einen anderen; vor allem, nachdem er 1873 die Gesamtzahl der Bände auf vier festgelegt und sie einem geographischen Ordnungsprinzip unterworfen hatte. Diesem folgt auch vorliegende Auswahl, und daraus erklären sich gelegentliche »Sprünge« bei Reisen durch die Mark mit unserem Buch. Wenn manche Gegenden und Lokalitäten (wie z.B. Potsdam) unterrepräsentiert erscheinen, so liegt das jedoch nicht nur an unserer Auswahl, sondern schon an jener, die Fontane für die Volksausgabe von 1892 getroffen hat. Derjenige Leser, der sich für die Gesamtheit aller je erschienenen »Wanderungen«-Kapitel interessiert, sei auf die großen Werkausgaben verwiesen.

Ein Thema mußte hier ganz ausgespart bleiben: Berlin, früher Preußens Kapitale und jetzt Hauptstadt Deutschlands. Die entsprechenden Kapitel sind einer künftigen, eigenständigen Publikation vorbehalten, denn was einst in der Mark gelegen, ist heute Bestandteil der Metropole. Unser Buch aber will zum »Wandern« in der Mark verführen – mit dem Auto, mit dem Fahrrad oder (warum nicht?) per pedes.

Wir sagten es schon: Der ursprüngliche Ansatz der Artikelfolgen war ein journalistischer, der erst im Lauf der vielen Arbeitsjahre daran die Wendung zum Poetischen erfuhr. In seinem »Schlußwort« (November 1881, siehe Seite 287 ff.) spricht Fontane davon, »wie lediglich touristenhaft ich meine Sache damals auffaßte«, aber auch von »argen Verlegenheiten« dadurch, daß er vom »ursprünglichen Plauderton in eine historische Vortragsweise hineingeriet«, aus deren »Irr- und Gefahrswegen« er in den beiden Schlußbänden bestrebt war, »mich in die frühere Weise zurückzufinden«.

Was er seinen Lesern mehr oder weniger verklausuliert dargestellt hatte, gestand er in einem Brief vom 17. August 1882 seiner Frau frank und frei: Erst nach seinen ersten beiden »Wanderungen«-Bänden sei er »ein Schriftsteller geworden, d. h. ein Mann, der sein Metier als eine Kunst betreibt«; seine Prosa aus jener Zeit »geniere« ihn beständig und mache ihn »erröten«.

Es ist ein Vorteil bei der Herausgabe der »Schönsten Wanderungen«, den Jubilar posthum vom Erröten und Genieren (subjektiv, wie es sowieso war) zu befreien. Einerseits haben wir solche Kapitel ausgewählt, die Th. F. als »Schriftsteller« zeigen und die Nähe der »Wanderungen« zu seinem späteren Romanwerk spüren lassen. Andererseits haben wir uns auch von einem gewissen touristischen Aspekt leiten lassen, jene Kapitel auszuwählen, die heute in ihrer Darstellung weitgehend nachvollziehbar sind. Dennoch: Diese Auswahl kann und will kein kunst- und kulturhistorisches, kein aktuelles Handbuch, kein Reiseführer im herkömmlichen Sinne sein. Deshalb wurde ganz bewußt auf eine Kommentierung der Fontane-Texte verzichtet, deshalb fehlen touristische Hinweise und dergleichen. Für ersteres gibt es die großen Werkausgaben, für letzteres spezielle Reiseführer. Statt deren kann und soll dieses Buch Begleiter (oder Vorbereiter) einer Reise in die Fontane-Welt sein – Lesebuch und Appetitmacher zugleich.

Denn es gibt noch eine dritte Verspätung bezüglich Fontane. Bis 1989 war die Mark Brandenburg – zumindest den Bürgern der damaligen Bundesrepublik – weitgehend eine *terra incognita*. Nur wenigen war es möglich, Fontanes Spuren durch die Mark zu folgen. Die »Wanderungen« waren zwar als wichtiger Bestandteil seines Gesamtwerkes wahrgenommen worden, aber sie konnten nicht nachvollzogen = nachgewandert (oder heute: nachgefahren) werden. Jetzt haben wir die Möglichkeit dazu, und wir sollten sie nutzen.

Zum 20. September 1998 PETER BRAMBÖCK

Orts- und Personenregister